海事司法文库 10

丛书总主编◎霍 敏

# 合规指引与风险防治

## 港口码头、海上货运代理卷

海事审判典型案例应用导则建设项目

吴锦标 马 奔◎主编

40

人民法院出版社

**图书在版编目（CIP）数据**

合规指引与风险防治. 港口码头、海上货运代理卷 / 吴锦标，马奔主编. -- 北京 : 人民法院出版社，2024.6
（海事司法文库 / 霍敏总主编）
ISBN 978-7-5109-4167-2

Ⅰ. ①合… Ⅱ. ①吴… ②马… Ⅲ. ①海事法规－案例－中国 Ⅳ. ①D993.5

中国国家版本馆CIP数据核字(2024)第106485号

**合规指引与风险防治——港口码头、海上货运代理卷**
吴锦标　马　奔　主编

---

**策划编辑**　李安尼　赵芳慧
**责任编辑**　巩　雪
**执行编辑**　沈洁雯
**封面设计**　尹苗苗
**出版发行**　人民法院出版社
**地　　址**　北京市东城区东交民巷27号（100745）
**电　　话**　（010）67550667（责任编辑）　67550558（发行部查询）
65223677（读者服务部）
**客服QQ**　2092078039
**网　　址**　http://www.courtbook.com.cn
**E－mail**　courtpress@sohu.com
**印　　刷**　三河市国英印务有限公司
**经　　销**　新华书店

---

**开　　本**　787毫米×1092毫米　1/16
**字　　数**　360千字
**印　　张**　21.75
**版　　次**　2024年6月第1版　2024年6月第1次印刷
**书　　号**　ISBN 978-7-5109-4167-2
**定　　价**　75.00元

---

# 海事司法文库
# 编辑委员会

# 海事司法文库
# “合规指引与风险防治”课题组


主　　编　吴锦标（青岛海事法院）

　　　　　马　奔（山东大学）

统　　稿　李　宁（山东法官培训学院）

　　　　　牛　萌（青岛海事法院）

编写人（按姓氏笔画）

于　昊　于文斌　万贵良　马维东　王　欣
王　浩　王小玫　王可可　王妍娥　王晓斐
王爱玲　王睿琦　牛　萌　田　琨　匡　浩
匡普宇　毕德强　曲燕军　吕延铭　吕晨昊
庄　敏　庄雪莉　刘　坤　刘　昭　刘小娜
刘文文　刘振华　孙　鹏　孙学燕　孙恬静
李　宁　李　华　李　军　李亚男　李俊锋
李培合　李雪莲　杨　俊　杨雨涵　杨振楠
杨紫琼　肖秀雯　余晓龙　宋　萍　宋仪倩
宋俊文　张　波　张　勇　张　静　张先立
陈　超　范峻恺　林　丹　周　洁　周黛娜
孟政宪　赵忆雪　查璎娟　段琪祺　娄雅灵
秦　涛　袁子丰　原浩洋　徐雨均　郭郑超
郭俊莉　郭彦滨　曹照勇　崔婷婷　梁晓晓
葛晓琳　韩　军　曾兆薇　褚　茜　樊羽萌
薛明友　薛稳山

# 序

建设海洋强国，是以习近平同志为核心的党中央着眼国家发展大局提出的时代使命。山东是海洋大省，海洋资源丰度指数居全国前列。2024 年 5 月，习近平总书记视察山东时指出，“要发挥海洋资源丰富的得天独厚优势，经略海洋、向海图强，打造世界级海洋港口群，打造现代海洋经济发展高地”，[①] 为山东进一步推进海洋强省建设指明了前进方向、提供了根本遵循。

近年来，在山东省委的坚强领导和最高人民法院的有力指导下，山东法院坚持以习近平新时代中国特色社会主义思想为指导，统筹推进国内法治和涉外法治，依法平等保护中外当事人合法权益，不断提升涉外商事海事司法公信力，形成了一批国际广泛认可、社会影响深远的涉外商事海事典型案例。司法案例是最鲜活的法律体现，是最生动的法治教科书。《海事司法文库·合规指引与风险防治》系列丛书深挖海事精品案件规则价值，将海事司法案例规则予以提炼、整理并集结、编纂成册，为涉外涉海纠纷解决、企业经营风险防范化解等提供司法依据。

海事司法文库编纂是山东法院深入践行习近平法治思想，服务保障高水平对外开放的生动实践。当今世界正经历百年未有之大变局，国际规则体系正在加速重构，制度型开放成为新一轮高水平对外开放的核心指向。海事司法文库广泛收录涉及全球 82 个国家和地区的案例，提炼裁判要旨 800 余条，

① 《习近平在山东考察时强调 以进一步全面深化改革为动力 奋力谱写中国式现代化山东篇章》，载《人民日报》2024 年 5 月 25 日，第 1 版。

主动对接国际高标准经贸规则，统筹国内法治和涉外法治，强化国际法与国内法的有效衔接，实现规则标准“软联通”，为持续营造市场化法治化国际化一流营商环境提供有力司法保障。

海事司法文库编纂是山东法院深入践行“抓前端、治未病”理念，积极参与社会治理的生动实践。司法案例是全社会共同的“法治产品”。“一个案例胜过一打文件”，这生动、深刻阐释了案例的重要功能。海事司法文库将具有参考示范意义的海事案例予以梳理公布，有利于充分发挥司法裁判的评价、指引、教育功能，有利于引导各类涉海主体学习法律、运用法律，增强法治意识、明晰行为边界，合法有序参与海洋活动，防范规避风险，推动企业更好地“走出去”“引进来”。

海事司法文库编纂是山东法院加强府院联动，推动司法与行政良性互动、优势互补、效能叠加的生动实践。在法治轨道上推进海洋强省建设是一项系统工程，需要政府和法院同向发力、同频共振。山东高院联合省政府召开全省府院联动第一次协调会议，推动省政府出台建立县级以上府院联动联席会议制度的意见，有效衔接依法行政和公正司法，促进法治政府建设水平和司法工作水平“双提高”。海事司法文库编纂工作得益于青岛市政府的大力支持，是青岛海事法院四十年来司法智慧的结晶，也是山东法院充分运用府院联动工作机制的重要成果。

希望本丛书能够为企业健康发展提供法治支撑，为行业规则制定提供有益参考，为山东经济繁荣提供司法助力。下一步，山东法院将深入学习贯彻习近平总书记视察山东重要讲话精神，坚定扛牢“走在前、挑大梁”的使命担当，坚持依法履职、公正司法，努力为打造高水平对外开放新高地贡献司法智慧，为谱写中国式现代化山东篇章供给司法动能。

霍敏

2024.6

# 前　言

习近平总书记指出："加强涉外法治建设既是以中国式现代化全面推进强国建设、民族复兴伟业的长远所需，也是推进高水平对外开放、应对外部风险挑战的当务之急。"[①] 当前，我国正处在实现中华民族伟大复兴的关键时期，世界百年未有之大变局加速演进，必须更好发挥法治固根本、稳预期、利长远的保障作用。海事司法作为涉外法治、海洋法治的重要载体，是对接全球资源、加速要素循环、推动法治交流的重要手段，在新时代担负着维护国家海洋权益、规范海洋经济秩序、推动全球海洋治理朝着更加公正合理方向发展的职责使命。

作为国家设立的专司涉外、涉海审判的司法机关，青岛海事法院依法适用国内法、国际公约及条约、国际惯例开展审判工作，每年审理大量涉外、涉海案件，案件数量、种类覆盖全球 80 多个国家和地区，全球视野是海事司法的重要基础。作为中国特色社会主义法治体系的重要组成部分，海事司法具有审理案件全球性、适用法律全球性、司法协作全球性、裁决效力全球性的司法特性，是统筹国内法治与涉外法治，展示中国特色社会主义司法制度优越性的重要窗口。当前，海运贸易量占全球贸易总量的 90% 以上，历史和实践充分证明，经济强国必定是海洋强国、航运强国，海事法院通过发挥职能作用，切实调整规范了以港口、航运、贸易、金融行业为主的法律关系，

① 《习近平在中共中央政治局第十次集体学习时强调 加强涉外法制建设 营造有利法治条件和外部环境》，载《人民日报》2023 年 11 月 29 日，第 1 版。

海洋意识是海事司法的核心和关键。当前，国际航运中心东移已成为不争的事实，海事司法更加应该突出中心视阈，围绕全球海洋治理、海洋经济、海洋科技、海洋法治以及海洋生态环境利用和保护，结合引领型现代海洋城市、国际航运中心建设，努力打造国际海事争议解决优选地。深入践行司法为民理念，贯彻人类命运共同体、海洋命运共同体理念，平等保护中外当事人合法权益，在涉外、涉海案件中释放中国特色涉外法治理念、主张和成功实践，彰显厚生境界。

当前，国际竞争越来越体现为制度之争、规则之争。海事司法因其独特的涉外性、涉海性，审判工作中既要适用我国法律，也要适用外国法、国际公约、条约和国际惯例，由此而形成的裁判规则天然具有国际规则属性，在对接高标准国际经贸规则，稳步扩大规则、规制、管理、标准等制度型开放方面发挥着重要的法治引领、法治保障作用。市场经济本质上是法治经济，法治资源的有效运用必然带动涉外、涉海资源的高度富集与科学配置，船舶扣押与拍卖、海事强制令等海事司法专属职能作为反制部分国家“长臂管辖”和经济制裁措施的重要工具，是海事司法发挥涉外涉海资源配置功能的重要途径。海事司法坚持“条约信守”原则，适用国际条约承认与执行外国仲裁裁决，适用双边司法协助条约承认与执行外国法院判决。与此对应，海事司法的裁判结果在国际社会也能够得到广泛的承认与执行，这是海事司法发挥全球海洋争端解决机制功能的重要方面。海事法院的每一起涉外案件都涵盖诸多涉外法律关系，是涉外法治人才培养与发挥作用的重要实践基地。

“一个案例胜过一打文件。”为深入贯彻落实习近平总书记视察山东重要讲话重要指示精神，坚持依法履职、突出规则引领，为涉外涉海纠纷解决、企业经营风险防范化解提供司法依据、标准供给、国际经贸规则参考和研究资料，我们组织开展《海事司法文库 · 合规指引与风险防治》系列丛书编纂工作。编辑委员会由山东省高级人民法院党组书记、院长、二级大法官霍敏担任名誉主任、总主编，青岛市委常委、政法委书记程德智，青岛市委常委、副市长耿涛担任编委会主任，青岛海事法院党组书记、院长、一级高级法官吴锦标，山东大学政治学与公共管理学院院长、教授、博士生导师马奔担任主编。本丛书旨在深入挖掘海事司法案例在服务高质量发展和高水平对外开放方面的制度性优势，助力打造市场化、法治化、国际化一流营商环境，着力为中国式现代化山东实践贡献海洋法治力量。

海事司法文库“合规指引与风险防治”课题组

2024 年 5 月

# 目 录

## 港口码头

### 船坞、码头建造和港口、航道疏浚

## 仓储保管和港口作业

## 安全检查



## 留置权



## 使用权侵占

## 货运代理

## 执　行

# 港口码头

## 船坞、码头建造和港口、航道疏浚

### 1. 中某工程建设总局有限公司诉青岛北某船舶重工有限责任公司船坞建造合同纠纷案

——建设工程施工合同的工程价款、利息及违约责任的认定

#### 【合规提示】

1. 中标备案合同签订后，因客观情况发生了在招投标时难以预见的变化，发包人与承包人另行签订的补充协议对工程结算方式、付款方式、洽商变更等未进行实质性变更，且不违反法律、行政法规的强制性规定，这类补充协议是双方针对客观情况变化作出的真实意思表示，应当认定为有效协议。

2. 施工合同履行过程中，针对每天完成工程量的确认、隐蔽工程的验收、分部分项工程的验收以及增量工程等形成的签证单、工程业务联系单等书面文件，是施工单位主张增加工程款的有效证据，要做到“边施工、勤签证”。

3. 即使发包人在履行涉案合同时在提供地质资料、提供施工场地等方面存在违约行为，承包人向发包人主张违约损失时仍应就其所遭受的实际损失以及其损失与发包人的违约行为之间是否存在因果关系承担举证责任。承包人应当注意收集在施工过程中遇到的因发包人违约行为所导致的增加、变更工程量的相关证据，如监理签证单、业务联系单等。

## 【案件信息】

**1. 裁判文书字号**

（2018）鲁72民初432号、（2020）鲁民终1592号

**2. 当事人**

原告：中某工程建设总局有限公司

被告：青岛北某船舶重工有限责任公司

**3. 关键词**

民事　船坞建造合同　黑白合同　工程价款　司法鉴定

## 【裁判要旨】

1.《招标投标法》第46条第1款关于"……招标人和中标人不得再行订立背离合同实质性内容的其他协议"的规定不属于效力性强制性法律规范，招标人与中标人另行签订的与中标合同实质性内容不一致的合同并非当然无效，但当符合《最高人民法院关于审理建设工程施工合同纠纷案件适用法律问题的解释（一）》第2条第2款规定的变相降低工程款的情形时，可认定无效。

2. 当事人约定按照固定合同价结算工程价款，一方当事人请求对建设工程造价进行鉴定的，不予支持。

3. 对工程施工过程中因新增、设计变更工程的工程量有争议的，可根据施工过程中形成的签证单、工程业务联系单等书面文件予以确认。

## 【基本案情】

2006年10月25日起，青岛北某船舶重工有限责任公司（以下简称北某公司）公布《青岛海西湾造修船基地造船区1号、2号造船坞建设工程项目招标文件》。10月28日，项目开标。2007年1月11日，中某工程建设总局有限公司（以下简称中某公司）中标。2007年2月15日，中某公司与北某公司签署了《建设工程施工合同》，约定由中某公司承包建设青岛海西湾造修船基地造船区1号、2号造船坞建设工程项目，工程承包方式为固定合同总价，合同价格（中标价）为人民币538 183 570元，合同总工期为25个日历月（自2007年3月1日起至2009年4月1日止）。《建设工程施工合同》中

明确约定了双方的各项权利义务。

2007年3月1日，项目开工。2008年10月1日，2号船坞主体工程完工；2008年11月18日，1号船坞主体工程完工。中某公司分别于2008年10月18日、12月3日实际投入使用1号、2号船坞。

2008年4月18日，原告（乙方）与被告（甲方）达成了《协议》，就部分施工内容进行了调整。2008年5月29日，原告、被告签订《会议纪要》，双方约定将涉案工程在2008年2月1日后的剩余工程量的工程价款调整为420 544 638.6元，此价款为最终一次性调整价款，包含了人、机、材涨价因素以及其他各种风险因素。

项目完工后，北某公司与中某公司就工程款产生争议，直到2018年双方仍未完成结算，故中某公司诉至青岛海事法院，请求北某公司履行付款义务，争议标的约人民币12亿元。

## 【裁判说理】

争议焦点：涉案《施工合同》《协议》《会议纪要》是否有效及能否作为工程价款结算依据；北某公司在涉案工程招标时与履行合同中是否存在违法违约行为以及违约责任如何认定。

《施工合同》是双方当事人依据《招标投标法》的规定，经过招标投标程序自愿达成的船坞建造工程施工合同，系双方当事人的真实意思表示，不违反法律、行政法规的强制性规定，合法有效。因此，《施工合同》中未经双方当事人协商一致依法变更的内容，应当作为本案结算工程款的依据。

在《施工合同》履行期间，双方当事人及监理签字确认的工程业务联系单与签证单等充分证明，施工过程中出现了地质资料无法真实反映地质状况或地质资料与现场不符等情形，并发生了大量的新增、设计变更情形，同时遇到原材料大幅涨价，导致原告的施工难度增加和工期延误。在当时情形下，如不进行调整，势必影响工程建设，最终影响被告未来的生产活动。因此，双方当事人在进行充分协商的基础上，为保证工程顺利完成以及被告的生产需要，通过签订《协议》《会议纪要》对施工合同范围与剩余工程价款进行了调整。综合上述，法院认定，本案不属于当事人双方故意签订“黑白合同”情形，双方当事人亦不存在规避法律和行政监管等非法目的，应当认定为依法通过协商达成了对《施工合同》的变更，《协议》《会议纪要》对双方当事人具有约束力，应当作为结算工程价款的依据。

中某公司提交的多份工程业务联系单显示，中某公司在施工中就北某公司供材、设备及相关图纸存在的尺寸不明、产品说明书与实际尺寸不符等问题要求监理、设计与业主对此予以解决，监理与业主均答复将联系相关方进行处理或依设计澄清解决。因此，法院认定北某公司在提供材料、设备及相关图纸方面，违反了合同约定。

尽管法院已认定北某公司在履行涉案合同时在提供地质资料、提供施工场地等方面存在违约行为，但北某公司是否应向中某公司承担违约责任，还应结合中某公司是否遭受了实际损失以及其损失与北某公司的违约行为之间是否存在因果关系予以认定。青岛海事法院经审理，判决北某公司向中某公司支付剩余工程款及违约费用、利息等共计 1.6 亿元。山东省高级人民法院经二审审理，维持了一审判决。本案判决生效后，当事人自动履行了判决确定的付款义务。

## 【法官后语】

青岛海西湾造修船基地造船区 1 号、2 号造船坞建设工程项目是我国国家船舶工业中长期发展规划三大造船基地的重点项目之一，是 2006 年国务院批准列入《船舶工业中长期发展规划》的特大型国家重点建设项目，系我国建造世界级造船基地船舶工业战略规划的重要组成部分。项目设计内容主要是建造 30 万吨和 15 万吨船舶的造船坞各一座，造船坞设置 120 吨门座式起重机两台、350 吨门式起重机一台、600 吨门式起重机四台，属于特大型造船设施项目。项目建成后，青岛海西湾造修船基地将成为国际一流、国内最大的现代化造修船基地之一，对提升环渤海地区装备制造业的综合实力、促进山东省经济发展及构建我国船舶工业大国战略具有重要意义。青岛海事法院通过审理本案，保障了船舶工业的有序发展，彰显了海事司法服务保障船舶工业发展的职能作用。

本案的主要争议是对于施工合同履行过程中因施工环境与条件发生变化导致的施工费用增加应如何处理，涉案协议是否构成“黑白合同”，是否应启动鉴定程序对工程款重新予以核算以及如何审查工程价款。

一、关于“黑白合同”的认定

诚信原则是民商事活动的基本原则，是民事诉讼活动应遵循的基本准则。

设立招标投标程序是为了保护国家利益、社会公共利益，亦是设立公平公正的竞争规则，同时有利于维护招标人与投标人的合法权益，通过招标投标程序为工程选定最优施工人，在提升工程质量、降低工程费用方面实现优胜劣汰，因此应杜绝发包人与承包人签订与招投标文件不符的合同并以此备案，或招标人与中标人按照招投标文件签订合同并备案，但私下另行签订背离备案合同实质的其他合同或补充协议，这种情形下签订的多个协议在实践中称为“黑白合同”或“阴阳合同”。

（一）“黑白合同”的效力问题

《招标投标法》第46条第1款规定：“招标人和中标人应当自中标通知书发出之日起三十日内，按照招标文件和中标人的投标文件订立书面合同。招标人和中标人不得再行订立背离合同实质性内容的其他协议。”

《最高人民法院关于审理建设工程施工合同纠纷案件适用法律问题的解释（一）》（以下简称《施工合同司法解释（一）》）第2条规定：“招标人和中标人另行签订的建设工程施工合同约定的工程范围、建设工期、工程质量、工程价款等实质性内容，与中标合同不一致，一方当事人请求按照中标合同确定权利义务的，人民法院应予支持。招标人和中标人在中标合同之外就明显高于市场价格购买承建房产、无偿建设住房配套设施、让利、向建设单位捐赠财物等另行签订合同，变相降低工程价款，一方当事人以该合同背离中标合同实质性内容为由请求确认无效的，人民法院应予支持。”

根据上述规定，当事人签订的与中标合同实质性内容不一致的合同相对于备案合同而言，即“黑合同”，属于无效合同。司法实践中的难点是如何判断“黑合同”对“白合同”作出的实质性内容变更。

（二）“黑合同”与变更合同的区分

招投标阶段结束后进入合同履行过程，由于履约过程中客观条件变化等因素，当事人协议变更合同应当被允许，这是意思自治原则的体现，亦是公平原则的体现。合同实际履行过程中存在设计变更导致工程量增加等影响中标合同的实际履行情况时，承包人与发包人经协商对中标合同的内容进行了修改，属于正常的合同变更情形，可以以当事人实际履行的合同为结算工程价款的依据。

“黑白合同”现象与合同变更在形式上有相似之处，但两者在本质上是不同的，前者出现在招投标过程中，是合同主体规避政府监管的行为，违反了

《招标投标法》及其他相关规定，“黑合同”与“白合同”中仅有一份作为当事人履行的依据；后者则是产生于合同正常履行中，因设计变更、经济签证等客观原因引起的主合同内容部分变动，原合同与变更后的合同均系当事人的履行依据。

关于备案合同的合同主体变更，因法律无禁止性规定，备案后的建设工程合同仍然可以转让；根据当事人意思自治原则，在合同转让后，新的合同当事人可以对权利义务重新进行约定，但是需经备案监管且涉及工程质量、安全等方面的内容仍要以备案合同为准；合同转让后的责任承担，应当根据合同转让时的工程进度确定。

（三）“黑合同”与补充协议的区分

中标备案合同签订后，因客观情况发生了在招投标时难以预见的变化，发包人与承包人另行签订的补充协议对工程结算方式、付款方式、洽商变更等内容进行细化与补充，未进行实质性变更，且不违反法律、行政法规的强制性规定的，是双方针对客观情况变化作出的真实意思表示，应当认定为有效协议。

也存在对中标备案合同作出实质性变更的补充协议，但如果该补充协议亦是对客观情况发生变化作出的应对措施，签订的目的是促使尽快复工、挽救工期、减少损失或确为保障各方权利而根据实际情况进行协商一致的结果，施工方已按照补充协议履行了施工义务，该补充协议应视为合法有效的合同。

二、司法鉴定的审查

在建设工程合同纠纷案件中，司法鉴定是解决工程造价争议、工程质量争议与工期争议的重要途径。工程鉴定不同于法医类鉴定、物证与声像资料类鉴定，后者的鉴定结论法院可直接采信作为定案依据，但工程鉴定中，如何确定鉴定范围、鉴定依据以及鉴定材料是需要法院通过行使审判权解决的问题。审判实践中有关司法鉴定的难点包括是否准许当事人的鉴定申请、如何确定鉴定的范围、鉴定材料的审查与质证、鉴定的启动与程序、鉴定结论的认定等问题。建设工程合同纠纷进行司法鉴定应当注意审查以下事项：（1）根据工程的实际施工情况与合同约定履行是否一致确定是否进行司法鉴定；（2）审查鉴定机构及人员的资质、检材的质证、现场的勘验等程序是否依法进行；（3）确定鉴定所依据的合同约定、法律规定、实际施工文件等文件的效力；（4）依据举证规则确定鉴定结论效力。

另外，需要注意的是，关于工程造价的鉴定申请审查，司法解释明确了几类不准许申请鉴定的情形：

1.《施工合同司法解释（一）》第28条规定，当事人约定按照固定价结算工程价款，一方当事人请求对建设工程造价进行鉴定的，人民法院不予支持。

在实践中，固定价的表现形式一般有两种，一个是固定总价，另一个是固定单价。建设工程建设周期长，其间常遇市场行情变化，发包人与承包人在合同内约定固定价的目的是规避合同履行中诸多不确定因素引起的价格变动等商业风险，当事人选择固定价格合同即应预知并接受合同履行过程中可能出现的各类价格风险。固定价格合同签订后，按照固定价格结算工程款，既是诚信原则的要求，也是公平原则的体现。承包人与发包人在履行合同时，如果没有发生合同修改或变更等情况导致工程量发生变化的情况，应当按照合同约定的固定价结算工程款。如不存在变更情形，当事人一方提出对工程造价的鉴定申请，人民法院应不予准许。需要注意的是，即使双方当事人均同意进行工程造价鉴定，但无证据证明存在推翻合同约定的事实，即应当按照合同约定价款执行，即使双方均同意通过鉴定确定工程款，亦不应准许鉴定申请。

对于因合同修改或变更导致工程量与工程价款发生变化的，应区分不变部分与变更部分，如果启动鉴定应仅针对变更部分，对不变部分仍应执行合同约定。

在承包人诉请工程款的案件中，一般情况下，承包人应当对工程造价负有举证责任，但并不绝对。如承包人以合同约定的固定总价主张工程款，发包人认为工程没有完工或者发生了设计变更，工程造价应少于约定的固定总价的，发包人应当对于工程造价是否少于固定总价、工程造价比固定总价少多少承担举证责任。

2.《施工合同司法解释（一）》第29条规定，当事人在诉讼前已经对建设工程价款结算达成协议，诉讼中一方当事人申请对工程造价进行鉴定的，人民法院不予准许。

3.《施工合同司法解释（一）》第21条规定，当事人约定，发包人收到竣工结算文件后，在约定期限内不予答复，视为认可竣工结算文件的，按照约定处理。承包人请求按照竣工结算文件结算工程价款的，人民法院应予支持。该条款系对发包人不及时结算，侵害施工人利益所作的规定。比如，实际施工人向发包人提交了结算文件后，发包人不予以答复亦不予付款，在诉讼过程中，发包人对结算文件不予认可但亦未提供可推翻结算文件的证据，亦不申请工程造价鉴定的，应当承担不提供反驳证据及举证不能的法律后果。

政府投资和以政府投资为主的建设项目，合同约定以行政审计、财政评审作为工程款结算依据的，按照约定处理；但发包人故意迟延提交审计或妨碍审计条件成就，以及行政审计、财政评审部门明确表示无法进行审计或无正当理由超出合同约定的审计期限，仍未作出审计结论、评审意见的，当事人申请对工程造价进行司法鉴定，应当准许。

三、工程价款的结算

《施工合同司法解释（一）》第 19 条第 1 款规定了工程价款结算的基本依据：当事人对建设工程的计价标准或者计价方法有约定的，按照约定结算工程价款。但产生争议的案件中往往就是因为对计价标准或计价方法约定不明或对约定内容有争议，因此，建设工程合同纠纷案件中的工程款结算是审判实践中的常见问题，亦是难点问题。

根据司法实践，作为工程价款结算依据的文件有以下几类：（1）招投标文件、合同、往来信函、会议纪要、框架协议等证明合同形成背景、过程和内容的证据。（2）结算报告、签证、施工日志、审核报告、欠款协议等具有结算性质和能够认定实际履行合同的证据。（3）确认函、短信、微信、邮件、录音记录等证明对方认可履行合同的其他证据。（4）授权委托书、聘用协议、劳动合同等能够证明是否构成有权代理或表见代理的证据。(5) 证明合同达成后对方未提出异议、已按约全部履行或部分履行的证据。（6）证明购买承建房产明显高于市场价格、无偿建设住房配套设施、让利、向建设方捐款等事项的证据。（7）竣工验收报告、鉴定报告、验收记录、接收记录、工程实际使用等方面的证据。（8）在审理政府投资项目的工程结算纠纷中，当事人明确约定以财政评审报告作为工程结算依据，应尊重当事人的意思自治。但人民法院对财政评审的合法性、合理性均有审查义务及权力，不能单纯予以采纳，若财政评审报告明显不合理则不应作为认定工程款结算的依据。（9）当事人诉前达成结算协议的，应审查协议是否是当事人的真实意思表示：第一，双方共同签字盖章的结算协议，一方仅以对方存在欺诈、胁迫等行为否认结算协议效力，没有充分证据证明的，不予支持；第二，双方诉前共同委托有关机构、人员对工程造价出具咨询意见或者接收造价报告但未达成书面结算协议，一方当事人不予认可的，不能认定为结算协议；第三，存在多份结算协议的，应结合当事人双方的主张和举证，确定当事人真实意思表示。经审查协议有效的，应当以结算协议作为结算工程价款的依据。

以上可作为工程款结算的依据，实践中还应根据合同效力、工程质量、实际施工情况等确定工程款的结算方式。

## 【相关法条】

**1.《中华人民共和国招标投标法》**（2017 年 12 月 27 日施行）

**第四十六条第一款** 招标人和中标人应当自中标通知书发出之日起三十日内，按照招标文件和中标人的投标文件订立书面合同。招标人和中标人不得再行订立背离合同实质性内容的其他协议。

**2.《中华人民共和国合同法》**（2021 年 1 月 1 日废止）

**第七十八条** 当事人对合同变更的内容约定不明确的，推定为未变更。

**第一百零七条** 当事人一方不履行合同义务或者履行合同义务不符合约定的，应当承担继续履行、采取补救措施或者赔偿损失等违约责任。

**对应新法：**

**《中华人民共和国民法典》**（2021 年 1 月 1 日施行）

**第五百四十四条** 当事人对合同变更的内容约定不明确的，推定为未变更。

**第五百七十七条** 当事人一方不履行合同义务或者履行合同义务不符合约定的，应当承担继续履行、采取补救措施或者赔偿损失等违约责任。

**3.《最高人民法院关于审理建设工程施工合同纠纷案件适用法律问题的解释》**（2021 年 1 月 1 日废止）

**第六条** 当事人对垫资和垫资利息有约定，承包人请求按照约定返还垫资及其利息的，应予支持，但是约定的利息计算标准高于中国人民银行发布的同期同类贷款利率的部分除外。

当事人对垫资没有约定的，按照工程欠款处理。

当事人对垫资利息没有约定，承包人请求支付利息的，不予支持。

**第十七条** 当事人对欠付工程价款利息计付标准有约定的，按照约定处理；没有约定的，按照中国人民银行发布的同期同类贷款利率计息。

**第十八条** 利息从应付工程价款之日起计付。当事人对付款时间没有约定或者约定不明的，下列时间视为应付款时间：

（一）建设工程已实际交付的，为交付之日；

（二）建设工程没有交付的，为提交竣工结算文件之日；

（三）建设工程未交付，工程价款也未结算的，为当事人起诉之日。

**第十九条** 当事人对工程量有争议的，按照施工过程中形成的签证等书面文件确认。承包人能够证明发包人同意其施工，但未能提供签证文件证明工程量发生的，可以按照当事人提供的其他证据确认实际发生的工程量。

**第二十二条** 当事人约定按照固定价结算工程价款，一方当事人请求对建设工程造价进行鉴定的，不予支持。

**对应新法：**

**《最高人民法院关于审理建设工程施工合同纠纷案件适用法律问题的解释（一）》**（2021年1月1日施行）

**第二十五条** 当事人对垫资和垫资利息有约定，承包人请求按照约定返还垫资及其利息的，人民法院应予支持，但是约定的利息计算标准高于垫资时的同类贷款利率或者同期贷款市场报价利率的部分除外。

当事人对垫资没有约定的，按照工程欠款处理。

当事人对垫资利息没有约定，承包人请求支付利息的，人民法院不予支持。

**第二十六条** 当事人对欠付工程价款利息计付标准有约定的，按照约定处理。没有约定的，按照同期同类贷款利率或者同期贷款市场报价利率计息。

**第二十七条** 利息从应付工程价款之日开始计付。当事人对付款时间没有约定或者约定不明的，下列时间视为应付款时间：

（一）建设工程已实际交付的，为交付之日；

（二）建设工程没有交付的，为提交竣工结算文件之日；

（三）建设工程未交付，工程价款也未结算的，为当事人起诉之日。

**第二十八条** 当事人约定按照固定价结算工程价款，一方当事人请求对建设工程造价进行鉴定的，人民法院不予支持。

**4.《最高人民法院关于审理建设工程施工合同纠纷案件适用法律问题的解释（二）》**（2021年1月1日废止）

**第一条** 招标人和中标人另行签订的建设工程施工合同约定的工程范围、建设工期、工程质量、工程价款等实质性内容，与中标合同不一致，一方当事人请求按照中标合同确定权利义务的，人民法院应予支持。

招标人和中标人在中标合同之外就明显高于市场价格购买承建房产、无偿建设住房配套设施、让利、向建设单位捐赠财物等另行签订合同，变相降低工程价款，一方当事人以该合同背离中标合同实质性内容为由请求确认无效的，人民法院应予支持。

**对应新法：**

**《最高人民法院关于审理建设工程施工合同纠纷案件适用法律问题的解释（一）》**（2021 年 1 月 1 日施行）

**第二条** 招标人和中标人另行签订的建设工程施工合同约定的工程范围、建设工期、工程质量、工程价款等实质性内容，与中标合同不一致，一方当事人请求按照中标合同确定权利义务的，人民法院应予支持。

招标人和中标人在中标合同之外就明显高于市场价格购买承建房产、无偿建设住房配套设施、让利、向建设单位捐赠财物等另行签订合同，变相降低工程价款，一方当事人以该合同背离中标合同实质性内容为由请求确认无效的，人民法院应予支持。

**5.《中华人民共和国民事诉讼法》**（2017 年 6 月 27 日修正）

**第六十四条第一款** 当事人对自己提出的主张，有责任提供证据。

**第一百七十条** 第二审人民法院对上诉案件，经过审理，按照下列情形，分别处理：

（一）原判决、裁定认定事实清楚，适用法律正确的，以判决、裁定方式驳回上诉，维持原判决、裁定；

（二）原判决、裁定认定事实错误或者适用法律错误的，以判决、裁定方式依法改判、撤销或者变更；

（三）原判决认定基本事实不清的，裁定撤销原判决，发回原审人民法院重审，或者查清事实后改判；

（四）原判决遗漏当事人或者违法缺席判决等严重违反法定程序的，裁定撤销原判决，发回原审人民法院重审。

原审人民法院对发回重审的案件作出判决后，当事人提起上诉的，第二审人民法院不得再次发回重审。

**对应新法：**

**《中华人民共和国民事诉讼法》**（2023 年 9 月 1 日修正）

**第六十七条第一款** 当事人对自己提出的主张，有责任提供证据。

**第一百七十七条** 第二审人民法院对上诉案件，经过审理，按照下列情形，分别处理：

（一）原判决、裁定认定事实清楚，适用法律正确的，以判决、裁定方式驳回上诉，维持原判决、裁定；

（二）原判决、裁定认定事实错误或者适用法律错误的，以判决、裁定方式依法改判、撤销或者变更；

（三）原判决认定基本事实不清的，裁定撤销原判决，发回原审人民法院重审，或者查清事实后改判；

（四）原判决遗漏当事人或者违法缺席判决等严重违反法定程序的，裁定撤销原判决，发回原审人民法院重审。

原审人民法院对发回重审的案件作出判决后，当事人提起上诉的，第二审人民法院不得再次发回重审。

承办人：王妍娥

编写人：王妍娥

## 2. 山东港某建设集团有限公司与日照港大某和沣石油化工码头有限公司码头建造合同纠纷案

——建设工程价款优先受偿权行使期限的裁判规则

### 【合规提示】

本案系一起码头建造合同纠纷案件，双方对于工程款的计付产生争议。对于施工方而言，应积极行使建设工程价款优先受偿权，并注意该优先权的行使期间；对于建设方而言，应及时支付工程价款，诚实守信。

## 【案件信息】

**1. 裁判文书字号**

（2022）鲁72民初247号、（2022）鲁民终1683号

**2. 当事人**

原告：山东港某建设集团有限公司

被告：日照港大某和沣石油化工码头有限公司

**3. 关键词**

民事　码头建造合同　优先受偿权

## 【裁判要旨】

2021年1月1日优先受偿权未满6个月的行使期限，应适用新司法解释关于行使优先受偿权期限最长为十八个月的规定。

## 【基本案情】

原告山东港某建设集团有限公司（以下简称港某公司）向法院提出诉讼请求：（1）判令被告向原告支付日照港岚山港区中作业区3万吨级、5万吨级液体某码头工程项下的工程欠款11 172 674.67元，并支付从2020年12月25日起按全国银行间同业拆借中心公布的贷款市场报价利率计算至实际履行之日止的利息；（2）判令原告对上述工程欠款11 172 674.67元就工程折价或拍卖的价款享有优先受偿权；（3）本案的诉讼费、保全费等费用由被告承担。事实和理由：2017年1月6日，港某公司、日照港大某和沣石油化工码头有限公司（以下简称大某公司）签订《日照港岚山港区中作业区3万吨级、5万吨级液体某码头工程施工合同》，由港某公司承建该液体某码头工程，承包范围包括码头主体、引堤、系缆墩、钢结构人行桥、泊位及港池疏浚、控制楼等工程，合同总价款为99 160 295元。港某公司于2017年5月17日开工建设，2017年12月4日接到停工通知后，工程暂停施工，直至2020年4月25日，涉案合同终止并开始对已完成工程办理结算。2020年12月25日，日照港建设监理有限公司出具《竣工结算审核书》，审定结算金额为38 652 380.86元。扣除其中“沉箱内格仓填石项目”对应工程款4 479 706.19元在本案中暂不主张，大某公司已支付工程款23 000 000元，仍有11 172 674.67元未付，已

构成严重违约。

被告大某公司答辩称：（1）根据原告、被告参与的《日照港岚山港区中作业区3万吨级、5万吨级液体某码头工程结算专题会议纪要》（以下简称《12·24会议纪要》）确定沉箱内格仓填石未全部完成，并约定该工程未达到施工结算界面要求后再付款，但现在付款条件未达成，原告无权主张该部分工程款；（2）因原告主张的工程欠款数额未扣除不具备支付条件的款项，致使工程欠款金额不正确，被告不存在过错，不应承担资金占用利息。

2017年1月6日，大某公司作为发包人、港某公司作为承包人，双方签订《日照港岚山港区中作业区3万吨级、5万吨级液体某码头工程施工合同》。合同约定：工程承包范围为建设3万吨级、5万吨级液体散货泊位各1个及相应的配套设施，包括码头主体、引堤、系缆墩、钢结构人行桥、泊位及港池疏浚、控制楼等工程；合同工期357天，开工日期为2017年1月10日、竣工日期为2017年12月31日，具体开工时间以经批准的开工报告为准；合同价款为9916.0295万元；合同并约定了其他事项。

合同签订后，港某公司于2017年5月入场施工。后因山东地炼市场较立项时发生较大变化等原因，项目装卸货种无法确定，大某公司于2017年12月4日通知港某公司暂停施工。但停工两年后，后续如何建设仍无法确定。

2020年4月24日，在日照港集团有限公司工程技术部的组织下，包括港某公司、大某公司在内的项目设计、施工、监理等单位经会议协商形成《日照港岚山港区中作业区3万吨级、5万吨级液体某码头工程合同中（终）止会议纪要》（以下简称《4·24会议纪要》），其内容如下：（1）同意施工、监理合同“中止”，办理工程结算等相关手续；（2）施工结算界面确定为基槽挖泥全部完成，A、B、B1、C、D型沉箱（共20个）预制安装、仓格回填块石完成，前述沉箱对应基床抛石、夯实、整平完成，港池泊位疏浚完成约77万方（具体以中交一航院2018年2月水深测图为准），由招标采购中心核定具体结算工程量并办理结算手续。

2020年12月24日，在日照港股份有限公司招标采购中心组织下，包括港某公司、大某公司在内的相关单位经协商形成《12·24会议纪要》，会议确定的结算原则共三项，其中第一项标题为“关于沉箱格仓填石工程量计量”，具体内容为“会议确定：根据现场实际情况，沉箱内格仓填石未全部完成。会议确定按照合同中（终）止会议纪要确定的施工结算界面计量。后期由工程建设部对完成情况进行确认，达到施工结算界面要求后方可付款”。

2020年12月25日，日照港建设监理有限公司根据《4·24会议纪要》确定的施工结算界面作出竣工结算审核报告，审定结算金额为38 652 380.86元，其中“A、B、B1、C、D、E型沉箱隔舱填石，方驳机械抛填”项目审定结算金额为4 479 706.19元。港某公司、大某公司在工程结算审定签署表上签章确认。

## 【裁判说理】

争议焦点：港某公司是否享有建筑优先受偿权。

青岛海事法院认为：港某公司、大某公司签订的码头建造合同合法有效。《4·24会议纪要》《12·24会议纪要》所涉双方权利义务的约定是双方真实意思表示，具有法律效力。虽然《4·24会议纪要》使用了施工“中止”字样，但是根据其内容中关于办理工程结算的约定以及此后进行竣工结算的事实，应认定双方通过《4·24会议纪要》协商解除了2017年1月6日签订的《日照港岚山港区中作业区3万吨级、5万吨级液体某码头工程施工合同》。该建设工程施工合同解除后，港某公司已完成的工程经结算审核且经双方确认，大某公司应当及时支付工程款。对于大某公司所提“港某公司未完成沉箱内格仓填石的工程，对该工程价款4 479 706元无权主张支付”的辩解主张，经查，按照《4·24会议纪要》，工程金额为38 652 380.86元，扣除已付款23 000 000元，港某公司在本案中诉请工程款为11 172 674.67元，并不包括沉箱项目工程款4 479 706.19元，故大某公司的该辩解主张并不能对抗港某公司的诉请。同时，《12·24会议纪要》所确定的结算原则中的第一项标题为“关于沉箱格仓填石工程量计量”，该项中的具体内容，在体系解释上，仅是为了确定沉箱项目的工程量，进而确定沉箱项目的结算金额，并不包括其他项目，也非约定了全部工程款的付款条件。因此，港某公司的诉请并不违反《4·24会议纪要》《12·24会议纪要》，应予支持。由于建设工程施工合同已经双方协商解除，包括质保金条款在内的相关约定对双方再无约束力，且案涉工程已经竣工结算至今一年有余，故大某公司不能援引合同条款主张扣除质保金，应一次性支付工程款。大某公司未能按时支付工程款，港某公司有权要求大某公司支付相应利息。港某公司还请求就其承建工程折价或拍卖的价款享有优先受偿权，该请求符合法律规定，法院照准。综上，港某公司相关诉请成立，法院予以支持，大某公司的相关辩解意见并无事实法律依据，法院不予采纳。

大某公司不服一审判决，提起上诉。二审期间，双方对于应付工程价款金额达成和解，并确认港某公司享有建筑优先受偿权。

## 【法官后语】

该案典型意义在于创设了建设工程价款优先受偿权行使期限新旧衔接的裁判规则。

根据2018年12月29日公布的《最高人民法院关于审理建设工程施工合同纠纷案件适用法律问题的解释（二）》第22条规定，承包人行使建设工程价款优先受偿权的期限为六个月，自发包人应当给付建设工程价款之日起算。为配合《民法典》的实施，最高人民法院于2020年12月29日公布了《最高人民法院关于审理建设工程施工合同纠纷案件适用法律问题的解释（一）》，作为与《民法典》同时实施的配套司法解释。根据该司法解释第41条的规定，行使建设工程价款优先受偿权最长不得超过18个月，自发包人应当给付建设工程价款之日起算。本案竣工结算日期为2020年12月25日，港某公司起诉日期为2022年2月18日，这就涉及新旧解释行使期限的衔接问题。根据《最高人民法院关于适用〈中华人民共和国民法典〉时间效力的若干规定》第1条、第20条规定的精神，一般应从优先受偿权履行的情况选择适用新旧司法解释。具体而言，对于《民法典》施行前签订的施工合同，根据《最高人民法院关于审理建设工程施工合同纠纷案件适用法律问题的解释（二）》的规定，6个月的优先受偿权行使期限已经届满，并未持续至《最高人民法院关于审理建设工程施工合同纠纷案件适用法律问题的解释（一）》施行后，优先受偿权行使期限仍应适用《最高人民法院关于审理建设工程施工合同纠纷案件适用法律问题的解释（二）》的规定，为6个月；如果《最高人民法院关于审理建设工程施工合同纠纷案件适用法律问题的解释（一）》施行后，优先受偿权未满6个月的行使期限，承包人仍有权主张优先受偿权，权利还在可行使期间内，则应适用《最高人民法院关于审理建设工程施工合同纠纷案件适用法律问题的解释（一）》关于行使优先受偿权最长期限为18个月的规定。

在无明确法律依据、检索无同类案件的情况下，本案首次就建设工程价款优先受偿权行使期限新旧衔接作出司法裁判，具有独创性和可复制性。

## 【相关法条】

**1.《中华人民共和国合同法》**（2021 年 1 月 1 日废止）

**第九十七条** 合同解除后，尚未履行的，终止履行；已经履行的，根据履行情况和合同性质，当事人可以要求恢复原状、采取其他补救措施，并有权要求赔偿损失。

**第二百八十六条** 发包人未按照约定支付价款的，承包人可以催告发包人在合理期限内支付价款。发包人逾期不支付的，除按照建设工程的性质不宜折价、拍卖的以外，承包人可以与发包人协议将该工程折价，也可以申请人民法院将该工程依法拍卖。建设工程的价款就该工程折价或者拍卖的价款优先受偿。

**对应新法：**

**《中华人民共和国民法典》**（2021 年 1 月 1 日施行）

**第五百六十六条第一款** 合同解除后，尚未履行的，终止履行；已经履行的，根据履行情况和合同性质，当事人可以请求恢复原状或者采取其他补救措施，并有权请求赔偿损失。

**第八百零七条** 发包人未按照约定支付价款的，承包人可以催告发包人在合理期限内支付价款。发包人逾期不支付的，除根据建设工程的性质不宜折价、拍卖外，承包人可以与发包人协议将该工程折价，也可以请求人民法院将该工程依法拍卖。建设工程的价款就该工程折价或者拍卖的价款优先受偿。

**2.《最高人民法院关于适用〈中华人民共和国民法典〉时间效力的若干规定》**（2021 年 1 月 1 日施行）

**第一条** 民法典施行后的法律事实引起的民事纠纷案件，适用民法典的规定。

民法典施行前的法律事实引起的民事纠纷案件，适用当时的法律、司法解释的规定，但是法律、司法解释另有规定的除外。

民法典施行前的法律事实持续至民法典施行后，该法律事实引起的民事纠纷案件，适用民法典的规定，但是法律、司法解释另有规定的除外。

**3.《最高人民法院关于审理建设工程施工合同纠纷案件适用法律问题的解释》**（2021年1月1日废止）

**第十条第一款** 建设工程施工合同解除后，已经完成的建设工程质量合格的，发包人应当按照约定支付相应的工程价款；已经完成的建设工程质量不合格的，参照本解释第三条规定处理。

**4.《最高人民法院关于审理建设工程施工合同纠纷案件适用法律问题的解释（二）》**（2021年1月1日废止）

**第二十二条** 承包人行使建设工程价款优先受偿权的期限为六个月，自发包人应当给付建设工程价款之日起算。

**5.《最高人民法院关于审理建设工程施工合同纠纷案件适用法律问题的解释（一）》**（2021年1月1日施行）

**第四十一条** 承包人应当在合理期限内行使建设工程价款优先受偿权，但最长不得超过十八个月，自发包人应当给付建设工程价款之日起算。

承办人：张 勇

编写人：张 勇

# 3. 潍坊森某某港有限公司与江苏筑某建设集团有限公司、淮坊银某滩建筑工程有限公司建设工程合同纠纷执行保全异议案

——建设工程合同案件中突破合同相对性后发包人之判决义务性质分析及判决衍生效力探析

## 【合规提示】

本案是一起建设工程合同执行保全异议案件，作为申请执行人的实际施工人与作为被执行人的发包人就执行顺序和执行金额产生争议。本案认定，应当按照不同债权人的保全顺序依次执行。对于实际施工人而言，当无法从

承包人处收回工程款时，因为发包人需在未付工程款范围内承担责任，所以要及时对发包人的未付款项予以保全，以实现判决确定债权，不能想当然认为判决可以对抗查封冻结的公法效力。对于负有履行判决义务的发包人而言，应按照债权上查封先后顺序依次执行相应的协助执行通知。

## 【案件信息】

**1. 裁判文书字号**

（2020）鲁 72 执异 29 号

**2. 当事人**

异议人（被保全人）：潍坊森某某港有限公司

申请保全人：江苏筑某建设集团有限公司

被保全人：潍坊银某滩建筑工程有限公司

**3. 关键词**

执行　保全异议　建设工程合同　打破合同相对性　判决性质　执行顺序

## 【裁判要旨】

在突破合同相对性原则判决发包人向实际施工人履行义务的情况下，发包人成为判决义务主体时其应履行的判决的标的仍应为到期债权；此项判决不具有冻结相关债权的效力，亦不能优先于在先查封冻结而强制执行；无论是否对在先查封冻结的债权作出裁判，均不能对抗查封冻结的公法效力，仍应按照债权上查封先后顺序予以强制执行。

## 【基本案情】

原告连云港某工程公司作为实际施工人将转包人潍坊银某滩建筑工程有限公司（以下简称银某滩公司）及发包人潍坊森某某港有限公司（以下简称森某某港公司）诉至青岛海事法院，请求两被告支付欠付的工程款。青岛海事法院经审理查明，被告银某滩公司欠付原告工程款 18 967 846.99 元，被告森某某港公司欠付被告银某滩公司人民币 20 022 513.58 元。青岛海事法院于 2019 年 12 月 19 日作出（2019）鲁 72 民初 1242 号民事判决书，判决：一、被告银某滩公司向原告支付工程款 18 967 846.99 元及相应利息；二、被告森某某港公司在 20 022 513.58 元范围内承担责任。

各方当事人对该判决均未提起上诉。判决生效后，江苏筑某建设集团有限公司（以下简称江苏筑某公司）于2020年7月向青岛海事法院申请执行保全，请求对银某滩公司及森某某港公司在2100万元范围内的财产进行执行保全。青岛海事法院于2020年7月20日作出（2020）鲁72执保267号执行裁定书，裁定划拨被保全人银某滩公司、森某某港公司银行存款21 088 400元及至支付之日止的利息或查封、扣押其等值财产及到期债权；并于2020年8月19日向某银行发出冻结存款通知书，冻结森某某港公司账户存款21 088 400元。

森某某港公司对该行为提出执行异议称，在案件审理前后，就银某滩公司在异议人处工程款债权，因多个申请人申请，潍坊市滨海经济技术开发区人民法院、潍坊市中级人民法院、青岛海事法院分别进行多次查封；并且按照潍坊市中级人民法院支付通知，异议人已支付11 885 000元，因此银某滩公司剩余未支付工程款为9 268 955.13元（含发票损失1 131 441.55元）。青岛海事法院就本案查封2850万元为轮候查封。异议人请法院停止对异议人资产的执行，并解除对异议人银行账户的查封。

（2019）鲁72民初1200号案为与本案关联案件，原告为潍坊某水利工程公司，被告同为涉案两被告，该原告亦是作为实际施工人请求两被告向其支付工程款，因原告证据不足，法院判决驳回该原告的诉讼请求。该原告不服判决，上诉于山东省高级人民法院。2020年12月8日，山东省高级人民法院作出（2020）鲁民终2164号民事判决书，在事实查明部分载明，截至2020年9月9日，森某某港公司欠付银某滩公司工程款9 268 955.13元。

## 【裁判说理】

争议焦点：在建设工程合同纠纷案件中判定发包人履行义务的判决能否优先于债权上顺位在前的查封冻结措施而先履行或强制执行。

青岛海事法院认为：异议人之所以作为（2019）鲁72民初1200号和（2019）鲁72民初1242号两案的被告，都是基于其作为工程发包人，欠付承包方即两案另一被告银某滩公司工程款，其本质上是另一被告对异议人享有的到期债权。青岛海事法院（2019）鲁72民初1242号民事判决书认定异议人应当在20 022 513.58元范围内承担责任，系于该判决作出之日即2019年12月19日异议人欠付工程款金额。山东省高级人民法院（2020）鲁民终

2164号民事判决书，则认定截至2020年9月9日异议人最新欠付款项为9 268 955.13元。

因此，青岛海事法院认为，（2020）鲁72执保267号执行裁定书、协助冻结存款通知书应予纠正；并于2020年12月8日作出执行裁定书，裁定：一、变更青岛海事法院（2020）鲁72执保267号执行裁定书裁定事项为“一、冻结、划拨被保全人银某滩公司存款21 088 400元及至支付之日止的利息或查封、扣押其等值财产及到期债权；二、冻结、划拨被保全人森某某港公司银行存款人民币8 137 513.58元或查封、扣押其等值财产及到期债权”。二、变更青岛海事法院协助冻结存款通知书中冻结内容为“账户存款应冻结8 137 513.58元”。

## 【法官后语】

本案是一起典型的突破合同相对性的发包人作为被告进入诉讼的建设工程合同纠纷执行保全异议案件。本案的典型性在于，当实际施工人依据《最高人民法院关于审理建设工程施工合同纠纷案件适用法律问题的解释》第26条规定，将发包人作为被告加入诉讼时，发包人对转包人或违法分包人（以下以转分包人代表两种合同主体）的未付款项从单纯的由转分包人享有的到期债权标的转化为对实际施工人直接履行的判决义务内容。如何正确依照判决内容确定发包人的履行义务并予以执行？该判决能否优先于未付款上的查封措施而得到履行或强制执行？该种民事判决产生的衍生法律效果有哪些？诸多问题须抽丝剥茧予以分析。

一、在突破合同相对性的建设工程合同纠纷案件中判定发包人履行义务的性质分析

按照一般的合同相对性原理，合同义务人应当向合同权利人履行合同义务；具体到建设工程合同中，当实际施工人为原告时，被告应当仅为与其签订合同的转分包人。发包人作为被告直接进入诉讼，其法律依据是最高人民法院先后颁布的三个相关司法解释即《最高人民法院关于审理建设工程施工合同纠纷案件适用法律问题的解释》《最高人民法院关于审理建设工程施工合同纠纷案件适用法律问题的解释（二）》《最高人民法院关于审理建设工程施工合同纠纷案件适用法律问题的解释（一）》的相关规定，即实际施工人以发包人为被告主张权利的，人民法院应当追加转分包人为本案第三人，在查

明发包人欠付转分包人建设工程价款的数额后，判决发包人在欠付建设工程价款范围内对实际施工人承担责任。依据该规定判决发包人对实际施工人履行义务的直接效果是，将发包人对转分包人的付款义务及转分包人对实际施工人的付款义务的两次付款义务提级合并为发包人对实际施工人的一次付款义务，在履行过程上进行了简化，加强了对实际施工人权利的保障。但发包人的履行义务仍然是基于转分包人对发包人享有的到期债权而成立。理由有三个：（1）从前述法条的规定来看，发包人的履行义务限定在其欠付转分包人的款项范围内，可见发包人的义务是基于其对转分包人的欠付工程款的债权而产生。（2）发包人的履行义务并非基于直接的合同债务，在债务类型上不是纯粹的金钱给付义务。（3）执行此种判决时，仅限于发包人的欠付债权款项，如果发包人已经向转分包人履行完该债务，则不能执行发包人的其他财产；而其他基于合同债务的履行义务，是可以执行发包人所有的财产和权利的。

二、判定发包人向实际施工人履行义务的判决产生的衍生效果探析

实际施工人起诉发包人，针对的是发包人对转分包人所欠付的工程款，其目的性和指向性非常确定。由此作出的判决能否产生不同于其他判决的衍生效果？

（一）对于尚未被查封冻结的工程款，实际施工人提起诉讼是否具有查封冻结的效力

所谓查封冻结，是财产保全的措施之一。而财产保全措施须由当事人申请、人民法院制作裁定并实施保全措施。学者杨与玲认为："查封为公法上之强制处分，于实施查封完毕时，即生效力，至撤销查封时，始归消灭。"① 对于到期债权的查封冻结同理。因此，查封冻结是公法上的强制措施，当事人提起诉讼的行为，因没有依法定程序上升到公法效力，而不具有查封冻结的效力。

（二）法院判决发包人向施工人履行义务，是否可以产生查封冻结的效力

法院的判决能否直接产生查封冻结效力，这要看判决制度的设置本质如何。判决，是人民法院通过法定的诉讼程序，在查明事实的基础上，准确适用法律，就解决案件的实体问题作出的具有法律效力的法律文书。而查封冻结作为保全措施，仅是程序上的行为，且须依法定程序进行。因此旨在判定实体权利的判决，不能产生查封冻结的效力。

---

① 杨与玲编著：《强制执行法论》，中国政法大学出版社 2002 年版，第 336 页。

（三）发包人还能否向转分包人或其他债权人进行清偿

如前所述，此种判决简化了履行过程，发包人直接向实际施工人履行即可。其法律后果如下：首先，解除了发包人依据合同向转分包人支付工程款的履行义务；其次，确定了发包人履行义务的对象为且仅为实际施工人，而非其他。所以，发包人不能再向转分包人或其他债权人进行清偿。

三、判定发包人履行义务的判决能否优先于债权上顺位在前的查封冻结措施而先履行或强制执行

对于已到期债权，执行法院可以按照《最高人民法院关于人民法院执行工作若干问题的规定（试行）》中“被执行人到期债权的执行”部分规定的程序向债务人发出履行到期债务通知予以执行 。也有学者认为应当以执行裁定代替到期债务履行通知书，此处不作讨论 。而对于未来到期的债权能否执行、如何执行？依“债务人对于第三人之金钱债权，不必执行时业已存在，将来可发生之债权，亦得为执行之标的”的观点，在债权尚未到期前可以执行。人民法院会在保全、审判、执行等不同阶段向债务人送达相应的裁定书及协助执行通知书，以查封冻结该到期债权。虽然很多时候会出现多个法院先后查封一笔到期债权的情况，但是依照查封顺位执行已是没有争议。

当发包人作为被告向实际施工人履行义务作为判决主文被写到判决中时，该判决能否优先于债权上顺位在前的查封冻结措施而先履行或强制执行？这个问题应该会困惑很多人。正如本案中申请执行人听证时抗辩认为，其他法院的查封均为对到期债权的查封，发包人只是协助执行义务人；而本案中发包人的义务是判决明确判定的，其效力具有直接性和排他性，发包人为被执行人。但是，此种判决应不能优先于债权上顺位在前的查封冻结措施而履行或强制执行。理由如下：（1）如前所述，判决只是对实体权利的判定，不能产生查封冻结的效力。（2）保全制度设定的目的是保全现状；在我国台湾地区的执行理论中，杨与玲学者认为“保全执行，即维持现状、以保全将来之终局执行之执行”[①]；杨荣宗学者也认为“债务人之特定财产权利，一经查封，债务人及其他关系人均有尊重查封状态之义务，不得有任何危害查封效力之任何行为”[②]。因此保全措施一旦作出，其公法上的效力即已确定，当时的现

① 杨与玲编著：《强制执行法论》，中国政法大学出版社 2002 年版，第 9 页。

② 陈荣宗：《强制执行法》，我国台湾地区三民书局 1989 年版，第 325 页。

状即已确定。该效力是针对司法活动参与人的，也是针对与之有关的利害关系人的，包括相关的法院。（3）如果判决优先于保全措施，则不仅使保全制度设定的意义趋于落空，并且打乱了之前确定的司法秩序，对司法活动的确定性和可预见性起到破坏作用，使参与司法程序的各方均处于不确定的危机中，进而不利于社会秩序的稳定。因此，如果仅是判决发包人向实际施工人履行义务，而没有另行依照法定程序采取保全措施，则该判决的执行顺序应当排在所有保全措施之后；如果进行了保全，则应当按照保全措施的顺位进行清偿或执行。只有这样才能确保具有公法效力的保全措施的预期效果。

四、判决中能否对查封顺序在前的债权予以裁判

本案所依据的生效判决中并未提及查封情况，应是当事人未举证的结果。本案裁定变更对发包人的执行标的，系依据另一关联案件二审判决查明的新事实作出的。如果在案件审理过程中已查明查封冻结的情况，还能否对查封顺序在前的债权予以裁判？如果作出裁判是不是对查封冻结财产的处分？从审判和执行实践来看：一方面，前已论述杨与玲学者的观点“保全执行，即维持现状，以保全将来之终局执行之执行”[①]“查封是公法上的强制处分，于实施查封完毕时，即生效力，至撤销查封时，始归消灭”[②]以及杨荣宗学者的观点“债务人之特定财产权利，一经查封，债务人及其他关系人均有尊重查封状态之义务，不得有任何危害查封效力之任何行为”[③]。无论是否对查封顺序在前的债权予以裁判，作为公法上的强制处分的保全措施已经作出并已发生效力也确定了秩序，该裁判均无法撼动，都不能越过在先查封冻结而履行或强制执行。因此是否予以裁判都不能产生对查封冻结在先债权的处分效果。另一方面，由于判决制作时在先查封冻结的债权还有尚在审理阶段、处于未决状态、金额尚不确定的情形，要求不能裁判在先查封冻结的债权因存在不确定情形而不好操作。

但是，为使强制执行时执行范围更加明确，建议判决主文中判定发包人义务后，可以增加“已经履行部分或保全在先金额确定部分除外”的表述。如果判决中没有上述除外表述，也仍应当按照到期债权上的查封顺位履行或强制执行。

---

① 杨与玲编著：《强制执行法论》，中国政法大学出版社 2002 年版，第 9 页。

② 杨与玲编著：《强制执行法论》，中国政法大学出版社 2002 年版，第 9 页。

③ 陈荣宗：《强制执行法》，我国台湾地区三民书局 1989 年版，第 325 页。

综上所述，在执行突破合同相对性的建设工程合同案件中的发包人义务时，要从发包人所负义务是履行到期债权的性质考量，按照查封顺序依次执行，先期履行的金额应予扣除。值得注意的是新颁布的《最高人民法院关于审理建设工程施工合同纠纷案件适用法律问题的解释（一）》于2021年1月1日实施，其中第43条的规定仍然坚持突破合同相对性原则，与前述《最高人民法院关于审理建设工程施工合同纠纷案件适用法律问题的解释》精神保持一致。因此，本案所涉执行问题在今后仍应注意。

## 【相关法条】

**1.《中华人民共和国民事诉讼法》**（2021年12月24日修正）

**第二百二十五条** 按照规定可以背书转让的票据持有人，因票据被盗、遗失或者灭失，可以向票据支付地的基层人民法院申请公示催告。依照法律规定可以申请公示催告的其他事项，适用本章规定。

申请人应当向人民法院递交申请书，写明票面金额、发票人、持票人、背书人等票据主要内容和申请的理由、事实。

**对应新法：**

**《中华人民共和国民事诉讼法》**（2023年9月1日修正）

**第二百二十九条** 按照规定可以背书转让的票据持有人，因票据被盗、遗失或者灭失，可以向票据支付地的基层人民法院申请公示催告。依照法律规定可以申请公示催告的其他事项，适用本章规定。

申请人应当向人民法院递交申请书，写明票面金额、发票人、持票人、背书人等票据主要内容和申请的理由、事实。

**2.《最高人民法院关于人民法院办理执行异议和复议案件若干问题的规定》**（2020年12月29日修正）

**第十六条** 人民法院依照民事诉讼法第二百二十五条规定作出裁定时，应当告知相关权利人申请复议的权利和期限。

人民法院依照民事诉讼法第二百二十七条规定作出裁定时，应当告知相关权利人提起执行异议之诉的权利和期限。

人民法院作出其他裁定和决定时，法律、司法解释规定了相关权利人申请复议的权利和期限的，应当进行告知。

**第十七条** 人民法院对执行行为异议，应当按照下列情形，分别处理：

（一）异议不成立的，裁定驳回异议；

（二）异议成立的，裁定撤销相关执行行为；

（三）异议部分成立的，裁定变更相关执行行为；

（四）异议成立或者部分成立，但执行行为无撤销、变更内容的，裁定异议成立或者相应部分异议成立。

**3.《最高人民法院关于审理建设工程施工合同纠纷案件适用法律问题的解释（一）》**（2021 年 1 月 1 日施行）

**第四十三条第二款** 实际施工人以发包人为被告主张权利的，人民法院应当追加转包人或者违法分包人为本案第三人，在查明发包人欠付转包人或者违法分包人建设工程价款的数额后，判决发包人在欠付建设工程价款范围内对实际施工人承担责任。

承办人：郭俊莉

编写人：郭俊莉

# 4. 祥某公司诉凯某公司、建某公司、港某公司、某照港公司码头建造合同纠纷案

——码头建造合同因违法分包的效力认定及相对性突破

## 【合规提示】

本案系一起码头建造合同纠纷案件，建设工程施工合同因违法分包、非法转包而被认定无效。建设工程经竣工验收合格后，实际施工人可以请求参照约定给付工程价款。合同无效后，合同约定的违约金条款无效。对于实际施工人而言，有权要求对方按照过错赔偿因合同无效而遭受的损失，但该损失应是有证据证明已经实际发生的损失，而不是根据无效合同的约定计算的所谓违约金或违约损失。实际施工人只能向合同相对方以及终局受益人发包人主张权利，总承包人、转包人、分包人等其他主体与实际施工人没有合同

关系，均不能突破合同相对性对其承担付款责任。关于工程价款的给付，基于合同相对性原则，工程分包合同产生纠纷引起的诉讼并不能阻却他人合同的履行。

## 【案件信息】

**1. 裁判文书字号**

（2018）鲁72民初1076号、（2020）鲁民终1334号，（2022）最高法民申201号

**2. 当事人**

原告：祥某公司

被告：凯某公司、建某公司、港某公司、某照港公司

**3. 关键词**

民事　码头建造合同　合同效力　合同相对性突破　举证责任分配

## 【裁判要旨】

码头建造合同因建设工程违法分包被认定无效后，建设工程经竣工验收合格并投入使用，实际施工人可参照合同约定主张工程价款，同时各方当事人有权要求对方按照过错赔偿其因合同无效而遭受的损失，但该损失应是有证据证明已经实际发生的损失，而不是根据无效合同的约定计算的所谓违约金或违约损失。

发包人在欠付工程款范围内对实际施工人承担付款责任，而总承包人、分包人、转包人等其他非合同相对方均不能突破合同相对性对实际施工人承担付款责任。实际施工人突破合同相对性要求发包人在欠付工程款范围内承担付款责任的，其对发包人欠付工程款数额承担举证责任。

## 【基本案情】

原告祥某公司诉称：日照港岚山港区30万吨级原油码头二期港池泊位工程由被告某照港公司发包，被告港某公司承包后分包给被告建某公司，被告建某公司又分包给凯某公司。凯某公司于2016年2月10日与原告签订《日照港岚山港区30万吨级原油码头二期工程泊位及港池疏浚工程施工分包合同》。现该工程已交工验收，原告依约完成2 158 107方工程量，但凯某公司

未按照双方合同约定支付工程进度款。按照双方合同约定，未按约定支付进度款的，应按照总承包的发包价计算拖欠款项，扣除已经给付的工程款，凯某公司尚应给付原告工程款及违约金共计2248.9005万元。建某公司将工程分包给不具备施工资质的凯某公司，应承担欠付工程款的连带清偿责任，某照港公司、港某公司分别作为发包方、承包方，有责任监督并采取措施保证工程款能够直接拨付给原告，依法应当在欠付工程款范围内承担责任。

被告凯某公司辩称：原告实际施工工程量不确定、未验收合格，不符合工程进度款支付条件，主张工程款无事实依据。原告主张的工程款应为垫付款，合同及协议中未约定违约金，主张违约金无事实依据。综上，原告的主张无事实和法律依据，其诉讼请求应予驳回。

被告建某公司辩称：原告对建某公司的诉讼请求没有事实和法律依据，请求法院依法予以驳回。主要理由如下：第一，建某公司与原告不存在合同关系，根据合同相对性原则，无义务向原告支付工程款。第二，涉案工程已于2018年2月验收合格，但港某公司未根据双方合同约定，在工程竣工验收合格后结算工程价款并支付剩余的款项。建某公司向凯某公司实际支付的工程款已超过应支付的工程进度款。第三，本案是建设工程施工合同纠纷，不是侵权纠纷，也不是农民工索要劳务费用纠纷，原告无权依据《最高人民法院关于审理建设工程施工合同纠纷案件适用法律问题的解释》第26条规定要求建某公司在欠付工程款范围内承担责任。

被告港某公司辩称：其与原告无任何合同关系，港某公司将涉案工程分包给建某公司，该公司是具有合法资质的施工企业，建某公司的分包行为未经港某公司同意，港某公司也不了解。因此，原告主张港某公司在欠付工程款范围内承担责任无事实和法律依据，请求法院依法驳回其诉讼请求。

被告某照港公司辩称：本案是建设工程施工合同纠纷，不是侵权纠纷，也不是农民工索要劳务费纠纷，原告曲解了《最高人民法院关于审理建设工程施工合同纠纷案件适用法律问题的解释》第26条规定，突破了合同相对性原则，属于明显的滥用诉权。某照港公司已将涉案工程款全部支付完毕，原告如认为其欠付工程款，应提交证据予以证明。原告要求某照港公司承担责任缺乏事实和法律依据，请求法院依法驳回其诉讼请求。

法院经审理查明的主要事实如下：

2016年2月10日，祥某公司与凯某公司签订《日照港岚山港区30万吨级原油码头二期工程泊位及港池疏浚工程施工分包合同》。合同载明工程计量结算方式如下：（1）双方按实际挖泥工程量结算。（2）本工程挖深至 –23.3 米，允许超深 0.4 米，边坡比为 1 ∶ 5，超宽 4 米，按此参数结算工程量（浚前浚后图以双方确认的测量图为准）。（3）本工程单价以同区域其他公司发包价为依据，综合单价为 16.8 元（含税）。综合单价包含淤泥和黏土，如有风化岩层，根据实际申报风化岩工程量和风化岩当地市场价格增加补充价款。（4）进度款支付：原则上工程进度款按月支付，由于本工程属于垫资工程，凯某公司未收到总承包方支付的款项时，祥某公司必须自行解决生产运营费用。总结算方式在工程交工验收后，按实际施工工程量，凯某公司按照合同综合单价跟祥某公司确定总工程结算量和结算总价，并在收到总承包方结算工程款后，足额和祥某公司结清工程款。祥某公司已收到涉案工程款 1830 万元。

2016 年 2 月 18 日，凯某公司与建某公司签订涉案工程施工分包合同，分包内容为港池疏浚，合同所附工程量清单载明：泊位及港池上层淤泥层疏浚数量为 144 000 立方米，单价为 13.98 元，价款为 2 013 120 元；泊位及港池淤泥以下层疏浚数量为 1 920 900 立方米，单价为 20.42 元，价款为 39 224 778 元；泊位挖风化岩数量为 10 000 立方米，单价为 97.52 元，价款为 975 200 元；以上合同价款合计 42 213 098 元。截至 2018 年 6 月 25 日，凯某公司收到建某公司支付的涉案工程款 3986 万元。2019 年 5 月 6 日，建某公司向凯某公司发出工程量确认单，其中载明：2019 年 4 月 30 日收到港某公司的分包工程结算单，根据本项目签订的施工合同以及浚前浚后施工图计算，贵司在该施工区域最终结算工程量为港池淤泥工程量 290 385.4 立方米、港池黏土工程量 1 914 747.8 立方米、港池风化岩工程量 7455 立方米。凯某公司在该确认单上盖章确认。

2015 年 6 月 3 日，建某公司与港某公司签订涉案工程施工合同，合同载明：鉴于某照港公司与港某公司已经签订施工总承包合同，港某公司因工程项目施工需要，经某照港公司同意，将总承包合同部分施工项目分包给建某公司进行施工（双方对承包范围、承包方式、完工日期、合同价款、结算方式等进行了约定，后针对增加的工程量签订补充协议）。港某公司编制的涉案分包工程结算单显示，建某公司分包工程的合同价款为 125 617 637 元，结算价款为 121 939 382.83 元。港某公司在该结算单上加盖印章确认。2016

年1月1日至2019年3月31日，建某公司共收到港某公司支付的工程款92 226 288元。

2016年2月16日，港某公司与某照港公司签订涉案工程施工合同，合同约定：新建一个30万吨级原油泊位（水工结构按靠泊45万吨油船设计）以及相应的配套设施，码头前沿停泊水域长为532.2米，宽为120米，底高程为–25.3米；港池及回旋水域底高程为–23.3米，回旋水域采用椭圆形布置，长轴为1002米，短轴为840米；合同价款为51 567.8969万元。2018年2月28日，某照港公司与港某公司对涉案工程进行验收，工程交（竣）工验收证明书载明：开工日期为2015年1月1日，竣工日期为2018年2月7日，本工程已按合同和设计要求施工完成，工程质量合格，同意验收并交付使用。某照港公司在二审过程中提交证据证明其已付清全部工程款，港某公司予以确认。

## 【裁判说理】

争议焦点：（1）祥某公司与凯某公司签订的涉案合同的效力及凯某公司欠付工程款数额；（2）祥某公司主张的违约金能否得到支持；（3）建某公司、港某公司、某照港公司应否承担责任。

青岛海事法院认为：

一、祥某公司与凯某公司签订的涉案合同的效力及凯某公司欠付工程款数额

《合同法》第272条第2款规定，承包人不得将其承包的全部建设工程转包给第三人或者将其承包的全部建设工程肢解以后以分包的名义分别转包给第三人。《最高人民法院关于审理建设工程施工合同纠纷案件适用法律问题的解释》第4条规定，承包人非法转包、违法分包建设工程或者没有资质的实际施工人借用有资质的建筑施工企业名义与他人签订建设工程施工合同的行为无效。根据本案查明的事实，建某公司将其从港某公司承包的涉案泊位及港池疏浚工程分包给凯某公司，凯某公司又将其从建某公司承包的部分工程分包给祥某公司，祥某公司和凯某公司均未取得相应资质，因此凯某公司将涉案工程分包给祥某公司的行为属于违法分包，该合同为无效合同。《最高人民法院关于审理建设工程施工合同纠纷案件适用法律问题的解释》第2条规定，建设工程施工合同无效，但建设工程经竣工验收合格，承包人请求参

照合同约定支付工程价款的，应予支持。在合同双方均不能提供合乎合同要求结算依据的情况下，法院依据凯某公司与建某公司最终结算工程量参照认定祥某公司实际完成工程量，并按照双方合同约定计算得出工程价款总额为35 253 249.36元，扣减已支付的1830万元，尚欠工程款16 953 249.36元。

二、祥某公司主张的违约金能否得到支持

因凯某公司违法分包，且祥某公司和凯某公司均无资质，双方签订的涉案工程分包合同无效，虽然按照《最高人民法院关于审理建设工程施工合同纠纷案件适用法律问题的解释》第2条规定，祥某公司可以请求参照合同约定支付工程价款，但合同约定的违约金条款无效。合同无效后，当事人有权要求对方按照过错赔偿其因合同无效而遭受的损失，但该损失应是有证据证明已经实际发生的损失，而不是根据无效合同的约定计算的所谓违约金或违约损失。在本案中，祥某公司诉请的损失并非因合同无效遭受的损失，而是按照违约金条款折算的损失，故其请求赔偿的依据不足，法院不予支持。

三、建某公司、港某公司、某照港公司应否承担责任

建某公司、港某公司、某照港公司与祥某公司不存在合同关系，不承担向祥某公司支付欠付工程款的合同义务，建某公司和港某公司不是发包人，无须按照《最高人民法院关于审理建设工程施工合同纠纷案件适用法律问题的解释》第26条的规定向祥某公司在欠付工程款范围内承担责任。某照港公司虽为发包人，但其提交证据证明工程款已全部支付完毕；祥某公司未能举证证明某照港公司欠付工程款数额，其要求某照港公司在欠付工程款范围内承担责任的请求缺乏事实和法律依据。建某公司与凯某公司存在分包合同，没有证据证明双方之间存在挂靠关系，祥某公司要求建某公司向其承担连带责任既无事实依据，也无法律依据。

青岛海事法院于2019年11月15日作出（2018）鲁72民初1076号民事判决，判决被告凯某建设工程有限公司在本判决生效之日起十日内向原告祥某公司支付工程款16 953 249.36元，驳回原告祥某公司的其他诉讼请求。宣判后，原告祥某公司提起上诉。山东省高级人民法院于2020年6月29日作出（2020）鲁民终1334号民事判决，驳回上诉，维持原判。最高人民法院裁定驳回再审申请。

## 【法官后语】

实践中，建设工程因违法分包、非法转包引发的纠纷层出不穷，而在此类纠纷中，建设工程施工合同被认定无效后实际施工人完成的工程量如何认定、工程价款如何确定，实际施工人能否突破合同相对性原则要求发包人、总承包人、分包人、转包人等非合同相对方承担付款责任等问题较为集中。对此，相关法律、法规和司法解释作出很多规定，但由于对其中一些规定的理解和认识存在争议，导致此类案件的裁判尺度不甚统一，有必要进一步加以探讨，推动形成裁判共识。

一、关于合同效力认定及合同无效的法律后果

本案为码头建造合同纠纷案件，既有一般建设工程案件共性，又具有港口建设工程案件个性，对涉案港口建设工程施工合同效力的审查认定，既涉及民法、合同法、建筑法等一般法律，还涉及港口法等特别法律。《合同法》第 272 条第 2 款规定，承包人不得将其承包的全部建设工程转包给第三人或者将其承包的全部建设工程肢解以后以分包的名义分别转包给第三人。《最高人民法院关于审理建设工程施工合同纠纷案件适用法律问题的解释》第 4 条规定，承包人非法转包、违法分包建设工程或者没有资质的实际施工人借用有资质的建筑施工企业名义与他人签订建设工程施工合同的行为无效。本案中，建某公司将其从港某公司承包的涉案泊位及港池疏浚工程分包给凯某公司，凯某公司又将其从建某公司承包的部分工程分包给祥某公司，祥某公司和凯某公司均未取得相应的资质，因此凯某公司将涉案工程分包给祥某公司的行为属于违法分包，该合同为无效合同。在建设工程施工合同无效的情况下，如何确定工程量及工程价款问题，我国法律采取的是“无效合同按有效对待”的处理原则进行折价补偿。《最高人民法院关于审理建设工程施工合同纠纷案件适用法律问题的解释》第 2 条规定，建设工程施工合同被认定为无效，但建设工程经竣工验收合格，承包人请求参照约定给付工程价款的，人民法院应予支持。该条解决的是合同被认定无效之后，发包人取得承包人建设的工程按照何种标准进行折价补偿的问题。解释规定参照合同约定支付工程价款（折价），原因在于这个方法符合当事人双方缔约本意、符合缔约时的市场行情、利于当事人双方接受，同时避免大量的合同通过鉴定的方式确定价款（折价补偿款），造成审理期限延长，增加当事人诉累。本案中，涉案泊

位及港池疏浚工程经竣工验收合格并投入使用，因此法院对祥某公司关于参照其与凯某公司之间合同约定支付工程价款的请求予以支持。主要理由在于参照合同约定的工程款数额进行裁判，符合签约时当事人的真实意思，且有利于平衡双方之间的利益关系，便于法院之后对类似案件进行裁判。合同无效后，祥某公司虽然可以请求参照合同约定支付工程价款，但合同约定的违约金条款无效，其有权要求对方按照过错赔偿因合同无效而遭受的损失，但该损失应是有证据证明已经实际发生的损失，而不是根据无效合同的约定计算的所谓违约金或违约损失。

二、关于合同相对性的突破

实际施工人依据《最高人民法院关于审理建设工程施工合同纠纷案件适用法律问题的解释》第 26 条、《最高人民法院关于审理建设工程施工合同纠纷案件适用法律问题的解释（二）》第 24 条规定只能向合同相对方以及终局受益人发包人主张权利，总承包人、转包人、分包人等其他主体与实际施工人没有合同关系，均不能突破合同相对性对其承担付款责任。在本案中，建某公司将其从港某公司承包的部分工程分包给凯某公司，凯某公司又将其承包的部分工程分包给祥某公司，祥某公司实际完成了涉案工程的施工义务，系本案所涉工程的实际施工人。祥某公司以建某公司将承包的涉案工程分包给不具备相应资质的凯某公司、凯某公司与建某公司存在挂靠关系为由，要求建某公司对凯某公司拖欠的工程款承担连带责任，但根据本案查明的事实，建某公司与凯某公司之间签有涉案工程分包合同，祥某公司提交的证据不足以证明凯某公司与建某公司存在挂靠关系，因此祥某公司承包涉案工程时信赖的主体是合同的相对方凯某公司，其要求建某公司承担连带责任的主张缺乏事实和法律依据。另外，建某公司、港某公司均不是发包人，无须按照上述司法解释规定在欠付工程款范围内承担责任。

三、关于发包人欠付工程款的举证责任分配

根据《民事诉讼法》关于“谁主张，谁举证”的基本原则，当事人对自己提出的诉讼请求所依据的事实或者反驳对方诉讼请求所依据的事实，应当提供证据加以证明，当事人未能提供证据或者证据不足以证明其事实主张，由负有举证证明责任的当事人承担不利的法律后果。本案中，某照港公司是涉案工程的发包人，祥某公司要求其在欠付工程款范围内承担付款责任，则应当举证证明其欠付工程款情况，否则应承担不利的法律后果。根据本案查明的事实，某照港公司虽为发包人，但其提交证据证明工程款已全部支付完毕；祥某公司未能举证证明某照港公司欠付工程款数额，其要求某照港公司在欠付工程款范围内承担责任的请求缺乏事实和法律依据。虽然某照港公司在知晓祥某公司提起本案诉讼后仍向港某公司付款，但根据合同相对性，祥某公司因与凯某公司的工程分包合同产生纠纷引起的诉讼并不能阻却他人合同的履行，某照港公司在诉讼中的付款行为不违反合同规定和法律规定。因此，祥某公司要求某照港公司在欠付工程款范围内承担责任的请求缺乏事实和法律依据，不应得到支持。

值得注意的是，本案虽发生在《民法典》颁布实施前，但其中涉及的相关规则与《民法典》及最高人民法院后续颁布的相关司法解释保持一致。因此，在《民法典》实施背景下，对本案涉及法律问题进行深入探讨仍具有重要的参考价值和借鉴意义。特别是随着海洋经济的发展，海洋建设工程蓬勃兴起，随之引发的海洋建设工程纠纷数量呈上升趋势。依法妥善认定海洋建设工程施工合同效力，合理化解海洋建设工程领域风险，平衡海洋建设工程各方当事人利益，有助于规范海洋开发利用和经营秩序，推动海洋强国战略有效实施。

## 【相关法条】

**1.《中华人民共和国合同法》**（2021 年 1 月 1 日废止）

**第二百七十二条第二款**　总承包人或者勘察、设计、施工承包人经发包人同意，可以将自己承包的部分工作交由第三人完成。第三人就其完成的工作成果与总承包人或者勘察、设计、施工承包人向发包方承担连带责任。承包人不得将其承包的全部建设工程转包给第三人或者将其承包的全部建设工程肢解以后以分包的名义分别转包给第三人。

**对应新法：**

**《中华人民共和国民法典》**（2021 年 1 月 1 日施行）

**第七百九十一条第二款**　总承包人或者勘察、设计、施工承包人经发包人同意，可以将自己承包的部分工作交由第三人完成。第三人就其完成的工作成果与总承包人或者勘察、设计、施工承包人向发包方承担连带责任。承包人不得将其承包的全部建设工程转包给第三人或者将其承包的全部建设工程支解以后以分包的名义分别转包给第三人。

**2.《最高人民法院关于审理建设工程施工合同纠纷案件适用法律问题的解释》**（2021年1月1日废止）

**第二条** 建设工程施工合同无效，但建设工程经竣工验收合格，承包人请求参照合同约定支付工程价款的，应予支持。

**对应新法：**

**《中华人民共和国民法典》**（2021年1月1日施行）

**第七百九十三条第一款** 建设工程施工合同无效，但是建设工程验收合格的，可以参照合同关于工程价款的约定折价补偿承包人。

**3.《最高人民法院关于审理建设工程施工合同纠纷案件适用法律问题的解释（一）》**（2021年1月1日施行）

**第一条第二款** 承包人因转包、违法分包建设工程与他人签订的建设工程施工合同，应当依据民法典第一百五十三条第一款及第七百九十一条第二款、第三款的规定，认定无效。

**第四十三条** 实际施工人以转包人、违法分包人为被告起诉的，人民法院应当依法受理。

实际施工人以发包人为被告主张权利的，人民法院应当追加转包人或者违法分包人为本案第三人，在查明发包人欠付转包人或者违法分包人建设工程价款的数额后，判决发包人在欠付建设工程价款范围内对实际施工人承担责任。

承办人：薛稳山

编写人：薛稳山　毕德强

# 5. 烟台海某油品有限公司诉长江某航道工程局港口疏浚合同纠纷案

## ——以审计为由拒付工程款不能被法院支持

### 【合规提示】

本案是一起关于海工企业被拖欠工程款后将债权转让而引发的债权受让人实现债权的案件。特别典型的被拖欠款项的理由就是项目没有完成审计。审计是政府工程项目的必经环节，在订立合同时各方应当考虑到该因素对于工程结算的影响，因此可以针对审计因素在合同中对结算款项的条件和期限予以约定，但不能以工程尚未完成审计为由而拖欠工程款。对于施工企业，审计并非结算款项的法定前提条件。拖欠工程款可能导致施工单位经营困难，容易引发农民工群体讨薪行为。对拖欠工程款行为，法律已给予施工企业和农民工更多的关注和支持，法院也会依法对施工企业的合法诉求予以支持。

### 【案件信息】

**1. 裁判文书字号**

（2015）青海法海商初字第 8 号

**2. 当事人**

原告：烟台海某油品有限公司

被告：长江某航道工程局

**3. 关键词**

民事　港口疏浚合同　工程分包　债权转让

### 【裁判要旨】

海上建设工程施工合同中，以审计作为支付款项的条件，不能获得法院支持。对将工程价格约定为固定价结算的，审计的最终结果并不影响工程结算。以审计完成期限作为支付款项的期限已被证明是不确定的期限，债权人有权随时主张债务人支付拖欠的工程款。

## 【基本案情】

2008 年 4 月 30 日，被告与唐山曹妃甸造某有限公司（以下简称唐山造某公司）签订《合同协议书》，约定发包方唐山造某公司为兴建曹妃甸工业区装备制造基地围海造地五期工程委托承包方被告对本工程进行施工。施工期为 2008 年 4 月 25 日至 12 月 31 日。合同为固定单价合同，合同履行期间分项工程综合单价不作调整。合同暂定价款为 271 595 454 元人民币。合同第 31.5 项约定“（增加）每月按发包人批准工作量的 80% 支付工程进度款。当累计支付工程款为按招标工程量计算的合同总价款的 80% 时，停止支付工程款，进行工程结算。待工程交工验收达到质量标准、承包人移交全部交工档案资料、办理工程结算并经工程审计后，再支付经审计的工程结算款金额并应扣除质量保修金；质量保证金为经审计的工程结算款的 5%，1 年后无息返还”。

2008 年 10 月 9 日，被告与舟山某皓海港工程有限公司（以下简称舟山某皓公司）签订了《曹妃甸工业区装备制造基地五期工程分包施工合同》，约定将被告承接的曹妃甸工业区装备制造基地五期工程部分工程量分包给舟山某皓公司进行施工。分包工程量暂定 200 万方，实际工程量以双方进行水下测量结果为准。施工分包综合单价为 12 元 / 立方米。本工程竣工并交付验收，工程审计结束后，被告在收到业主全部结算款后 30 日内向舟山某皓公司支付工程余款至 95%。工程保修期满，被告收到业主的全部保修金后 7 日内向舟山某皓公司支付剩余的全部工程款。

同日，被告与舟山某皓公司签订《补充协议》，约定被告同意舟山某皓公司自开工日期起至施工满 3 个月后 15 日内向其支付总工程进度款的 60%，含工程实施期间内的支付款。其余工程款在被告工程完工、与业主办理完结算经审计 3 个月后 15 日内一次性支付完毕。

2009 年 11 月 20 日，被告与舟山某皓公司签订《分包工程结算单》，确定经双方认可，舟山某皓公司完成的工程质量和工程进度满足被告的施工要求，共完成分包工程量 502 131.3 立方米，分包产值为 6 025 580.4 元，同意按此结算。

2009年12月16日，被告与唐山造某公司签订《补充协议书》，约定工程延期。工期于2009年8月15日完工，2010年2月10日竣工验收。

2010年2月4日，唐山造某公司与被告等签订《交工验收证书》确认曹妃甸工业区装备制造基地围海造地五期工程质量合格，合同总价款为271 595 454.48元。

2010年10月8日至2013年7月9日，舟山某皓公司在烟台养马岛陆续为船舶进行加油，累计应付原告加油款11 626 638.81元。原告自认，舟山某皓公司先后已支付9 711 672.73元，尚欠1 914 966.08元未支付。

2011年11月，唐山造某公司变更名称为"蓝海曹某甸有限公司"。

2014年3月27日，舟山某皓公司向被告发出《债权转让通知书》，通知被告将被告应付舟山某皓公司的1 205 116.08元债权转让给原告，由被告将上述款项直接支付给原告。被告方于4月3日签收后至今未支付。

2014年6月24日，蓝海曹某甸有限公司出具《关于曹妃甸工业区装备制造基地围海造地五期工程审计情况说明》。证明该公司建设围海造地工程均为政府投资项目，完工结算必须经政府审计，以政府审计结果作为工程尾款支付依据，截至2014年6月24日，该工程尚未完成政府审计，按合同约定支付比例为80%，剩余20%尾款尚不具备支付条件。

原告烟台海某油品有限公司诉称，自2010年10月8日起，舟山某皓公司在烟台养马岛原告经营处陆续为船舶进行加油。截至2013年7月9日，累计应付原告加油款11 626 638.81元。经原告多次催要，舟山某皓公司先后支付9 711 672.73元，尚欠1 914 966.08元不能立即支付。2012年舟山某皓公司曾提供被告拖欠其工程款的财产线索，同意由原告向被告代为收取工程款抵偿加油款。但原告多次以舟山某皓公司名义向被告请求支付款项，被告均未支付。2014年3月27日，舟山某皓公司向被告发出《债权转让通知书》，通知被告将被告应付舟山某皓公司的1 205 116.08元债权转让给原告，由被告将上述款项（1 205 116.08元）直接支付给原告。但被告接到通知书后仍未积极支付。原告请求判令被告向原告支付欠款1 205 116.08元；判令被告支付自2010年10月9日起至判决确定给付之日止的欠款利息；判令被告承担本案一切诉讼费用。

被告长江某航道工程局辩称，原告主张的欠款为未到期债权。原告主张的工程款系曹妃甸工业区装备制造基地围海造地五期工程项下的款项，系由舟山某皓公司转让。在该工程中，业主单位是蓝海曹某甸有限公司（原唐山造某公司），工程承包人是被告，工程实际施工人是舟山某皓公司。舟山某皓公司与被告的《补充协议》中对于进度款明确约定：自开工时间起至施工满3个月后15日内支付总工程进度款的60%，含工程实施期间内的支付款。对于工程尾款明确约定：其余工程款在甲方工程完工、与业主办理完结算经审计3个月后15日内一次性支付完毕。目前被告与舟山某皓公司已结算，支付的工程款已至结算款的80%，远远超过合同约定的60%的比例。该工程目前尚未完成审计，业主尾款不具备支付条件。业主尚未支付被告工程尾款。被告也无须向债权的受让人支付工程尾款。故原告主张的工程款为未到期债权。原告主张的欠款利息没有法律依据。

## 【裁判说理】

争议焦点：以审计作为付款条件能否得到法院支持。

本案系航道、港口疏浚合同纠纷，涉及吹填造地、填海等工程，属于海上建设工程施工合同的范围。被告与舟山某皓公司之间在整个涉案工程中系分包人与实际施工人，两者之间内部的关系则是发包人与承包人关系。原告因对舟山某皓公司在船舶油料供应合同关系中享有债权，舟山某皓公司将其对被告施工合同的债权通过债权转移的方式转移给原告，并已通知被告，原告由此取得了对被告施工合同的债权人身份，即建设合同承包人的地位。

原告有权请求被告支付工程款。《合同法》第269条规定："建设工程合同是承包人进行工程建设，发包人支付价款的合同……"本案中，项目承包人舟山某皓公司已经完成了工程项目量，并已验收合格，原告通过债权转移取得了要求发包人支付价款的请求权，被告应向原告支付工程款。

以审计作为支付款项的条件，不能获得法院支持。本案中对工程价格约定为固定价结算，审计的最终结果并不影响工程结算。

以审计作为支付款项的期限条件，导致本案中约定的支付款项的时间不明确。本案所涉及的审计，若蓝海曹某甸有限公司的证明属实，已经非法拖延，超出了正常预期，何时结束无法明确，以该审计的完成作为支付尾款的期限，导致合同约定期限不明确。

原告有权随时主张被告支付拖欠的工程款。以审计完成作为支付款项的期限已被证明是不确定的期限，因此原告可以随时主张被告支付欠款。欠款的金额以《债权转让通知书》中的 1 205 116.08 元债权为准。

原告有权请求利息损失。被告在收到债权转让通知书后，应当在合理时间内支付款项。被告于 2014 年 4 月 3 日签收《债权转让通知书》，合理的付款准备时间，可以签收后两个月为限，即 6 月 3 日届满。《合同法》第 107 条规定："当事人一方不履行合同义务或者履行合同义务不符合约定的，应当承担继续履行、采取补救措施或者赔偿损失等违约责任。"被告未及时支付相关款项，应承担继续履行、赔偿损失的违约责任，除应支付欠款，还应赔偿原告相应的违约损失。被告的违约行为导致原告的资金不能及时到位，损失的金额以银行利息损失计算，利息起算的时间自 2014 年 6 月 4 日起。

## 【法官后语】

近年来，涉及工程分包款项不能按时结清，而引起的建筑企业资金周转困难，以致公司倒闭，农民工无处讨薪等社会问题时有发生。而其中的一条重大原因就是，发包企业在签订合同时利用其优势地位，订立不平等的甚至带有陷阱的条款，这使建筑企业进行司法维权时频频受阻。其中以审计作为支付款项的期限条件是有国有企业或者政府项目背景的项目方经常使用的一种手段。本案的典型意义在于，通过适用《合同法》《审计法》等相关法规以及最高人民法院的相关解释，排除了该条款的效力，及时地支持了施工单位的结算工程费的诉讼请求。

一、合同对固定单价有约定，以审计作为支付款项的条件，不能获得法院支持

《最高人民法院关于建设工程承包合同案件中双方当事人已确认的工程决算价款与审计部门审计的工程决算价款不一致时如何适用法律问题的电话答复意见》指出："审计是国家对建设单位的一种行政监督，不影响建设单位与承建单位的合同效力。建设工程承包合同案件应以当事人的约定作为法院判决的依据。只有在合同明确约定以审计结论作为结算依据或者合同约定不明确、合同约定无效的情况下，才能将审计结论作为判决的依据。"《最高人民法院关于审理建设工程施工合同纠纷案件适用法律问题的解释》第 22 条规定："当事人约定按照固定价结算工程价款，一方当事人请求对建设工程造价

进行鉴定的，不予支持。”本案中被告与唐山造某公司的总包合同为固定价合同，约定“合同价款的方式：固定单价合同，合同履行期间，分项工程综合单价不作调整”；被告与舟山某皓公司的《分包施工合同》也是固定价合同，约定“施工分包综合单价为12元/立方米”。本案中对工程价格约定为固定价结算，审计的最终结果并不影响工程结算。

二、以审计作为支付款项的期限条件，导致本案中约定的支付款项的期限不明确

被告与舟山某皓公司关于工程款支付的约定如下：被告同意舟山某皓公司自开工日期起至施工满3个月后15日内向其支付总工程进度款的60%，含工程实施期间内的支付款。其余工程款在被告工程完工、与业主办理完结算经审计3个月后15日内一次性支付完毕。被告抗辩时认为，本案的债权没有到期。《审计法》第23条规定：“审计机关对政府投资和以政府投资为主的建设项目的预算执行情况和决算……进行审计监督。”《审计法实施条例》第23条规定：“审计法第二十二条所称政府投资和以政府投资为主的建设项目，包括：（一）全部使用预算内投资资金、专项建设基金、政府举借债务筹措的资金等财政资金的；（二）未全部使用财政资金，财政资金占项目总投资的比例超过50%，或者占项目总投资的比例在50%以下，但政府拥有项目建设、运营实际控制权的。审计机关对前款规定的建设项目的总预算或者概算的执行情况、年度预算的执行情况和年度决算、单项工程结算、项目竣工决算，依法进行审计监督；对前款规定的建设项目进行审计时，可以对直接有关的设计、施工、供货等单位取得建设项目资金的真实性、合法性进行调查。”依照相关法律规定，如项目属于接受审计监督的政府投资和以政府投资为主的建设项目，应主要以年报、年审的形式进行审计，而本案中项目已于2010年2月4日竣工验收，但蓝海曹某甸有限公司提供的证据显示，截至2014年6月24日，该工程尚未完成政府审计。因此本案所涉及的审计，若蓝海曹某甸有限公司的证明属实，已经非法拖延，超出了正常预期，何时结束无法明确，以该审计的完成作为支付尾款的期限，导致合同约定期限不明确。

三、以审计作为付款条件，导致履行期限不明，原告有权随时主张被告支付拖欠的工程款

《合同法》第62条规定：“当事人就有关合同内容约定不明确，依照本法

第六十一条的规定仍不能确定的，适用下列规定：……（四）履行期限不明确的，债务人可以随时履行，债权人也可以随时要求履行，但应当给对方必要的准备时间……”综上所述，以审计完成作为支付款项的期限已被证明是不确定的期限，因此原告可以随时主张被告支付欠款。欠款的金额以《债权转让通知书》中的 1 205 116.08 元债权为准。

本案原告对工程款的请求，最终获得法院支持，同时，还获得了利息的补偿。本案判决后，原告、被告双方均未上诉。被告自觉履行了判决义务。

## 【相关法条】

**1.《中华人民共和国合同法》**（2021 年 1 月 1 日废止）

**第六十二条** 当事人就有关合同内容约定不明确，依照本法第六十一条的规定仍不能确定的，适用下列规定：

（一）质量要求不明确的，按照国家标准、行业标准履行；没有国家标准、行业标准的，按照通常标准或者符合合同目的的特定标准履行。

（二）价款或者报酬不明确的，按照订立合同时履行地的市场价格履行；依法应当执行政府定价或者政府指导价的，按照规定履行。

（三）履行地点不明确，给付货币的，在接受货币一方所在地履行；交付不动产的，在不动产所在地履行；其他标的，在履行义务一方所在地履行。

（四）履行期限不明确的，债务人可以随时履行，债权人也可以随时要求履行，但应当给对方必要的准备时间。

（五）履行方式不明确的，按照有利于实现合同目的的方式履行。

（六）履行费用的负担不明确的，由履行义务一方负担。

**第一百一十二条** 当事人一方不履行合同义务或者履行合同义务不符合约定的，在履行义务或者采取补救措施后，对方还有其他损失的，应当赔偿损失。

**第二百六十九条** 建设工程合同是承包人进行工程建设，发包人支付价款的合同。建设工程合同包括工程勘察、设计、施工合同。

**对应新法：**

**《中华人民共和国民法典》**（2021 年 1 月 1 日施行）

**第五百一十一条** 当事人就有关合同内容约定不明确，依据前条规定仍不能确定的，适用下列规定：

（一）质量要求不明确的，按照强制性国家标准履行；没有强制性国家标准的，按照推荐性国家标准履行；没有推荐性国家标准的，按照行业标准履行；没有国家标准、行业标准的，按照通常标准或者符合合同目的的特定标准履行。

（二）价款或者报酬不明确的，按照订立合同时履行地的市场价格履行；依法应当执行政府定价或者政府指导价的，依照规定履行。

（三）履行地点不明确，给付货币的，在接受货币一方所在地履行；交付不动产的，在不动产所在地履行；其他标的，在履行义务一方所在地履行。

（四）履行期限不明确的，债务人可以随时履行，债权人也可以随时请求履行，但是应当给对方必要的准备时间。

（五）履行方式不明确的，按照有利于实现合同目的的方式履行。

（六）履行费用的负担不明确的，由履行义务一方负担；因债权人原因增加的履行费用，由债权人负担。

**第五百七十七条**　当事人一方不履行合同义务或者履行合同义务不符合约定的，应当承担继续履行、采取补救措施或者赔偿损失等违约责任。

**第七百八十八条**　建设工程合同是承包人进行工程建设，发包人支付价款的合同。

建设工程合同包括工程勘察、设计、施工合同。

**2.《中华人民共和国审计法》**（2021 年 10 月 23 日修正）

**第二十三条**　审计机关对政府投资和以政府投资为主的建设项目的预算执行情况和决算，对其他关系国家利益和公共利益的重大公共工程项目的资金管理使用和建设运营情况，进行审计监督。

**3.《中华人民共和国审计法实施条例》**（2010 年 2 月 11 日修订）

**第二十条**　审计法第二十二条所称政府投资和以政府投资为主的建设项目，包括：

（一）全部使用预算内投资资金、专项建设基金、政府举借债务筹措的资金等财政资金的；

（二）未全部使用财政资金，财政资金占项目总投资的比例超过 50%，或者占项目总投资的比例在 50% 以下，但政府拥有项目建设、运营实际控制权的。

审计机关对前款规定的建设项目的总预算或者概算的执行情况、年度预算的执行情况和年度决算、单项工程结算、项目竣工决算，依法进行审计监督；对前款规定的建设项目进行审计时，可以对直接有关的设计、施工、供货等单位取得建设项目资金的真实性、合法性进行调查。

**4.《最高人民法院关于审理建设工程施工合同纠纷案件适用法律问题的解释（一）》**（2021年1月1日施行）

**第二十八条** 当事人约定按照固定价结算工程价款，一方当事人请求对建设工程造价进行鉴定的，人民法院不予支持。

承办人：李　军

编写人：李　军

# 6. 中某国际海洋工程勘察设计有限公司诉日照某铁有限公司、日照某铁控股集团有限公司、日照港岚某港务有限公司码头建设工程施工合同纠纷案

——合同主体、工程价款及停工损失费的认定标准

## 【合规提示】

本案系一起原告作为施工方（受托方）诉被告委托方的船坞、码头建造合同纠纷案件，双方对合同主体、工程价款及停工损失费的认定标准产生争议。对于施工方（受托方）而言，公司更名之后须使合同相对方知悉，在合同履行过程中需要严格遵守合同义务，保存好己方履行合同的相关情况，固定合同签订、履行、当事人等有关证明材料，及时证明合同主体地位，签订协议时须谨慎审查相对方是否有明确授权。对于工程委托方而言，应当根据合同约定，积极履行付款等义务。在无明确授权的情况下，须严格约束股东对外在协议书上签字盖章的行为。关于工程款额的确认，需要准确核实工程量，必要时可委托第三方机构审核或鉴定，获得合同双方认可。

## 【案件信息】

**1. 裁判文书字号**

（2015）青海法海商初字第289号、（2017）鲁民终643号

**2. 当事人**

原告：中某国际海洋工程勘察设计有限公司

被告：日照某铁有限公司、日照某铁控股集团有限公司、日照港岚某港务有限公司

**3. 关键词**

民事　码头建造合同　合同主体　工程款　停工损失费

## 【裁判要旨】

码头建造合同中，合同相对方应当结合合同签订情况、合同履行情况、当事人的有关证明材料综合认定。各方已经按照《工程造价（结算）核定总表》确认并部分支付了工程款的情形下，除非异议方举证证明核定总表审核的工程项目超出合同的施工项目，否则应作为工程款认定的依据。鉴定公司对停工、窝工的损失数额作出的鉴定结论应当作为认定停工损失费的依据。

## 【基本案情】

中某国际海洋工程勘察设计有限公司（以下简称中某公司）诉称：2003年，日照某铁有限公司（以下简称日某公司）拟在日照港建设专用码头工程。原告中某公司及其关联企业按照约定及委托，自2003年起陆续为日某公司提供了码头建设项目勘察、工程施工等服务。2006年5月，日某公司确定码头建造项目设计方案后与中某公司签订了《日照港岚北港区（日钢）钢材专用码头工程设计、采购、施工总承包合同》，又于2006年7月、2007年分别签订补充协议。2008年8月，日某公司又与中某公司签订《日某公司港口项目设计、采购、施工总承包合同》，增加了工程内容，调整了合同工期。由于日某公司港口项目建设手续的原因，2008年9月1日，日某公司通知中某公司暂停防波堤抛填施工，现场人员、设备待命。2012年年底，由于港口项目建设主体发生变动等原因，日某公司及日照某铁控股集团有限公司（以下简

称日某控股）决定不再向中某公司继续履行项目施工合同。日某公司委托山东省造价咨询公司对已完成施工工程实体部分进行审计，港口项目工程的施工工程款审定金额为280 935 748元。2013年6月8日，日某公司对该审计结果盖章确认。在协议履行期间，日某公司陆续向中某公司支付工程款项、代扣税金等共计229 528 443.11元，承担银行贷款利息15 283 875元。按照双方盖章确认的审计金额扣除已付款项，日某公司尚欠中某公司施工工程款51 407 304.89元，尚欠付应承担的银行贷款利息2 336 607元。同时，中某公司按照日某公司指令采取停工待命措施，产生窝工损失67 849 260元。在日某公司港口项目办理建设手续过程中，日某控股于2009年取得了部分海域的海域使用权证，而2014年国家海洋局批复日照港岚某港务有限公司（以下简称岚某公司）为港口项目建设主体。日某控股和岚某公司是中某公司履行协议所提供服务成果及港口项目工程实际权利的享有者和受益人。所以，日某控股和岚某公司应当对日某公司的支付义务承担连带责任。为维护其合法权益，特诉至法院，请求依法判令：（1）日某公司向中某公司支付施工工程款51 407 304.89元；（2）日某公司向中某公司支付窝工损失费67 849 260元；（3）日某公司向中某公司支付贷款利息损失2 336 607元；（4）日某公司向中某公司支付欠付施工工程款利息4 743 063.3元（2015年1月30日至实际支付之日的利息按中国人民银行同期同类贷款利率计算）；（5）日某控股、岚某公司对上述债务承担连带清偿责任；（6）日某公司、日某控股、岚某公司承担本案诉讼费用。

日某公司辩称：第一，中某公司的诉讼请求没有事实和法律依据，但日某公司承认其已经向中某公司支付工程款244 812 318.11元的事实。日某公司在《关于付款情况的说明》中陈述，日某公司共向中某公司支付工程款244 812 318.11元，该数额是中某公司在起诉状中自认的日某公司已付工程款和承担利息的总和。第二，中某公司不是适格的主体。山东省航某设计院有限公司（以下简称航某公司）仍然存续，与中某公司系两个独立的法人，中某公司无权主张涉案工程款。第三，关于审核报告，日某公司辩称其从未委托审计单位对涉案工程款进行结算，中某公司也未提供建设单位签字处工作人员与日某公司之间关系的证明材料，因此，通过审核报告不能说明日某公司认可审核报告中的计算结果。因此，涉案工程款实际上并未结算，欠付工程款数额不能确定。但日某公司在《关于付款情况的说明》中陈述即使依据审核报告确定的审定金额来确定工程总价款，日某公司的欠款数额也仅为36 123 429.89元（280 935 748-244 812 318.11=36 123 429.89元）。第四，关于窝工损失，中某公司提供的业务联系单不能证明窝工事实的存在以及时间损失情况。即使存在窝工，中某公司也应对工程的前景有合理的预见，对风险有较理性的把握，应当积极采取措施，降低损失，有义务做好人员和机械安置工作。因此，中某公司主张的窝工损失过大。第五，关于利息损失部分，因中某公司提供的证据仅有一份与涉案合同（航某公司与日某公司之间的合同）有关，由于中某公司与日某公司在2008年的合同中并没有达成关于融资的约定，因此其与日某公司借款的证据材料不应适用于航某公司与日某公司之间合同中关于利息的约定，即该几份借款合同中的利息损失不应由日某公司承担。请求法庭依法驳回其利息损失赔偿请求。

日某控股辩称：第一，中某公司不是适格的主体，2006年5月，航某公司与日某公司签订合同。2008年8月，山东诚某工程建设有限公司（以下简称诚某公司，后更名为中某公司）与日某公司签订合同。2008年9月，工程暂停施工。中某公司提供给山东省造价工程有限公司的资料是不真实的，致使山东省造价工程有限公司误以为航某公司和诚某公司变更为中某公司，然而，日某控股通过到工商部门查询得知，航某公司一直存续，工程施工也是在其存续期间，因此请求法院依法驳回中某公司的诉讼主张。第二，中某公司提供的证据无法证实其诉讼主张，因此请求法院驳回中某公司的诉讼请求。

岚某公司辩称：根据中某公司诉状，其已与日某公司对涉案工程进行了结算，但日某公司并没有将合同中的权利义务转让给岚某公司，合同具有相对性，中某公司要求岚某公司承担责任没有法律依据，而且岚某公司也不是涉案工程的所谓的受益人，请求驳回中某公司对岚某公司的诉讼请求。

本案于2015年8月17日开庭后，日某控股向法院提出反诉请求。法院认为，日某控股向法院提出侵权纠纷的反诉不属于可以与本诉诉讼请求合并审理的范围，因此法院通知对其提出的反诉请求不予合并审理，日某控股可以另行起诉。

2006年5月16日，日某公司与航某公司签订了《日照港岚北港区（日钢）钢材专用码头工程设计、采购、施工总承包合同》，工程规模为一期工程建设万吨级码头岸线1570米，南防波堤2520米，北防波堤3000米，港池、泊位及航道疏浚300万方。2006年6月7日，双方签订了《补充协议》。2007年，双方又签订《日钢港口项目沉箱预制场施工补充协议》，约定了堤心石和石渣的价格。

2007年6月8日，航某公司向青岛市工商管理局申请企业名称变更为诚某公司，虽经核准，但并未办理更名。其于2007年6月26日另行登记设立诚某公司，控股股东为航某公司。2007年9月12日，涉案港口工程开工。2008年8月5日，航某公司成为诚某公司的全资子公司。

2008年8月30日，日某公司与诚某公司签订《日某公司港口项目设计、采购、施工总承包合同》，增加了工程内容，调整了合同工期。2008年10月14日、11月21日，诚某公司向日某公司发出工程业务联系单，记载：工程北防波堤7月6日开始抛填。2008年9月1日，诚某公司按日某公司的指令停工。

2012年3月8日，诚某公司变更名称为中某公司，航某公司仍合法存续，系中某公司的全资子公司。

2013年1月3日，日某控股与中某公司就工程结算事宜签订协议书。2013年6月，山东省造价咨询公司出具审核报告，审核内容为日照某铁港口项目中的护岸、施工码头及沉箱预制场、预制场改造、C-J2段护岸、东围堰、港池挖泥、沉坞坑挖泥、泊位港池挖泥、北防波堤、南防波堤、防波堤、5000吨级22个沉箱的预制与溜放、其他附属工程等工程项目的结算。审定工程款金额为280 935 748元。日某公司在工程造价（结算）核定总表上加盖工程建设部的印章。

审理中，经委托鉴定，涉案工程的停工、窝工造价损失鉴定值为11 701 788.64元，中某公司支付了鉴定费50万元。

本案在审理过程中，航某公司出具了《情况说明及承诺》，认为涉案工程是由中某公司实际施工，并承诺不会就涉案工程项目向日某公司主张施工工程款，不会产生日某公司重复支付工程款的可能性。

另查明，日某公司向中某公司已支付工程款的金额为244 812 318.11元，对该事实各方均无异议。

2015年2月2日，原告向法院递交起诉状，2015年2月12日，中某公司向法院提出诉讼财产保全申请，法院裁定予以准许，冻结三被告的银行存款3344万元或查封、扣押其他等值财产。

## 【裁判说理】

争议焦点：（1）中某公司是否为涉案工程诉讼的适格原告；（2）关于涉案工程的工程款、停工损失费、贷款利息、工程款利息问题；（3）日某控股、岚某公司是否应与日某公司一起承担连带清偿责任。

青岛海事法院认为：

一、中某公司是否为涉案工程款的适格原告

中某公司主张其是全部工程款的权利人。日某公司与日某控股主张航某公司仍然存续，与中某公司系两个独立的法人，中某公司无权主张涉案工程款。

对此，法院认为中某公司是适格的原告。其一，日某控股在明知航某公司继续存在的情形下，仍向中某公司而非航某公司提起反诉，在反诉状中一直陈述因中某公司超范围施工使其被行政处罚 8 556 390 元，而且陈述在其取得海域使用权后是与中某公司协商复工事宜而非航某公司，且向中某公司主张移交全部施工资料，而非航某公司，证明日某控股自始至终认为涉案合同的履行方为中某公司而非航某公司。其二，2006 年 5 月 16 日和 6 月 7 日，日某公司和航某公司签订《日照港岚北港区（日钢）钢材专用码头工程设计、采购、施工总承包合同》及《补充协议》。2008 年 8 月 30 日，日某公司和诚某公司（后更名为中某公司）签订《日某公司港口项目设计、采购、施工总承包合同》，约定了具体的工程取费标准、价格条件（包括让利 8%）、进度款支付方式。2013 年 1 月 3 日，日某控股和中某公司签订协议书，约定委托山东省造价咨询公司对中某公司已完工项目工程进行审计，并约定了审核费用承担等问题。2013 年 6 月 8 日，日某公司在“工程造价（结算）核定总表”上盖章签字，确认了工程审核金额。这些事实证明中某公司实际参与了涉案工程的合同签订与履行，而日某公司与日某控股均认可该事实，并且与中某公司共同进行了工程量的确认。其三，虽然日某公司分别在 2006 年和 2008 年与航某公司和中某公司签订了两份总承包合同，但从山东省造价咨询公司审核报告的内容来看，所审核的已施工工程内容及审核所采用的价格标准、收费依据等都系依据 2008 年日某公司和中某公司所签订的《日某公司港口项目设计、采购、施工总承包合同》，施工过程中的工程业务联系单、进度款支付对象等所涉及的施工主体是中某公司，工程停工后为结算而签订的协议书的签订主体及协议内容都体现出中某公司为涉案工程的施工方，由此证明中某公司所签订的合同是涉案工程款的直接计费依据，中某公司才是真正履行义务的主体。其四，日某公司在第一次庭审后向法庭提交的《关于付款情况的说明》中陈述，日某公司共向中某公司支付工程款 244 812 318.11 元，该数额是中某公司在起诉状中自认的日某公司已付工程款和承担利息的总和，还陈述即使依据审核报告确定的审定金额来确定工程总价款，日某公司的欠款数额也仅为 36 123 429.89 元。证明日某码头项目的工程进度款均是由日某公司支付给中某公司，而非航某公司，因此日某公司认可中某公司是主张工程款的权利人。其五，在本案审理期间，航某公司出具《情况说明及承诺》，说明中某公司是涉案项目的施工方，航某公司对中某公司主张工程款没有异议，并且承诺不会就涉案项目向日某公司主张施工工程款，不会产生日某公司重复支付工程款的可能性。因此，法院认为，中某公司作为涉案码头建造合同的实际履行人是适格的原告，有权主张施工工程款及相关权利。

二、涉案工程的工程款、停工损失费、贷款利息、工程款利息问题

关于涉案工程的工程款金额。中某公司主张以审计单位出具的审核报告为依据计算工程款，日某公司辩称其从未委托审计单位对涉案工程进行结算，通过审核报告不能说明日某公司认可审核报告中的计算结果。欠付工程款数额不能确定。

对此，法院认为，应当依据审计单位出具的《工程造价（结算）核定总表》来确定工程款金额。具体理由如下：第一，2013 年 1 月 3 日，日某控股和中某公司签订协议书，约定委托山东省造价咨询公司对中某公司已完工项目工程进行审计，并约定了审计资料提供、配合和审核费用承担等事项。2013 年 5 月 13 日，山东省造价咨询公司出具了《工程造价（结算）核定总表》，同日中某公司对该总表进行签字盖章确认，6 月 8 日，日某公司工程项目部对该总表进行盖章签字，双方共同确认了工程审定金额为 280 935 748 元。尽管协议书是由日某控股而非日某公司签订，但日某控股是日某公司的股东，而且日某公司在山东省造价咨询公司依据协议书所做的《工程造价（结算）核定总表》上盖章签字确认了结算结论。第二，日某公司在《关于付款情况的说明》中承认其已经向中某公司支付工程款 244 812 318.11 元的事实，该金额与中某公司在诉状中陈述的金额一致，日某公司陈述即使依据审核报告确定的审定金额来确定工程总价款，日某公司的欠款数额也仅为

36 123 429.89 元。证明其一直在按照《工程造价（结算）核定总表》向中某公司支付工程款，即使在提出异议的审理过程中也认为应当按照《工程造价（结算）核定总表》核定的总价款 280 935 748 元来支付工程款，因此法院认为各方已确认的工程款金额 280 935 748 元应作为支付工程款的依据。该确认的工程款金额扣除日某公司已支付的工程款项 244 812 318.11 元，剩余工程款金额为 36 123 429.89 元。所以，中某公司有权主张的剩余工程款金额为 36 123 429.89 元。中某公司将日某公司已经支付的 244 812 318.11 元预先抵扣其主张的银行贷款利息 15 283 875 元，进而要求日某公司支付施工工程款 51 407 304.89 元的主张没有事实和法律依据，法院不予支持。

关于停工损失费。中某公司提供的《工程业务联系单》的记载，涉案工程停工是日某公司的指令要求，该《工程业务联系单》经过了监理机构签署意见并盖章签字和日某公司人员签署意见并签字，能够证明涉案工程停工是因日某公司的原因所致。对于中某公司主张的停工损失费金额问题，法院依法委托青岛信某中和工程造价咨询事务所有限公司对停工、窝工损失出具了《工程造价鉴定意见书》，鉴定结论为涉案工程停工、窝工损失工程造价鉴定值为 11 701 788.64 元。鉴定意见计算停工、窝工损失工程造价鉴定值所采用的数据以监理机构盖章确认的工程业务联系单及所附“闲置人员、主要设备数量清单”中记载的数量、闲置天数和闲置台班为依据，计算停工天数时也考虑了中某公司负有的减损义务，所以，对该鉴定意见的结论法院予以采信。日某公司应向中某公司支付停工损失费 11 701 788.64 元。对中某公司主张的窝工损失费 67 849 260 元中超过 11 701 788.64 元的部分法院不予支持。

关于贷款利息损失问题。中某公司提交的贷款合同证据，部分系复印件且日某公司不予认可，部分合同的借款人并非中某公司，不能证明与涉案项目有关联关系。中某公司关于贷款利息损失 2 336 607 元的诉讼请求因提供的证据不足以证明其主张，法院不予支持。

关于工程款利息问题。应当自原告主张付款之日起算，本案原告于 2015 年 2 月 2 日提起诉讼，则利息应当自 2015 年 2 月 3 日起算。

三、日某控股、岚某公司是否应与日某公司共同承担连带清偿责任

根据合同的相对性原理，中某公司应当向日某公司主张合同项下的工程款及相关权利。中某公司提交的证据不能证明日某控股和岚某公司是涉案项目的建设主体和受益人，也没有证据证明三被告之间有承担连带责任的约定，

虽然日某控股曾与中某公司签订进行工程结算的协议书，但该行为并不产生日某控股承担工程款连带支付责任的法律后果，所以，因日某控股和岚某公司并非涉案工程施工合同的当事人，中某公司主张日某控股和岚某公司承担工程款连带清偿责任的诉讼请求没有事实和法律依据，法院不予支持。

综上所述，判决被告日某公司向原告中某公司支付工程款 36 123 429.89 元及利息、停工损失费 11 701 788.64 元，驳回原告其他诉讼请求。

一审判决后被告日某公司不服，向山东省高级人民法院提起上诉，山东省高级人民法院判决驳回上诉，维持原判。

## 【法官后语】

本案是一例船坞码头建造合同纠纷，因该合同涉及标的额较大，履行过程中存在多份不同主体签订的合同，合同履行期较长，且合同履行过程中停工、窝工，导致双方产生很大争议。主要有以下三个问题值得探讨。

一、中某公司是否具备原告主体资格

本案涉及中某公司与航某公司的主体地位问题。本案的事实如下：2006 年 5 月 16 日，日某公司和航某公司签订《日照港岚北港区（日钢）钢材专用码头工程设计、采购、施工总承包合同》。2007 年 6 月 8 日，航某公司向青岛市工商管理局申请企业名称变更为诚某公司，虽经核准，但并未办理更名，而是于 2007 年 6 月 26 日，另行登记设立诚某公司，控股股东为航某公司。2007 年 9 月 12 日，涉案港口工程开工。2008 年 8 月 5 日，航某公司成为诚某公司的全资子公司。2008 年 8 月 30 日，日某公司和诚某公司（后更名为中某公司）签订《日某公司港口项目设计、采购、施工总承包合同》，增加了工程内容，调整了合同工期。2012 年 3 月 8 日，诚某公司变更名称为中某公司，航某公司系中某公司的全资子公司。因此，就涉案工程中某公司与日某公司之间签订了《日某公司港口项目设计、采购、施工总承包合同》，双方之间的合同依法成立。航某公司与中某公司之间并非工程转包或者合同权利义务的概括转让，而是公司股份控制的关系。工程施工期间，《工程业务联系单》上记载的施工人为中某公司。2013 年 1 月 3 日，日某控股和中某公司签订协议书，约定委托山东省造价咨询公司对中某公司已完工项目工程进行审计。而且审理期间，航某公司出具了《情况说明及承诺》，认为涉案工程是由中某公司实际施工，并承诺并不会就涉案工程项目向日某公司主张施工工程款，不会产生日某公司重复支付工程款的可能性。从以上事实可以看出，中某公司对涉案工程进行了施工，部分履行了其与日某公司签订的合同。因此，中某公司有权依据其与日某公司签订的合同，要求日某公司支付工程款和停工损失，其具备原告主体资格。

二、关于涉案工程的工程款的认定问题

工程款认定的核心在于如何认定《工程造价（结算）核定总表》的效力。2013年1月3日，作为日某公司股东的日某控股与中某公司签订协议书，约定委托山东省造价咨询公司对中某公司已完工项目工程进行审计，并约定了审计资料提供、配合和审核费用承担等事项。2013年5月13日，山东省造价咨询公司出具了《工程造价（结算）核定总表》。6月8日，“日某公司工程建设部”在该表“建设单位”栏目中盖章，并由负责人和经办人签字。在审理过程中，日某公司否认日某控股有权代理其签署协议书，否认在《工程造价（结算）核定总表》上盖章的日某公司工程建设部为其下属部门，否认在上述总表上签字者为其职工，据此否认《工程造价（结算）核定总表》的法律效力。但法院结合庭审中日某公司已经确认欠款数额和已按照该审核报告陆续支付工程款的实际情况，认为中某公司已经提交了初步证据证明其主张，此时日某公司对其反驳意见应当提交证据予以证明，即将举证责任分配给日某公司。因为日某公司没有提交相反证据推翻审计报告的结论，因此，两审法院以《审核报告》中的《工程造价（结算）核定总表》来确定中某公司已施工部分的工程款金额。日某公司与日某控股抗辩称，中某公司隐瞒了航某公司仍旧存续，诚某公司（后更名为中某公司）为新设立公司的这一事实，诱导审核单位山东省造价咨询公司错误地认为航某公司名称变更为中某公司，从而将两份合同的造价一并审核计算。对此，两审法院结合庭审事实，同样认为日某公司和日某控股对此抗辩应当负有举证责任，即其应当举证证明山东省造价咨询公司所审核的工程项目超出了中某公司依照其与日某公司签订的《日某公司港口项目设计、采购、施工总承包合同》进行施工的项目，而非由中某公司举证证明其合同的价格为所审核的范围。因此，涉案工程款应当依据《工程造价（结算）核定总表》予以认定。

三、关于停工损失费的认定问题

《合同法》第284条规定，因发包人的原因致使工程中途停建、缓建的，发包人应当采取措施弥补或者减少损失，赔偿承包人因此造成的停工、窝工、倒运、机械设备调迁、材料和构件积压等损失和实际费用。中某公司提交的编号为××4和××9的两份《工程业务联系单》中，山东省交通工程监理咨询公司在监理机构栏内盖章。根据《日某公司港口项目设计、采购、施工总承包合同》第1条的约定，监理机构由发包人日某公司委托，在日某公司没有提交证据证明其委托了其他单位作为监理机构的情况下，应当认定山东省交通工程监理咨询公司为涉案工程的监理机构，其盖章的两份业务联系单所记载的内容属实。山东省造价咨询公司根据上述《工程业务联系单》的内容，对停工、窝工的损失数额进行鉴定，其作出的《工程结算审核报告》是有依据的。故两审法院依据鉴定结论，判令日某公司对于中某公司因停工、窝工而受到的损失予以赔偿，是正确的。

## 【相关法条】

**1.《中华人民共和国合同法》**（2021年1月1日废止）

**第一百零七条** 当事人一方不履行合同义务或者履行合同义务不符合约定的，应当承担继续履行、采取补救措施或者赔偿损失等违约责任。

**第二百八十四条** 因发包人的原因致使工程中途停建、缓建的，发包人应当采取措施弥补或者减少损失，赔偿承包人因此造成的停工、窝工、倒运、机械设备调迁、材料和构件积压等损失和实际费用。

**对应新法：**

**《中华人民共和国民法典》**（2021年1月1日施行）

**第五百七十七条** 当事人一方不履行合同义务或者履行合同义务不符合约定的，应当承担继续履行、采取补救措施或者赔偿损失等违约责任。

**第八百零四条** 因发包人的原因致使工程中途停建、缓建的，发包人应当采取措施弥补或者减少损失，赔偿承包人因此造成的停工、窝工、倒运、机械设备调迁、材料和构件积压等损失和实际费用。

**2.《中华人民共和国民事诉讼法》**（2012年8月31日修正）

**第六十五条** 当事人对自己提出的主张应当及时提供证据。

人民法院根据当事人的主张和案件审理情况，确定当事人应当提供的证据及其期限。当事人在该期限内提供证据确有困难的，可以向人民法院申请延长期限，人民法院根据当事人的申请适当延长。当事人逾期提供证据的，人民法院应当责令其说明理由；拒不说明理由或者理由不成立的，人民法院根据不同情形可以不予采纳该证据，或者采纳该证据但予以训诫、罚款。

**对应新法：**

**《中华人民共和国民事诉讼法》**（2023 年 9 月 1 日修正）

**第六十八条** 当事人对自己提出的主张应当及时提供证据。

人民法院根据当事人的主张和案件审理情况，确定当事人应当提供的证据及其期限。当事人在该期限内提供证据确有困难的，可以向人民法院申请延长期限，人民法院根据当事人的申请适当延长。当事人逾期提供证据的，人民法院应当责令其说明理由；拒不说明理由或者理由不成立的，人民法院根据不同情形可以不予采纳该证据，或者采纳该证据但予以训诫、罚款。

**3.《最高人民法院关于审理建设工程施工合同纠纷案件适用法律问题的解释》**（2021 年 1 月 1 日废止）

**第十七条** 当事人对欠付工程价款利息计付标准有约定的，按照约定处理；没有约定的，按照中国人民银行发布的同期同类贷款利率计息。

**第十八条** 利息从应付工程价款之日计付。当事人对付款时间没有约定或者约定不明的，下列时间视为应付款时间：

（一）建设工程已实际交付的，为交付之日；

（二）建设工程没有交付的，为提交竣工结算文件之日；

（三）建设工程未交付，工程价款也未结算的，为当事人起诉之日。

**对应新法：**

**《最高人民法院关于审理建设工程施工合同纠纷案件适用法律问题的解释（一）》**（2021 年 1 月 1 日施行）

**第二十六条** 当事人对欠付工程价款利息计付标准有约定的，按照约定处理。没有约定的，按照同期同类贷款利率或者同期贷款市场报价利率计息。

**第二十七条** 利息从应付工程价款之日开始计付。当事人对付款时间没有约定或者约定不明的，下列时间视为应付款时间：

（一）建设工程已实际交付的，为交付之日；

（二）建设工程没有交付的，为提交竣工结算文件之日；

（三）建设工程未交付，工程价款也未结算的，为当事人起诉之日。

**4.《最高人民法院关于适用〈中华人民共和国民事诉讼法〉的解释》**（2022 年 4 月 1 日修正）

**第九十条** 当事人对自己提出的诉讼请求所依据的事实或者反驳对方诉

讼请求所依据的事实，应当提供证据加以证明，但法律另有规定的除外。

在作出判决前，当事人未能提供证据或者证据不足以证明其事实主张的，由负有举证证明责任的当事人承担不利的后果。

承办人：王爱玲

编写人：王爱玲

# 7. 某部某工程局第二工程公司诉荣成市西某口渔业公司码头建造合同纠纷案

——先履行抗辩权的适用

## 【合规提示】

本案系一起码头建造合同纠纷案件，双方对于合同履行中的违约责任认定存在争议。对于普通的合同纠纷来说，《民法典》第592条有明确的规定："当事人都违反合同的，应当各自承担相应的责任。当事人一方违约造成对方损失，对方对损失的发生有过错的，可以减少相应的损失赔偿额。"本案涉及的合同从性质上来说是一个双务合同，此类型的合同当事人都承担义务，往往一方的权利与另一方的义务之间具有相互依存、互为因果的关系，基于这种特殊的关系，在合同履行的过程中，为了保证双务合同中当事人利益关系的公平，法律作出了规定：当事人一方在对方未履行或者不能保证履行时，一方可以行使不履行的保留性权利，这就是对抗对方当事人要求履行的抗辩权。《民法典》中规定了同时履行抗辩权、先履行抗辩权、不安抗辩权，在合同履行中，这些抗辩权利的设置，可以使当事人在法定情况下对抗对方的请求权，使当事人的拒绝履行不构成违约，可以更好地维护当事人的利益。

## 【案件信息】

**1. 裁判文书字号**

（1994）青海法海商初字第69号、（1998）鲁经终字第25号

**2. 当事人**

原告（反诉被告）：某部某工程局第二工程公司

被告（反诉原告）：荣成市西某口渔业公司

**3. 关键词**

民事　码头建造合同　双务合同　义务关联　过错　先行违约　违约责任

## 【裁判要旨】

双务合同中，双方当事人义务具有关联性。由于当事人一方的过错，造成经济合同不能履行或者不能完全履行，由有过错的一方承担违约责任。

## 【基本案情】

1993年8月10日，原告（乙方）与被告（甲方）签订了《荣成市龙眼港码头扩建工程施工合同》，合同约定原告承担被告龙眼港码头扩建工程，工程造价为800万元，工期自1993年6月26日起至1993年12月31日止。工程预付款100万元，甲方（被告）应于合同生效之日起3日内拨付给乙方（原告）。甲方根据乙方的工程进度统计报表按月支付工程款，累计至工程造价的95%暂停拨付，其余工程款自竣工验收合格之日起7日内结清。甲方（被告）向经办银行提交拨款所需文件，按约定及时办理拨款结算手续。甲方不按以上约定造成工程延误，应当承担由此造成的经济支出，赔偿乙方有关损失，并相应顺延工期。在合同签订前，原告已派人进入建筑工地并开始施工。被告在合同约定的期限内，共付给原告预付款人民币5万元，其他预付款及工程款被告均未支付。1993年9月1日，原告、被告双方又在荣成市签订了《房产转让协议》，该协议规定：甲方（被告）愿意将其从威海经济技术开发区房地产开发总公司所购的长峰小区1区2号楼的所有权转让给乙方（原告）折抵龙眼港码头扩建工程部分工程款；甲方（被告）于1993年10月11日前将房屋交付乙方（原告）使用；于协议生效之日起10日内，按国家关于房产转让的规定，办理房产转让过户及公证手续；房产价值抵作龙眼港

码头扩建工程款后不足部分甲方支付；房产价值折作工程款后盈余部分，乙方应将余款退还甲方（被告）。该协议签订后，原告继续在工地施工，但直到1993年年底，被告既未给付剩余预付款95万元，也未履行双方后来签订的《房产转让协议》。于是原告在只完成部分工程项目的情况下，于1993年年底至1994年年初将施工人员全部撤离荣成市龙眼港码头施工工地，但有关施工设备仍留在施工现场，筑港工程由第三方继续施工。至1995年5月，原告才将有关设备运回。1994年5月2日，被告以原告"在合同约定的期限内没有履行合同"为由，提出解除双方原签订的施工合同。

1994年6月16日，原告、被告代表张某民、田某和签字确认了《西某口龙眼港工程统计年报表（1993年6月23日至1993年12月31日）》，该年报表的主要内容为原告在1993年完成的筑港工程量。

1994年2月8日，施工工程所在地遭遇特大风暴。此次大风使扩建中的龙眼港码头遭到损坏，在港避风的渔船也被损坏；同时，渔船被大风卷到被告鲍鱼养殖区内，造成被告部分鲍鱼损失。威海市相关保险公司已对被损坏渔船进行了理赔。大风还对码头基床造成了损失，另外，巨型混凝土方块两层长期堆放在码头，也对码头造成损坏，需重新修复。

原告诉称：请求法院判令被告给付所欠工程款、95万元工程预付款的滞纳金及未按合同约定按月支付工程进度款的延期付款滞纳金、因被告违约而造成施工船舶停滞损失、施工人员工资损失，同时被告应停止任何单方终止合同的错误做法，立即停止非法羁留与使用原告施工设备的侵权行为，并按时给付封锁与使用这些设备的费用。

被告辩称：（1）原告要求给付前期工程款310多万元，不能成立，原告多报了150万元。原告出具预算后，被告质疑预算结果，双方曾共同委托中国建设银行荣成市分行进行审核，审核结果约为160万元。原告对此数额有异议，中国建设银行荣成市分行协调无果，便未能正式作出鉴定结论。（2）原告已违约，被告有权依法提出解除合同。（3）双方签订的《房产转让协议》系对原合同关于预付工程款100万元条款的变更，按照该协议的规定，房产抵作工程款，有欠缺才支付工程款不足部分，需要待工程竣工后才能结算，但因工程进度太慢，不可能按合同约定的时间竣工。被告未按期交付楼房，并不构成违约，赔偿滞纳金等损失诉求不成立。（4）原告提出的羁留与使用其设备和开启私人工具所造成损失毫无事实根据。钢模板已按定额收费，属于工程造价的一部分，被告当然具有使用权和占有权。原告人员已全部撤走，没有遗留私人工具。

被告西某口渔业公司在答辩状中提出反诉，要求本诉原告赔偿。因 1993 年年底原告只完成了基槽开挖、基床抛石，未安放水泥块，导致 1994 年 2 月 8 日大风时大坝决口，停泊在港的渔船也被损坏（保险公司已理赔），被告要求原告赔偿如下损失：重新清理基床、重新抛石夯实的重新清理整理费；巨型混凝土方块两层长期堆放码头导致损害的修复费用；延误工期损失；由于本诉原告违约，致使被告在威海的楼房不能出卖所占压资金利息损失。

1994 年 11 月 25 日，青岛海事法院委托中国建设银行山东省分行对“荣成市龙眼港码头扩建工程”已完成工作量进行鉴定，鉴定结论如下：“（1）本工程造价为 3 333 959.08 元；（2）本工程结算价值应为 2 620 104.20 元。”

## 【裁判说理】

争议焦点：双务合同中应当先履行的一方未依约履行债务，后履行的一方拒绝其履行请求，违约责任如何承担。

青岛海事法院认为：原告、被告于 1993 年 8 月 10 日签订的《荣成市龙眼港码头扩建工程施工合同》合法有效，原告、被告均应按此合同约定义务履行。1993 年 9 月 1 日，原告、被告双方签订的《房产转让协议》亦合法有效，该协议应视作原告、被告双方对工程款支付方式的变更，但工程预付款的性质、支付时间并未变更，被告方仍应按原规定的时间支付工程预付款。《房产转让协议》签订后，由于被告未按协议规定的义务办理过户手续及房产交付，使该协议的履行成为不可能，故被告仍需按原施工合同履行，但工程款的支付时间应始于办理房产转让过户手续的日期即 1993 年 9 月 11 日。同时，被告方应按工程施工合同第 13 条规定在合同生效之日起 3 日内支付原告工程预付款 100 万元，但被告实际上只支付了 5 万元，其余 95 万元至今未支付。因而被告既未按施工合同第 13 条规定支付工程预付款，又未按《房产转让协议》办理房产过户转让手续，被告的这一行为构成违约。

1994 年 5 月 2 日，被告通知原告解除施工合同，原告在收到被告的解除通知后虽未给予是否同意的明确答复，但由于筑港工程已由第三方施工，使得该合同继续履行已不可能，故该合同应视为自原告收到被告的《解除施工合同通知书》之日起被解除，但被告解除合同的行为并未免除其因解除合同给原告造成损失而向原告赔偿的义务。原告要求被告给付工程款的诉讼请求，因合同中未规定明确的滞纳金条款，故法院只支持其利息损失。对原告的其他诉讼请求，因在诉讼中已经解决，或无具体证据证明，不予支持。

原告因被告资金不到位被迫撤离施工工地，致使筑港工程未能完成，当时恰遇台风，造成基床被冲毁，使反诉原告（被告）重新清理整理所支出的费用、延误工期的损失，反诉原告在威海的楼房不出卖而造成占压资金的利息损失，均为反诉原告违反施工合同和《房产转让协议》的必然后果，反诉原告违约在先，故反诉被告不承担赔偿责任。由于巨型混凝土方块堆放在码头，致使码头损坏，反诉原告（被告）需支付修复费用，因反诉原告未能举证证明是反诉被告未经同意擅自决定堆放地点，亦未能举证证明曾对反诉被告的堆放地点提出异议或加以制止，故反诉被告不承担赔偿责任。同时，反诉原告在提出反诉请求时并未提交具有证明力的证据材料，致使法院对其损失无法核实，亦无法认定，故对反诉原告（被告）的反诉请求不予支持。

关于本案所涉筑港工程的造价，法院已依法委托中国建设银行山东省分行进行了鉴定，其鉴定结论已经庭审法院认证及原告、被告双方质证，故该鉴定结论合法有效，工程造价应以本鉴定结论为准。

本案以判决方式结案，法院判决被告交付给原告未按期给付的工程预付款 95 万元及利息，驳回被告的反诉请求。

被告提出上诉，山东省高级人民法院以调解方式结案。

## 【法官后语】

双务合同，是指双方当事人互相承担义务和享有权利的合同，双方的债务债权关系成对应状态，即每一方当事人既是债权人又是债务人，在商品经济关系中，大多数的合同都是双务合同。本案的发生时间比较久远，当时我国《民法通则》第 113 条规定，当事人双方都违反合同的，应当分别承担各自应负的民事责任。但在一方先行违约，另一方为了保护自己的利益终止履行合同的情况下若令双方同时承担违约责任，实际上并不利于惩治先违约的一方当事人的违约行为。当时青岛海事法院作出判决的法律依据是《经济合同法》第 29 条第 1 款“由于当事人一方的过错，造成经济合同不能履行或者不能完全履行，由有过错的一方承担违约责任……”的规定，本案中因被告违约在先，原告虽未完成工程任务，但不应承担违约责任，被告应承担违约责任，赔偿原告的损失，适用《经济合同法》第29条的规定进行判决，是符合立法本意的。从我国在1999年3月15日公布的《合同法》的第67条规定，以及现在《民法典》第526条有关先履行抗辩权的规定来看，本案对现阶段类似案件审理仍有较强的参考意义。

## 【相关法条】

**1.《中华人民共和国民法通则》**（2021年1月1日废止）

**第一百零六条** 公民、法人违反合同或者不履行其他义务的，应当承担民事责任。

公民、法人由于过错侵害国家的、集体的财产，侵害他人财产、人身的，应当承担民事责任。

没有过错，但法律规定应当承担民事责任的，应当承担民事责任。

**第一百一十二条** 当事人一方违反合同的赔偿责任，应当相当于另一方因此所受到的损失。

当事人可以在合同中约定，一方违反合同时，向另一方支付一定数额的违约金；也可以在合同中约定对于违反合同而产生的损失赔偿额的计算方法。

**第一百一十五条** 合同的变更或者解除，不影响当事人要求赔偿损失的权利。

**对应新法：**

**《中华人民共和国民法典》**（2021年1月1日施行）

**第五百六十六条** 合同解除后，尚未履行的，终止履行；已经履行的，根据履行情况和合同性质，当事人可以请求恢复原状或者采取其他补救措施，并有权请求赔偿损失。

合同因违约解除的，解除权人可以请求违约方承担违约责任，但是当事人另有约定的除外。

主合同解除后，担保人对债务人应当承担的民事责任仍应当承担担保责任，但是担保合同另有约定的除外。

**第五百八十四条** 当事人一方不履行合同义务或者履行合同义务不符合约定，造成对方损失的，损失赔偿额应当相当于因违约所造成的损失，包括合同履行后可以获得的利益；但是，不得超过违约一方订立合同时预见到或者应当预见到的因违约可能造成的损失。

**第五百八十五条** 当事人可以约定一方违约时应当根据违约情况向对方支付一定数额的违约金，也可以约定因违约产生的损失赔偿额的计算方法。

约定的违约金低于造成的损失的，人民法院或者仲裁机构可以根据当事人的请求予以增加；约定的违约金过分高于造成的损失的，人民法院或者仲裁机构可以根据当事人的请求予以适当减少。

当事人就迟延履行约定违约金的，违约方支付违约金后，还应当履行债务。

**第一千一百六十五条** 行为人因过错侵害他人民事权益造成损害的，应当承担侵权责任。

依照法律规定推定行为人有过错，其不能证明自己没有过错的，应当承担侵权责任。

**第一千一百六十六条** 行为人造成他人民事权益损害。不论行为人有无过错，法律规定应当承担侵权责任的，依照其规定。

**2.《中华人民共和国经济合同法》**（1999 年 10 月 1 日废止）

**第二十九条** 由于当事人一方的过错，造成经济合同不能履行或者不能完全履行，由有过错的一方承担违约责任；如属双方的过错，根据实际情况，由双方分别承担各自应负的违约责任。

对由于失职、渎职或其它违法行为造成重大事故或严重损失的直接责任者个人，应追究经济、行政责任直至刑事责任。

**对应新法：**

**《中华人民共和国民法典》**（2021 年 1 月 1 日施行）

**第五百九十二条** 当事人都违反合同的，应当各自承担相应的责任。

当事人一方违约造成对方损失，对方对损失的发生有过错的，可以减少相应的损失赔偿额。

承办人：孙立国

编写人：褚　茜　刘振华

# 仓储保管和港口作业

## 8. 青岛恒某长青国际贸易有限公司诉青岛师某冷链物流股份有限公司、师某（青岛）物流运营管理有限公司、第三人青岛正某国际货运代理经纪有限公司港口货物保管合同纠纷案

——委托人介入权及货损责任承担的认定

### 【合规提示】

本案系一起委托人（存货人）诉保管人因货物在出仓过程中回温缓化导致品质受损而引发的港口货物保管合同纠纷案件，双方对委托人（存货人）是否可以依据保管合同行使权利及货损责任的承担产生了争议。对于委托人（存货人）而言，其应及时行使自己对委托合同的介入权，及时采取措施防止仓储货物损失的扩大，履行自己的减损义务。对于受托人而言，当合同因第三人的原因履行不适当，其应及时向委托人报告，由委托人承受受托人的合同权利和义务。对保管合同的保管人而言，其应按照合同的约定和货物的特性履行自己的保管义务，避免发生货损。

### 【案件信息】

**1. 裁判文书字号**

（2022）鲁72民初396号、（2022）鲁民终1809号

**2. 当事人**

原告：青岛恒某长青国际贸易有限公司

被告：青岛师某冷链物流股份有限公司、师某（青岛）物流运营管理有限公司

第三人：青岛正某国际货运代理经纪有限公司

3. 关键词

民事　港口货物保管合同　出仓　回温缓化　货损责任

## 【裁判要旨】

1. 在委托合同中，委托人可以选择是否行使介入权。委托人选择行使介入权之后，合同将直接约束委托人和第三人，受托人退出委托合同，委托人承受受托人的合同权利和义务。

2. 根据《民法典》第 591 条的规定，当事人一方违约后，对方应当采取适当措施防止损失的扩大；没有采取适当措施致使损失扩大的，不得就扩大的损失请求赔偿。

## 【基本案情】

在青岛恒某长青国际贸易有限公司（以下简称恒某长青公司）诉青岛师某冷链物流股份有限公司（以下简称师某冷链公司）、师某（青岛）物流运营管理有限公司（以下简称师某物流公司）、第三人青岛正某国际货运代理经纪有限公司（以下简称正某公司）港口货物保管合同纠纷案中，青岛海事法院查明案件事实如下：2021 年 6 月 30 日，恒某长青公司从加拿大进口两个集装箱的冷冻多春鱼（公体），货物净重 52 755 公斤。2021 年 8 月 12 日货物到达黄岛口岸后，恒某长青公司委托正某公司办理了进口报关、陆地运输、仓储等手续。2021 年 8 月 24 日，正某公司将货物存储于师某冷链公司的黄岛区红石崖仓库内。后又将货物存储于由师某冷链公司申请设立的青岛西海岸新区师某进口冷链食品集中监管专仓内。恒某长青公司于 2021 年 9 月 7 日收到货物后，发现包装以及包装内的货物因化冻严重受损，已经不能作为商品销售，恒某长青公司遭受的货物损失金额为 764 947.50 元。

青岛京某顺食品有限公司接收货物后出具《收货报告书》，注明案涉货物在卸货前发现包装有严重破损，内部货物有严重缓化现象，集装箱温度为 -10℃。

经鉴定，案涉进口冷冻多春鱼因回温缓化品质受损。

恒某长青公司提出诉讼请求：（1）判令两被告共同赔偿恒某长青公司货物损失 1 318 875 元及利息；（2）判令两被告承担鉴定费 43 602 元。在本案审理过程中，恒某长青公司申请变更诉讼请求：将第一项诉讼请求变更为判令两被告共同赔偿恒某长青公司货物损失 764 947.50 元及利息。

两被告辩称：(1) 恒某长青公司与两被告之间不成立保管合同关系，两被告与正某公司存在保管合同关系，恒某长青公司起诉两被告诉因错误；(2) 两被告货交正某公司时已与正某公司确认货物的完好状态，恒某长青公司的货损与两被告的保管行为无关；(3) 恒某长青公司的货物缓化损失是由于正某公司安排的车辆不插电制冷和恒某长青公司未及时收货导致；(4) 重装托盘不足以造成缓化，即使造成缓化，也系正某公司未提前、及时给予指令导致，法律后果应由正某公司承担；(5)(2022) 鲁 72 法鉴字 4 号《进口冷冻多春鱼损失鉴定报告》鉴定程序违法，丧失了中立性和专业性，无法作为认定损失的依据。

正某公司述称：其作为恒某长青公司的货运代理人，代为办理货物清关等一系列手续且为无偿委托。

## 【裁判说理】

争议焦点：(1) 恒某长青公司是否有权依据《保管合同》主张权利；(2) 被告是否应承担货损责任。

青岛海事法院认为：本案系港口货物保管合同纠纷。正某公司与师某物流公司签订的保管合同不违反法律、行政法规的强制性规定，合法有效，正某公司是存货人，师某物流公司是保管人。现恒某长青公司所属的案涉货物在出仓过程中回温缓化导致品质受损。

一、恒某长青公司是否有权依据保管合同主张权利

正某公司接受恒某长青公司的委托，为恒某长青公司办理进口货物的货运代理业务，双方已形成了海上货运代理合同关系，恒某长青公司系货运代理合同的委托人，正某公司系受托人。《民法典》第 926 条规定：“受托人以自己的名义与第三人订立合同时，第三人不知道受托人与委托人之间的代理关系的，受托人因第三人的原因对委托人不履行义务，受托人应当向委托人披露第三人，委托人因此可以行使受托人对第三人的权利……”据此，因正某公司接受恒某长青公司的委托，以自己的名义对外签订保管合同，而案涉货物在出仓过程中发生货损，故恒某长青公司有权依据保管合同行使正某公司的权利。

二、货损责任承担

《民法典》第 509 条第 1 款规定："当事人应当按照约定全面履行自己的义务。"本案中，保管合同并未约定货物入库需拆卸托盘，而师某物流公司擅自拆卸却并未通知正某公司，在货物出库时也未安装原托盘，当正某公司于 2021 年 9 月 6 日 15 时 35 分时要求安装托盘时，师某物流公司也没有及时办理，以致货物装车驶离后又返回重装托盘。案涉货物自 2021 年 9 月 6 日 14 时第一次装车时开始至 2021 年 9 月 7 日 0 时 20 分时第二次装车完毕，处于非冷藏状态长达 10 余小时，是导致货物回温受损的主要原因，师某物流公司对此应承担违约责任。另外，师某物流公司在第二次装车期间没有主动采取降温措施，对损失的产生和扩大负有过错，也应承担相应责任。师某物流公司关于重装托盘系因正某公司未提前给予指令导致的主张，并无事实依据，法院不予支持。

《民法典》第 591 条第 1 款规定："当事人一方违约后，对方应当采取适当措施防止损失的扩大；没有采取适当措施致使损失扩大的，不得就扩大的损失请求赔偿。"首先，在货物处于非冷藏状态长达 10 余小时期间，恒某长青公司应当预见货物存在回温缓化的可能，却未能要求车辆或仓库采取降温措施；其次，恒某长青公司及其货运代理人在货物第一次装车后，本可联系青岛京某顺食品有限公司仓库安排装卸工人尽快入库，但却执意要求重装托盘；最后，货物自 2021 年 9 月 7 日 0 时 20 分时第二次装车完毕至 2021 年 9 月 7 日 8 时许卸载完毕历经 7 余小时，而恒某长青公司及其货运代理人仅安排车辆插电降温两小时，未能充分降温。综上，恒某长青公司没有采取适当措施防止损失扩大，不得就扩大的损失请求赔偿。

法院综合考虑师某物流公司的违约行为，以及恒某长青公司、师某物流公司对于货损产生和扩大的过错，确定师某物流公司承担 70% 的赔偿责任，恒某长青公司自行承担 30% 较为合理。

根据青岛大华保险公估公司《进口冷冻多春鱼损失鉴定报告》中的鉴定结论，案涉货物损失为 764 947.5 元，师某物流公司应承担 70% 的赔偿责任，即赔偿恒某长青公司 535 463.25 元，并支付相应的利息。恒某长青公司支付的 43 602 元鉴定费，系为案涉纠纷的解决支付的必要费用，师某物流公司也应按 70% 即 30 521.4 元予以赔偿。

《公司法》第 63 条规定："一人有限责任公司的股东不能证明公司财产独

立于股东自己的财产的，应当对公司债务承担连带责任。”师某物流公司属于一人有限责任公司，其股东师某冷链公司也未提交证据证明公司财产独立于股东自己的财产，故师某冷链公司应对师某物流公司的上述债务承担连带责任。

山东省高级人民法院驳回上诉，维持原判。

## 【法官后语】

本案系一起因冷冻货物保管不当而引发的保管合同纠纷，既涉及委托合同法律关系，又涉及保管合同法律关系，争议的问题主要有委托人能否依据保管合同主张权利以及损失的分担问题。

关于委托人能否依据保管合同主张权利的问题涉及委托人的介入权问题。委托人行使介入权应满足如下条件：第一，受托人以自己的名义与第三人订立合同。第二，第三人在订立合同时，不知道受托人与委托人之间有代理关系。第三，受托人因第三人的原因对委托人不履行义务。这是委托人行使介入权的必要性标准。如果合同履行顺利，委托人没有必要介入合同，只有因第三人的原因致使合同义务没有履行，委托人才有介入的必要。需注意，受托人不能向委托人履行义务系因第三人原因，而非受托人自身原因。如果是受托人自身原因，则委托人只能依据其与受托人之间的委托合同向受托人请求，而不能向第三人提出请求。第四，受托人已经向委托人披露了第三人。受托人的披露义务是委托人行使介入权的前提。因为委托人在介入前不是合同的当事人，往往无从知道合同的第三人为谁，只有在受托人披露了第三人，委托人才具备行使介入权的条件。委托人的介入权属于形成权。介入权，委托人可以行使，也可不行使，主要基于委托人对自身利益的权衡。对于委托人行使介入权的，不需要第三人同意。委托人介入后，合同将直接约束委托人和第三人，受托人退出委托合同当事人的地位，委托人承受受托人的合同权利和义务。

货物损失的分担涉及减损规则的适用。根据《民法典》第591条的规定，减损规则的构成要件有如下四个：（1）违约方的违约行为导致了损害的发生，受损害方对损害的发生没有过错。（2）受损害方未采取合理措施造成了损失扩大的后果。在违反减损义务的情况下，受损害方并没有在违约中获得利益。如果违约方的违约行为使受损害方得到了某种利益，如因违约方的违约而使受损害方免除了履行义务并节省了履行费用，这将在确定损害赔偿额时采取损益相抵的规则，扣除受损害方所得的利益，而不适用减损规则。（3）受损害方对损失的扩大有过失。当事人一方违反合同，另一方不能无动于衷，任凭损失扩大。基于民法的诚信原则，受损害方在损害发生后负有减轻损失的义务，应当采取合理、适当的措施防止损失进一步扩大，包括防止损失扩大的积极义务和消极义务。（4）扩大的损失与受损害方未及时采取合理的、适当的措施之间存在因果关系。受损害方未采取合理减损措施，在计算具体损害赔偿数额时，可避免的损失数额应予扣减。在司法实践中，认定扩大的损失，需要确定受损害方应采取且能够采取减损措施的时间点。该时间点之后损失的产生，在受损害方的控制范围之内，与违约方的违约行为无关，即该损失与受损害方的行为之间存在因果关系。

## 【相关法条】

1.《中华人民共和国民法典》（2021 年 1 月 1 日施行）

**第五百零九条第一款** 当事人应当按照约定全面履行自己的义务。

**第五百七十七条** 当事人一方不履行合同义务或者履行合同义务不符合约定的，应当承担继续履行、采取补救措施或者赔偿损失等违约责任。

**第五百九十一条第一款** 当事人一方违约后，对方应当采取适当措施防止损失的扩大；没有采取适当措施致使损失扩大的，不得就扩大的损失请求赔偿。

**第九百零四条** 仓储合同是保管人储存存货人交付的仓储物，存货人支付仓储费的合同。

**第九百二十六条第一款** 受托人以自己的名义与第三人订立合同时，第三人不知道受托人与委托人之间的代理关系的，受托人因第三人的原因对委托人不履行义务，受托人应当向委托人披露第三人，委托人因此可以行使受托人对第三人的权利。但是，第三人与受托人订立合同时如果知道该委托人就不会订立合同的除外。

2.《中华人民共和国公司法》（2018 年 10 月 26 日修正）

**第六十三条** 一人有限责任公司的股东不能证明公司财产独立于股东自己的财产的，应当对公司债务承担连带责任。

**对应新法：**

**《中华人民共和国公司法》**（2023 年 12 月 29 日修订）

**第二十三条** 公司股东滥用公司法人独立地位和股东有限责任，逃避债务，严重损害公司债权人利益的，应当对公司债务承担连带责任。

股东利用其控制的两个以上公司实施前款规定行为的，各公司应当对任一公司的债务承担连带责任。

只有一个股东的公司，股东不能证明公司财产独立于股东自己的财产的，应当对公司债务承担连带责任。

承办人：李　华

编写人：庄雪莉　李　华

## 9. 山东远某供应链有限公司诉潍坊港区某码头有限公司港口作业纠纷案

——超过天气预报一个等级的风暴潮是否构成不可抗力

### 【合规提示】

本案是一起物流公司委托码头公司对其存放的原盐（散盐）进行计量、集港、倒运、卸车、装船、堆存作业的港口作业纠纷。合同期间发生风暴潮，港口公司主张预报的风暴潮为蓝色风暴潮，最终实时风暴潮超过了黄色警戒潮位，构成不可抗力。法院结合案件事实认定本案风暴潮不能构成不能预见、不能避免且不能克服的客观情况，不构成不可抗力。

由此可见，对于码头公司而言，当天气预报有风暴潮时，要注意气象预报并不能做到完全精准地预测，对于强度的预报可能存有偏差，不能以为预报潮位的警戒线低于对方货物的基准线而不采取任何保护或防护措施，因为风暴潮同时会伴有大风大浪，由此会导致海水倒灌。而盐溶于水是常识，码头公司不应当将盐置于岸边，而应当在风暴潮来临之际，对盐加以苫盖，或者在盐堆周围用沙袋、防洪挡板等围挡，最好将其移至距离岸边更远的位置或者地势更高的位置，否则会承担管货不当的违约责任。对于物流公司而言，也应当注意时时关注货物的堆放现状，及时与码头公司沟通，以对货物采取更加完善的照管措施。

## 【案件信息】

**1. 裁判文书字号**

（2022）鲁72民初1069号、（2023）鲁民终597号

**2. 当事人**

原告：山东远某供应链有限公司

被告：潍坊港区某码头有限公司

**3. 关键词**

民事　港口作业合同　风暴潮　不可抗力

## 【裁判要旨】

1. 虽然预报的风暴潮系第四级的蓝色级别，实际最终实时高潮位超过了更高一级的黄色警戒潮位，鉴于气象预报并不能做到完全精准地预测，码头公司对于风暴潮来临是明知的，对于强度可能较预报强度有一定偏差是应知的，强度相差一个级别不能认定为“无法预见”。

2. 码头公司在风暴潮来临前有机会采取一定的措施如进行苫盖、将其存放至仓库或者通知原告将原盐运走甚至仅仅是装车或者在盐堆下加料垫高、在周围放置防浪沙袋等措施，不能称原盐遭水浸泡是不能避免、不能克服的。

3. 导致海水倒灌的因素，不仅是高潮位，还有大风大浪的影响，据此不能认定预报的风暴潮对货物不会造成任何影响，不需要采取任何措施。

## 【基本案情】

2021年10月20日，山东远某供应链有限公司（以下简称远某公司）与潍坊港区某码头有限公司（以下简称某码头公司）签订《港口作业合同》，约定某码头公司为远某公司的2000吨原盐（散盐）提供计量、集港、倒运、卸车、装船、堆存作业。

2021年10月20日，远某公司依约向某码头公司支付176 000元港杂费。

2021 年 10 月 21 日至 2021 年 10 月 31 日，2021 年 11 月 15 日至 2021 年 11 月 16 日远某公司分两批次向某码头公司处运进原盐 22 757.36 吨，堆存在某码头公司指定的 5 号泊位后方水泥地货场（位于莱州湾南部），没有进行苫盖。

2021 年 11 月 5 日，某码头公司调度部经理（负责港口船舶调度、生产计划安排）收到数次潍坊海洋预警报短信，显示 11 月 5 日至 11 月 8 日将发生风暴潮。

某码头公司称风暴潮蓝色警戒线是海水基准面之上 3.74 米，黄色警戒潮位是海水基准面之上 4.09 米，本次风暴潮潮位最高时超过黄色警戒潮位超过 25 厘米，也就是在海水基准面之上 4.34 米。堆放涉案货物的码头高度为海水基准面之上 5 米。

远某公司称：2021 年 11 月 6 日晚上原盐就被水浸泡，根据其提交的照片和视频（称系 11 月 7 日早晨拍摄）可见部分原盐仍浸泡在水中，根据某码头公司提交的《公估报告》，公估师于 11 月 8 日上午到现场时，仍有两堆原盐浸泡在水中。

某码头公司确认，其于 11 月 5 日收到主管部门发布的风暴潮消息之后，没有通知远某公司，亦未采取防范措施。某码头公司称其在退潮后采取相应措施，但是未提供有效证据证明。远某公司称其去港口查看，某码头公司并没有采用专业的器具，只用一个很小的水泵抽水，抽水速度很慢，将近两天时间才将水排完，但是亦未提供有效证据证明。

2021 年 11 月 17 日，远某公司分两批次通过船运（20 408 吨）及车辆运输（1097.74 吨）从某码头公司出港运输原盐共计 21 505.74 吨。

某码头公司提交的《公估报告》显示，事故发生后，远某公司向某码头公司提交《关于远某公司工业盐在森某某港泡水损失的说明》载明，货物损失 1251.02 吨，“当时购买工业盐的价格为 380 元 / 吨，港杂费用为 8 元 / 吨，损失共计 388 × 1251.02=485 395.76 元”。远某公司为证明其损失，诉讼过程中还提交了两份分别于 2021 年 10 月 10 日和 2021 年 11 月 10 日与龙某公司签署的《工业品买卖合同》，显示工业盐价格单价均为 420 元 / 吨（含税），数量为 20 500 吨和 2500 吨，在“交（提）货时间及数量”栏下记载“根据买受人要求供货价格随行就市，多退少补”。其提交的转账记录显示：2021 年 10 月 14 日至 12 月 21 日傅某刚等个人向刘某某等个人转账共计 760 万元。

龙某公司出具证明称，涉案两份《工业品买卖合同》，双方最终结算价格为380元/吨，因未开具发票，结算均使用的个人私户。在两份合同履行期间傅某刚等个人账户向刘某某等个人账户的转款即为远某公司向其支付的购货款，现已结算完毕。

2022年3月10日，远某公司为进行本案诉讼支付了律师服务费3万元。

2023年2月17日，潍坊森某某港有限公司变更名称为“潍坊港区某码头有限公司”。

远某公司向青岛海事法院提出诉讼请求：（1）判令某码头公司赔偿远某公司货物损失525 697.66元；（2）判令某码头公司支付远某公司因解决争议产生的合理费用35 000元；（3）涉及该案的诉讼费用由某码头公司承担。

## 【裁判说理】

争议焦点：（1）超出天气预报程度的风暴潮是否构成不可抗力；（2）某码头公司是否存在管货过失；（3）赔偿范围的认定。

青岛海事法院认为：本案系港口作业纠纷，涉案《港口作业合同》包括计量、集港、倒运、卸车、装船、堆存等内容，双方发生争议的是在堆存（仓储）期间，涉案货物被海水浸泡、侵蚀、融化导致数量减少所造成的损失。

一、超出天气预报程度的风暴潮是否构成不可抗力

本案中，远某公司主张的原盐损失系由风暴潮引起海水倒灌至港口原盐堆存地，浸泡、侵蚀、融化导致原盐数量减少所造成。双方争议的焦点即在于超过天气预报一个等级的风暴潮是否构成不可抗力，即是否系不能预见、不能避免且不能克服的客观情况。从本案事实来看，潍坊市海洋发展和渔业局、潍坊市海洋天气预报台都对此次风暴潮的生成以及发展趋势进行了预报，并数次向某码头公司发送信息，要求关注并采取相关措施：11月5日10时某码头公司即收到了将有风暴潮来临的消息，有关部门预计6日下午至夜间渤海将出现2.5~3.8米的大浪，并提醒其采取防浪避浪措施，关注后续预报。11月6日16时收到风暴潮蓝色警报，预计11月6日至7日夜间，莱州湾将出现80~160厘米的风暴增水，潍坊港验潮站将于11月7日下午出现达到当地蓝色警戒潮位的高潮位，提请做好防潮准备，并关注后续预报。蓝色风暴潮警戒潮位为374厘米，本次风暴潮最高潮位为434厘米，相差60厘米。

首先，众所周知，气象预报是对未来一定时期气象情况的事先估计和预告，具有一定的误差。自11月5日起气象部门已数次通知某码头公司有风暴潮来临，将有风暴增水以及大风大浪，并提醒采取防浪避浪措施。虽然最终风暴潮实际强度差了一个级别，但是鉴于气象预报并不能做到完全精准地预测，某码头公司对于风暴潮来临是明知的，对于强度可能较预报强度有一定偏差是应知的，强度相差一个级别不能认定为“无法预见”。

其次，11月5日10时某码头公司即知悉风暴潮将于6日来临，至6日下午尚有一天多的时间，某码头公司在风暴潮来临前有机会采取一定的措施如进行苫盖、将其存放至仓库或者通知远某公司将原盐运走甚至仅仅是装车或者在盐堆下加料垫高、在周围放置防浪沙袋等措施，不能称原盐遭水浸泡是不能避免、不能克服的。

最后，就本次风暴潮过程而言，虽然最终实时高潮位超过了黄色警戒潮位，超过了预计的蓝色风暴潮的级别，最终最高潮位超出预计60厘米，但是根据某码头公司提供的数据，如果没有大风大浪，仅仅是高潮位的变化，不管最终潮位是蓝色警戒线（海水基准面之上3.74米）还是此次风暴潮最高潮位（海水基准面之上4.34米）都不会造成堆放在码头的货物（海水基准面之上5米）被海水浸泡，可见导致海水倒灌的因素，不仅是高潮位，还有大风大浪的影响。某码头公司主张按照预报的风暴潮对货物不会造成任何影响，不需要采取任何措施也不会导致海水倒灌缺乏相应的证据支持，法院不予采信。

因此，某码头公司主张风暴潮超过天气预报一个级别构成不可抗力缺乏事实和法律依据，法院不予支持。

二、某码头公司是否存在管货过失

本次风暴潮来临前，某码头公司对涉案货物没有采取任何预防措施，盐溶于水是常识，某码头公司将具有此种特性的货物置于岸边，在风暴潮来临之际，没有加以苫盖，没有在盐堆周围用沙袋、防洪挡板等围挡，没有将其移至距离岸边更远的位置或者地势更高的位置，没有通知远某公司采取必要措施，甚至一直到11月8日仍有两堆盐浸泡在水中，难以称损失不能避免或者不能减少，某码头公司的管货具有过失。根据《民法典》第892条第1款的规定，保管人应当妥善保管保管物。根据《民法典》第897条的规定，保管期内，因保管人保管不善造成保管物毁损、灭失的，保管人应当承担赔偿责任。但是，无偿保管人证明自己没有故意或者重大过失的，不承担赔偿责任。本案系有偿的保管合同，某码头公司对货物保管不善造成了损失，应承担赔偿责任。

三、赔偿范围的认定

（一）关于赔偿金额

远某公司提交的买卖合同显示原盐单价为420元/吨（含税），其提交的卖方的证明载明最终双方结算单价为380元/吨（不含税），但是其提交的付款记录显示付款总额为760万元，卖方证明中虽载明已结算完毕，但远某公司未提交证据证明还有其他付款，按照付款总额除以货物重量22 757.36吨计算单价为333.96元/吨，某码头公司没有提交证据证明该价格与市场价不符，法院认定该价格为购买单价，加上远某公司已支付的港杂费每吨8元，乘以双方确认受损原盐数量1251.62吨，计算得出损失为428 003.98元，某码头公司应予赔偿。

（二）关于双方合同中约定的免责条款

该条款属于对不可抗力以及对方或第三方过失情形的列举，针对各种不可抗力情形，均需要达到相应程度才能援引免责，本案风暴潮不构成不可抗力，因此某码头公司不能援引该条款免责。

（三）关于某码头公司的赔偿责任不超过某码头公司就受损货物收取费用的2倍的约定

该条款系某码头公司提供的格式条款，不合理地减轻了己方责任，依据《民法典》第497条第1款第2项的规定，该格式条款无效。

（四）关于律师费

双方约定败诉方承担胜诉方的律师费和其他因解决争议发生的合理费用，远某公司部分胜诉，法院按照胜诉比例，酌定支持律师费24 425元，差旅费等费用远某公司未提供有效证据，法院不予支持。

综上所述，远某公司部分诉讼请求符合合同约定和法律规定，应予支持，其他请求缺乏事实和法律依据，不予支持。判决如下：一、被告某码头公司于本判决生效之日起十日内向原告山东远某公司赔偿货物损失428 003.98元；二、被告某码头公司于本判决生效之日起十日内向原告山东远某公司支付因解决争议产生的费用24 425元；三、驳回原告山东远某公司的其他诉讼请求。

一审判决后被告某码头公司不服，向山东省高级人民法院提起上诉，山东省高级人民法院判决驳回上诉，维持原判。

## 【法官后语】

本案系一起港口作业纠纷案件，涉及对风暴潮是否构成不可抗力的司法审查。风暴潮是海洋灾害中最严重的一种自然灾害，它来袭时会伴随着巨浪、大风、大雨。风暴潮预（警）报根据风暴潮位是否接近或超过当地警戒潮位的多少而由大到小分为4级，其中一级红色警报最为严重，实测风暴潮位将会超过当地警戒潮位80厘米以上。风暴潮预警级别分为一级、二级、三级、四级警报，颜色依次为红色、橙色、黄色和蓝色。国家海洋环境预报中心通过各种方式（包括传真、电视、电台、短信、网络等）向社会公众发布风暴潮消息；各级人民政府依据本省海洋预报台发布的风暴潮预（警）报启动应急预案，采取必要措施，组织危险地段的人员进行转移，防御风暴潮灾害。

本案中双方争议的焦点在于超过天气预报一个等级的风暴潮是否构成不可抗力。《民法典》第180条规定："因不可抗力不能履行民事义务的，不承担民事责任。法律另有规定的，依照其规定。不可抗力是不能预见、不能避免且不能克服的客观情况。"第590条第1款规定："当事人一方因不可抗力不能履行合同的，根据不可抗力的影响，部分或者全部免除责任，但是法律另有规定的除外。因不可抗力不能履行合同的，应当及时通知对方，以减轻可能给对方造成的损失，并应当在合理期限内提供证明。"本案预报的风暴潮系第四级的蓝色级别，最终实时高潮位超过了黄色警戒潮位，是否构成不可抗力，法院对此进行了充分的分析。本案中，潍坊市海洋发展和渔业局、潍坊市海洋天气预报台均已经对此次风暴潮的生成及趋势进行了预报，某码头公司提交的证据显示，其也已经明确知悉上述内容，但其并未采取任何保护或防护措施。就本次风暴潮过程而言，虽然最终实时高潮位超过了黄色警戒潮位，超过了预计的蓝色风暴潮的级别，最终最高潮位超出预计60厘米，但是根据某码头公司提供的数据，如果没有大风大浪，仅仅是高潮位的变化，无论最终潮位是达到蓝色警戒线还是此次风暴潮最高潮位都不会造成堆放在码头的货物被海水浸泡，可见导致海水倒灌的因素，不仅是高潮位，还有大风大浪的影响。某码头公司主张按照预报的风暴潮不会对货物造成任何影响，不需要采取任何措施也不会导致海水倒灌缺乏证据支持，因此，两审法院认定案涉风暴潮不构成不可抗力有事实根据和法律依据。

既然法院认定风暴潮不构成不可抗力，下一步就要审查某码头公司是否尽到管货义务。本次风暴潮来临前，某码头公司对涉案货物没有采取任何预防措施。盐溶于水是常识，某码头公司将盐置于岸边，在风暴潮来临之际，没有加以苫盖，也没有在盐堆周围用沙袋、防洪挡板等围挡，更没有将其移至距离岸边更远的位置或者地势更高的位置，也未通知远某公司采取必要措施，甚至一直到2021年11月8日仍有两堆盐浸泡在水中。所以两审法院认定某码头公司的管货具有过失，有事实根据和法律依据。

## 【相关法条】

**《中华人民共和国民法典》**（2021年1月1日施行）

**第一百八十条**　因不可抗力不能履行民事义务的，不承担民事责任。法律另有规定的，依照其规定。

不可抗力是不能预见、不能避免且不能克服的客观情况。

**第四百九十七条**　有下列情形之一的，该格式条款无效：

（一）具有本法第一编第六章第三节和本法第五百零六条规定的无效情形；

（二）提供格式条款一方不合理地免除或者减轻其责任、加重对方责任、限制对方主要权利；

（三）提供格式条款一方排除对方主要权利。

**第五百九十条**　当事人一方因不可抗力不能履行合同的，根据不可抗力的影响，部分或者全部免除责任，但是法律另有规定的除外。因不可抗力不能履行合同的，应当及时通知对方，以减轻可能给对方造成的损失，并应当在合理期限内提供证明。

当事人迟延履行后发生不可抗力的，不免除其违约责任。

**第八百九十二条**　保管人应当妥善保管保管物。

当事人可以约定保管场所或者方法。除紧急情况或者为维护寄存人利益外，不得擅自改变保管场所或者方法。

**第八百九十七条**　保管期内，因保管人保管不善造成保管物毁损、灭失的，保管人应当承担赔偿责任。但是，无偿保管人证明自己没有故意或者重大过失的，不承担赔偿责任。

承办人：王爱玲

编写人：王爱玲

# 10. 某港集装箱码头有限公司诉香港融某船务有限公司申请实现担保物权案

——如何适用实现担保物权特别程序对港口堆存货物行使留置权

## 【合规提示】

本案是一起港口企业依照民事诉讼特别程序依法行使留置权，处置历史遗留占据港口货物的案件。港口作为货物运输中转的场所，其更注重追求货物在港快速发运流转，而不希望被用作仓储的堆场。《民事诉讼法》中实现担保物权程序的规定施行前，有的港口、仓储企业等对于如何正确行使留置权存在误区，个别企业甚至以行使留置权为由对抗法院对堆存财产的保全裁定，结果遭受财产损失和法律制裁。了解和熟练运用实现担保物权程序可以帮助港口、仓储等企业合法、快速地实现对主债权的确认以及对留置物资的处置，破解占据港口、仓储企业“钉子货”的难题。

## 【案件信息】

### 1. 裁判文书字号

（2021）鲁 72 民特 198 号

### 2. 当事人

申请人：某港集装箱码头有限公司

被申请人：香港融某船务有限公司

3. 关键词

民事　港口货物保管合同　实现担保物权　特别程序　留置权

## 【裁判要旨】

港口在没有合同关系的情况下依法占有涉案集装箱，并基于无因管理与船务公司形成债权债务关系，相关各项码头费用属于因管理事务而支出的必要费用，船务公司应予以偿还。船务公司在接到港口催提处置通知后未予偿付，港口有权对涉案集装箱行使留置权，并有权向法院申请实现担保物权。

## 【基本案情】

2019年8月11日，被申请人香港融某船务有限公司运营的“东某001”轮受台风“利奇马”影响漂至某港港池内。8月14日至25日，申请人某港集装箱码头有限公司对该轮装载的48个40尺冷藏集装箱完成卸船及拆箱、搬倒等作业。2021年2月18日，申请人向被申请人发出《货物催提处置通知书》，要求被申请人在通知书送达之日起60日内提离标的集装箱。通知书妥投后，被申请人未与申请人联系，上述冷藏集装箱仍在申请人场地内管理、存放。自2019年8月14日起至2021年5月10日，被申请人的48个冷藏集装箱共产生制冷费、装卸费、库场使用费、搬移费、吊装拖车费等费用共计1 926 668元整。申请人为实现担保物权，依据《民事诉讼法》的相关规定，申请拍卖或变卖被申请人堆存于码头堆场的48个冷藏集装箱，并请求就上述费用以及5月10日至拍卖或变卖完成时标的集装箱发生的搬移费、保管费等必要费用行使优先受偿权。

申请人请求拍卖或变卖被申请人堆存于某港集装箱码头堆场的48个冷藏集装箱，并请求就以下费用行使优先受偿权：（1）标的集装箱已发生的装卸费、搬移费、制冷费、库场使用费、吊装拖车费等费用1 926 668元；（2）5月10日至拍卖或变卖完成时标的集装箱发生的搬移费、保管费等必要费用。事实与理由：2019年8月11日，被申请人运营的“东某001”轮受台风“利奇马”影响漂至某港港池内。8月14日至25日，申请人就该轮装载的48个40尺冷藏集装箱按要求完成卸船及拆箱、搬倒等作业。2021年2月18日，申请人向被申请人发出《货物催提处置通知书》，要求被申请人在通知书送达之日起60日内提离标的集装箱。根据中国邮政派送回执，2021年3月2日

《货物催提处置通知书》已妥投。但截至申请人提出申请之时，被申请人未与申请人联系，上述冷藏集装箱仍在申请人场地内管理、存放。2019 年 8 月 14 日至 2021 年 5 月 10 日，被申请人的 48 个冷藏集装箱共产生制冷费 15 500 元（在场堆存 100 箱，制冷费为 155 元 / 箱）；装卸费 67 968 元（装卸费为 1116 元 / 箱，搬倒费为 300 元 / 箱）；库场使用费 914 400 元（每天为 30 元 / 箱，已保管 635 天）；搬移费 816 480 元（冷藏箱在场堆存，每 10 天搬移一次，每次为 270 元 / 箱，已搬移 63 次）；吊装拖车费 112 320 元（吊装费为 340 元 / 箱，拖车费为 2000 元 / 箱）。上述费用共计 1 926 668 元整。申请人为实现担保物权，依据《民事诉讼法》的相关规定，特提出申请，望依法支持申请人请求。

## 【裁判说理】

争议焦点：申请人能否在不申请法院对港口留置货物进行扣押的前提下通过实现担保物权民事诉讼特别程序对港口堆存货物行使留置权？

申请人某港集装箱码头有限公司依法占有涉案集装箱，并基于无因管理与被申请人形成债权债务关系，涉案的各项码头费用属于因管理事务而支出的必要费用，被申请人应予以偿还。被申请人在接到申请人催提处置通知后未予偿付，申请人有权对涉案集装箱行使留置权，并有权向法院申请实现担保物权。青岛海事法院已向被申请人发出异议权利告知书，被申请人逾期未提出异议。依照《民事诉讼法》第 197 条的规定，青岛海事法院裁定如下：

一、准许申请人某港集装箱码头有限公司的实现担保物权申请；二、准许拍卖、变卖被申请人香港融某船务有限公司堆存于某港集装箱码头堆场的 48 个冷藏集装箱；三、申请人某港集装箱码头有限公司对于拍卖、变卖所得价款有权在 1 926 668 元范围内按照留置权的顺序优先受偿；四、申请人某港集装箱码头有限公司对 2021 年 5 月 10 日至拍卖或变卖完成时标的集装箱发生的搬移费、保管费等必要费用有权在拍卖、变卖所得价款范围内按照留置权的顺序优先受偿。申请费 100 元，由被申请人香港融某船务有限公司负担。当事人不服本裁定，应当在收到本裁定书之日起十五日内，向青岛海事法院提出异议。

## 【法官后语】

本案系港口通过实现担保物权民事诉讼特别程序对港口堆存货物行使留置权的案件。

一、本案的特殊性在于涉案的集装箱并非基于双方议定港口作业合同而由港口占有，港口能否在没有合同基础的前提下而行使留置权

《担保法》规定债权人按照合同约定占有债务人的动产，债权人方有权依该法留置该财产。而《物权法》（已废止，下同）在规定留置权时删除了“按照合同约定占有”的表述。《民法典》继续采用了《物权法》的规定。本案中，港口保管、搬倒涉案集装箱构成无因管理，申请人与被申请人基于此形成债权债务关系，港口作为债权人有留置权。

二、海事法院能否管辖实现担保物权程序案件

根据《民事诉讼法》的规定，申请人应向担保财产所在地或者担保物权登记地基层人民法院提出申请实现担保物权。海事法院虽然为中级人民法院，但其管辖一审海事海商案件及海事特别程序案件，因此行使着相当于基层人民法院的管辖职权。为此，《最高人民法院关于适用〈中华人民共和国民事诉讼法〉的解释》特别作出规定，海事法院也具有实现担保物权案件管辖权。本案属于与港口作业相关的案件，属于海事法院管辖的范围，因此海事法院对此类实现担保物权案件有权管辖。

三、实现担保物权程序对解决涉港口历史积压堆存货物纠纷有何优点

一是程序简易迅速。法院接到实现担保物权申请后，向被申请人发送《异议权利告知书》，如被申请人到期未提出异议，申请即可得到支持。二是实现债权全面。如果被申请人未在规定期间内对于申请书提及的事实和请求金额提出异议，则法院可以支持申请书的请求金额，包括本金和利息。三是一裁终审，裁定具有执行效力。该程序相对普通诉讼程序大为简化。

## 【相关法条】

**1.《中华人民共和国担保法》**（2021年1月1日废止）

**第八十二条**　本法所称留置，是指依照本法第八十四条的规定，债权人按照合同约定占有债务人的动产，债务人不按照合同约定的期限履行债务的，债权人有权依照本法规定留置该财产，以该财产折价或者以拍卖、变卖该财

产的价款优先受偿。

**对应新法：**

**《中华人民共和国民法典》**（2021 年 1 月 1 日施行）

**第四百四十七条** 债务人不履行到期债务，债权人可以留置已经合法占有的债务人的动产，并有权就该动产优先受偿。

前款规定的债权人为留置权人，占有的动产为留置财产。

**2.《中华人民共和国民事诉讼法》**（2023 年 9 月 1 日修正）

**第二百零八条** 人民法院受理申请后，经审查，符合法律规定的，裁定拍卖、变卖担保财产，当事人依据该裁定可以向人民法院申请执行；不符合法律规定的，裁定驳回申请，当事人可以向人民法院提起诉讼。

**3.《最高人民法院关于适用〈中华人民共和国民事诉讼法〉的解释》**（2022 年 4 月 1 日修正）

**第三百六十一条** 实现担保物权案件属于海事法院等专门人民法院管辖的，由专门人民法院管辖。

承办人：李　军

编写人：李　军

# 11. 乐某控股集团有限公司诉青岛港某矿石码头有限公司港口货物保管合同纠纷案

——货物保管合同关系的认定

## 【合规提示】

本案系一起货物所有权人诉港口经营人的港口货物保管合同纠纷案件。双方对港口货物保管合同关系、货物所有权产生争议。对于所有权人而言，应及时与货物保管人签订书面的保管合同，支付保管费。签订货物购销合同时，应写明货物交付的时间、地点、付款方式及所有权转移的时间，保留所有权转移的证明。对于港口经营人而言，第三人向买方履行货物交付义务而发的通知，须确认通知内容后再签章。

## 【案件信息】

**1. 裁判文书字号**

（2020）鲁72民初689号、(2020) 鲁民终2192号、(2021) 最高法民申1855号

**2. 当事人**

原告：乐某控股集团有限公司

被告：青岛港某矿石码头有限公司

第三人：天津港某物流有限公司

**3. 关键词**

民事　港口货物保管合同　所有权　交付

## 【裁判要旨】

关于港口货物保管合同关系的认定。《合同法》第366 ~ 368条规定，保管人与存货人之间形成保管合同关系，应具备存货人交付保管物或仓储物、支付保管费或仓储费、保管人给付保管凭证等条件。仅凭《货权转移证明》《货物转让通知》《货物提货权转移通知书》等并不能当然认定港口货物保管合同关系。本案中，乐某控股集团有限公司（以下简称乐某公司）与青岛港某矿石码头有限公司（以下简称某矿公司）既未签订书面的保管合同，也未向某矿公司交付焦炭或支付保管费或仓储费，并不能认定乐某公司与某矿公司之间形成港口货物保管合同关系。

## 【基本案情】

在乐某公司诉某矿公司港口货物保管合同纠纷案中，青岛海事法院查明案件事实如下：2017年8月30日，天津港某物流有限公司（以下简称港某公司）公司作为承租方，被告作为出租方签订《场地租赁协议》。被告同意将其位于青岛港董家口港区20万平方米的场地租赁给港某公司进行散装货物储存作业使用。双方签订《场地交接确认书》《场地交接确认书补充协议》，租赁期限为2018年1月1日起至2022年12月31日。2017年11月30日，宝某

公司作为承租方，被告作为出租方签订《场地租赁协议》《场地交接确认书》，租赁期限为2017年11月30日起至2020年11月29日。2019年5月31日，宝某公司作为转租方，原告作为承租方签订《场地转让协议》，租赁期限截止日为2020年11月30日。

原告作为需求方先后于2018年4月24日、2018年6月29日、2018年10月11日、2019年1月2日、2019年5月17日与供给方宏某公司签订五份《焦炭购销合同》，宏某公司向被告发出《货物转让通知》，载明宏某公司合同所涉焦炭货权转给原告，实际数量以港口出库过磅数量为准。2019年12月10日，原告作为买方与卖方泰某公司签订《焦炭购销合同》，泰某公司向被告发出《货物提货权转移通知书》，载明泰某公司将合同所涉焦炭提货权转给原告。对于原告主张要求被告交付的共计27 359.02吨焦炭，原告并未提供合同约定的第三方检验机构报告、定金支付凭证、增值税专用发票。被告、港某公司均拒绝向原告交付上述焦炭。

原告提出诉讼请求：判令被告向原告交付共计27 359.02吨的焦炭，若被告未能交付足额的焦炭或交付的焦炭与原告在被告处储存的焦炭质量不一致的，被告按照交付时的焦炭市场价值赔偿原告差额损失及利息；判令被告承担本案的案件受理费、保全费及其他诉讼费用。

被告辩称：（1）原告应明确其请求权基础。其在本案中系基于物权（所有权）还是债权（港口保管合同）向某矿公司主张权利。（2）原告与被告之间不存在港口货物保管合同关系，乐某公司无权要求某矿公司交付货物。（3）第三人港某公司系原告所主张货物的保管人，且原告对此是明知的，原告无权要求被告交付货物。（4）即便被告依据《货权转移证明》和《货物提货权转移通知书》负有交付义务，因原告所主张货物并未特定化，被告无法交付货物。（5）即便被告依据《货权转移证明》和《货物提货权转移通知书》负有交付义务，被告也不负有按照买卖合同约定数量和规格交付货物的义务。（6）原告并不享有其所主张货物的所有权，其无权对货物提出权利主张。因原告与被告之间并不存在港口货物保管合同关系，原告不享有其所主张货物的所有权，被告依法不负有向原告交付货物的义务，原告的诉讼请求没有任何事实及法律依据。

第三人港某公司称：（1）港某公司是涉案货物的保管人。2017年5月，港某公司开始租赁某矿公司的7号库、8号库大部分场地进行焦炭储存。涉案货物目前都在港某公司承租的7号库场地内堆存：7204垛位（现垛位号：7310）4381.08吨，7102垛位（现垛位号：7307）13 649.68吨，7208垛位9000吨，8104垛位（现垛位号：7308）328.26吨。（2）乐某公司承租案外人转租的场地，并委托港某公司保管其承租场地，乐某公司明知港某公司是7号库货物的保管人。（3）涉案货物系托盘贸易项下标的物，乐某公司依法不能取得所有权，港某公司亦不负有向乐某公司交付货物的义务。因乐某公司并非涉案货物的所有权人，港某公司亦不负有向乐某公司交付货物的义务。

## 【裁判说理】

争议焦点：（1）乐某公司与某矿公司之间是否存在港口货物保管合同关系；（2）乐某公司是否取得其所主张货物的所有权；（3）某矿公司是否负有向乐某公司交付货物的义务，如应交付而不能交付，应对乐某公司承担何种赔偿责任。

青岛海事法院认为：

一、关于港口货物保管合同关系的认定

根据《合同法》第366～368条的规定，保管人与存货人之间形成保管合同关系，应具备存货人交付保管物或仓储物、支付保管费或仓储费、保管人给付保管凭证等条件。本案中，乐某公司与某矿公司既未签订书面的保管合同，也未向某矿公司交付焦炭或支付保管费或仓储费。涉案《货权转移证明》《货物转让通知》《货物提货权转移通知书》中的内容既不符合仓单的法定记载事项，也无证据证明其可以作为货物的保管凭证，仅是宏某公司和泰某公司向乐某公司履行货物交付义务而发给某矿公司的通知，且前述证明或通知中均载明货物的实际数量以过磅数量为准，某矿公司在证明或通知上签章，不能认定为其对焦炭数量和品质的确认和承诺。故仅凭《货权转移证明》《货物转让通知》《货物提货权转移通知书》并不能认定乐某公司与某矿公司之间形成港口货物保管合同关系。

二、货物所有权的认定

乐某公司就其所主张货物的所有权，虽然提交了其与案外人宏某公司、泰某公司之间的《购销合同》、银行转账回单、《货物转让通知》、《货权转移证明》、《提货权转移通知书》、《检验报告》等证据，但乐某公司既未提供符合货物保管合同约定的定金支付凭证和增值税专用发票，也未提供货物保管合同约定的第三方检测机构检验报告，现有证据不足以证明涉案《货物转让通知》《货权转移证明》《提货权转移通知书》是在履行涉案焦炭购销合同过程中形成的。并且，根据青岛市中级人民法院在保全时对某矿公司相关人员和乐某公司相关人员所作的笔录，至本案起诉时，乐某公司并未与宏某公司及泰某公司对拟交付货物进行指垛以确定货物的具体位置，现有证据也不足以证明乐某公司与宏某公司及泰某公司曾委托第三方检验机构对相关货物进行检验。此外，根据涉案《货物转让通知》《货权转移证明》《提货权转移通知书》的记载，货物的实际数量以港口出库过磅数量为准，即拟交付的货物数量也不确定。在拟交付货物的具体位置、质量、数量均不能确定的情况下，乐某公司现有证据不足以证明其已经取得涉案货物的所有权。对于某矿公司提出乐某公司所主张货物系乐某公司与案外人之间“名为买卖、实为借贷”交易项下货物一部分，现有证据亦不足以证明某矿公司的该项主张，对此不予认定。

三、某矿公司是否负有向乐某公司交付货物的义务

在本案中，乐某公司现有证据并不能证明其与某矿公司之间就涉案货物形成港口货物保管合同关系，也不足以证明其已经取得了涉案货物的所有权。因此，无论基于港口货物保管合同关系或基于所有权，某矿公司均不负有向乐某公司交付案涉货物的义务，对于乐某公司所主张的某矿公司不能交付货物则应承担赔偿责任，缺乏事实和法律依据。

本案经山东省高级人民法院二审，维持原判；最高人民法院再审，驳回再审申请。

## 【法官后语】

本案系港口进口货物保管合同纠纷案件。该案件涉及了进口货物的提货人应当基于港口货物保管合同关系或基于所有权的法律关系主张权利、权利人向港口经营人或货物的保管人和仓储人主张放货以及港口经营人放货对象选择的困境等一系列复杂的法律问题。在海事司法实践中，本案为进口货物保管合同法律效力的司法审查和认定，以及对进口货物所有权人的司法审查和认定，提供了海事司法裁判实践案例的典型参照。同时，本案为港口交付进口货物类型纠纷争端提供了案例指引，有助于我国航运及国际贸易的规范有序发展，助推并优化外贸营商环境，助力国家海洋经济发展，为“一带一

路”倡议不断持续深入发展提供最有力的海事司法保障。

## 【相关法条】

1.**《中华人民共和国合同法》**（2021年1月1日废止）

**第三百六十五条**　保管合同是保管人保管寄存人交付的保管物，并返还该物的合同。

**第三百六十六条**　寄存人应当按照约定向保管人支付保管费。

当事人对保管费没有约定或者约定不明确，依照本法第六十一条的规定仍不能确定的，保管是无偿的。

**第三百六十七条**　保管合同自保管物交付时成立，但当事人另有约定的除外。

**第三百六十八条**　寄存人向保管人交付保管物的，保管人应当给付保管凭证，但另有交易习惯的除外。

**第三百八十一条**　仓储合同是保管人储存存货人交付的仓储物，存货人支付仓储费的合同。

**对应新法：**

**《中华人民共和国民法典》**（2021年1月1日施行）

**第八百八十八条**　保管合同是保管人保管寄存人交付的保管物，并返还该物的合同。

寄存人到保管人处从事购物、就餐、住宿等活动，将物品存放在指定场所的，视为保管，但是当事人另有约定或者另有交易习惯的除外。

**第八百八十九条**　寄存人应当按照约定向保管人支付保管费。

当事人对保管费没有约定或者约定不明确，依据本法第五百一十条的规定仍不能确定的，视为无偿保管。

**第八百九十条**　保管合同自保管物交付时成立，但是当事人另有约定的除外。

**第八百九十一条**　寄存人向保管人交付保管物的，保管人应当出具保管凭证，但是另有交易习惯的除外。

**第九百零四条** 仓储合同是保管人储存存货人交付的仓储物，存货人支付仓储费的合同。

**2.《中华人民共和国民事诉讼法》**（2023年9月1日修正）

**第六十七条** 当事人对自己提出的主张，有责任提供证据。

当事人及其诉讼代理人因客观原因不能自行收集的证据，或者人民法院认为审理案件需要的证据，人民法院应当调查收集。

人民法院应当按照法定程序，全面地、客观地审查核实证据。

承办人：李 翊

编写人：崔婷婷 孟政宪

# 12. 永某仓储物流（上海）有限公司诉青某港国际股份有限公司、青某港国际股份有限公司大某分公司港口货物保管合同纠纷案

## ——司法机关查封被保管货物时，保管人的责任认定

## 【合规提示】

本案系一起存货人诉保管人的港口货物保管合同纠纷案件。双方因涉案货物所有权产生争议。对于存货人而言，为确认涉案货物所有权，应保存货物从进口环节开始的货权流转手续，包括但不限于海关进口报关单、放行单等凭证资料，以及支付对价或交易记录行为等相关证据。对于保管人而言，应保存有关尽到妥善保管义务的证据材料。

## 【案件信息】

**1. 裁判文书字号**

（2020）鲁72民初648号、（2020）鲁民终3180号

2. 当事人

原告：永某仓储物流（上海）有限公司

被告：青某港国际股份有限公司、青某港国际股份有限公司大某分公司

3. 关键词

民事　港口货物保管合同　所有权　货权转移

## 【裁判要旨】

1.《合同法》第 367 条（现为《民法典》第 890 条）规定："保管合同自保管物交付时成立，但当事人另有约定的除外。"依合同的相对性，保管合同的双方当事人为委托人和保管人，在司法机关查封期间，保管人作为协助执行义务人在未收到相关司法机关解除查封的法律文书前，应当依法履行相应的协助执行义务，其不对迟延放货所造成的损失承担违约责任。

2. 货物并无"货权凭证"，其权属只能靠证据证明，要想证明合法取得货物权利，在货物交付后应有完整的证据链证明实质、持续、有效占有货物。对货物所有权的认定应结合涉案货物的海关进口报关单和放行单等货权流转完整性凭证以及支付对价或交易记录行为等事实，综合对涉案货物所有权予以确认。

## 【基本案情】

在永某仓储物流（上海）有限公司（以下简称永某公司）诉青某港国际股份有限公司、青某港国际股份有限公司大某分公司（以下简称大某分公司）港口货物保管合同纠纷案中，青岛海事法院查明案件事实如下：2014 年 5 月 7 日，案外人托某公司与青岛建某公司签订了《氧化铝购销合同》，合同约定托某公司向建某公司购买澳大利亚产冶金级砂状氧化铝 10 000 吨，价格为 2400 元 / 吨。交货地点为原告监管的青岛大港仓库，自托某公司收到原告出具的合法有效的货权转移证明之日起视为交货完成。2014 年 5 月 8 日，建某公司向托某公司履行交货义务，先将货权转移至原告名下。建某公司与原告、被告共同在《货权转移声明》上盖章，确认建某公司将存于被告港口的"怡某潮流"轮 9999 吨澳大利亚进口氧化铝货权转于原告名下，一切货权利益由原告获得，被告仅可听从原告指令进行放货及相关操作。自 2014 年 5 月 25 日起，原告多次向被告要求提货，办理货物出库手续，被告拒绝，至今上述

货物仍存放于被告港口，给原告造成了经济损失。

原告提出诉讼请求：（1）确认原告对存放于被告处的“怡某潮流”轮9999吨氧化铝拥有合法所有权；（2）被告立即向原告交付“怡某潮流”轮9999吨氧化铝或者赔偿相应货值的人民币23 997 600元，并支付利息，折合31 131 520元；（3）被告承担本案全部诉讼费用。

两被告共同辩称：（1）原告重复诉讼，应依法驳回。原告曾于2016年以港口货物保管合同纠纷为由，在青岛海事法院起诉被告［案号为（2016）鲁72民初434号，以下简称434号案件］，诉讼请求为要求被告交付“怡某潮流”轮货物或赔偿相应的货值损失。后因434号案件诉争的“怡某潮流”轮货物涉及刑事案件，2016年9月30日，青岛海事法院依法作出裁定，将该案移送公安机关处理。本案和434号案件的事实与理由基本一致，仅增加了确认货物所有权的诉讼请求，属于重复诉讼，依法应予驳回。（2）本案诉争的“怡某潮流”轮货物存在货权争议。根据青岛市中级人民法院作出的已生效（2017）鲁02刑初34号刑事判决书，本案诉争的“怡某潮流”轮货物系由中某澳大利亚资源贸易有限公司（以下简称中某澳公司）购买，并由新疆塔某佳诚贸易有限责任公司（以下简称塔某佳诚公司）报关进境的货物，并由塔某佳诚公司质押给中国银行股份有限公司塔某地区分行（以下简称塔某中行），并且塔某中行、中某澳公司均在主张该诉争货物的货权。2014年10月28日，被告收到上海市浦东新区人民法院协助执行的法律文书，托某公司因为与建某公司产生买卖合同纠纷，要求查封诉争的“怡某潮流”轮货物，对诉争货物也在主张货权。（3）原告未提交任何所有权合法凭证。原告诉称的涉案“怡某潮流”轮所载货物系从建某公司处受让取得，但是，原告并未提交诉争货物从进口环节开始的货权流转手续，包括但不限于海关进口报关单、放行单等凭证资料，尚不能确认建某公司系诉争货物的货权人，原告应依法向货物卖方建某公司主张合同权利。从托某公司出具的证明看，托某公司与原告之间是代理关系，托某公司委托原告办理提货手续，不代表托某公司将货物所有权转移给原告。原告主张其对诉争货物享有合法所有权，没有依据。（4）被告和原告之间不存在保管合同法律关系。本案案由为港口货物保管合同纠纷，诉争货物由青岛鸿某物流有限公司（以下简称鸿某物流）委托被告装卸作业和保管，原告不是保管合同的当事方，与被告也不存在其他的业务关系。（5）诉争“怡某潮流”轮货物被多个法院查封，不具备放货条件。2014 年 5 月 26 日，“怡某潮流”轮货物被青岛市公安机关依法查封，直至 2017 年 9 月 18 日，青岛市公安机关解除了对“怡某潮流”轮货物的查封。“怡某潮流”轮货物因为民事诉讼纠纷，于 2014 年 6 月 3 日、2014 年 6 月 5 日、2014 年 10 月 28 日分别被青岛海事法院、新疆维吾尔自治区高级人民法院和上海市浦东新区人民法院查封，“怡某潮流”轮货物目前不具备放货条件。被告依法履行协助义务，不应承担任何法律责任。（6）被告对于“怡某潮流”轮货物产生的港口费用享有法定留置权，在相关费用结清以前被告可以依法留置货物。

第三人中某澳公司诉称：本案诉争的“怡某潮流”轮 9999 吨氧化铝所有权归属于第三人，原告的行为侵犯了第三人的合法权益。第三人申请作为有独立请求权第三人参加诉讼。事实与理由：第三人于 2013 年 11 月 12 日与 K 贸易有限公司签订一份氧化铝购销合同，约定以到中国青岛的含保险、运费、按港口惯常速度快速装卸、不计滞 / 速费、出租人不负担卸货费用的到岸价基础购买氧化铝共计 30 000 吨，合同总金额为 11 025 000 美元。该批氧化铝随后从澳大利亚格莱斯顿（装货港）运输至中国青岛，船名为“怡某潮流”，第三人于 2014 年 1 月 6 日通过汇丰银行开具的即期信用证向 K 贸易公司支付 11 025 000 美元。第三人于 2013 年 12 月 14 日委托青岛德某资源有限公司负责该批氧化铝的清关、卸货以及在青岛港入保税库事宜，青岛德某资源有限公司只能听从第三人指令操作，第三人始终是该批氧化铝货物的所有权人。

原告就第三人的诉讼请求辩称：原告自建某公司处所受让的案涉氧化铝已经通关为一般贸易，并通过公开市场进行销售。托某公司通过国内贸易，从建某公司处支付合理的价格购买货物，并通过被告签发的货权转移证明进行转移交付公示。该批氧化铝所有权归原告所有。至于第三人是否为案涉氧化铝的原始所有权人，不影响原告对氧化铝享有所有权。因第三人已经将案涉氧化铝所有权在通关过程中进行转让，其不再享有所有权。

两被告就第三人的诉讼请求共同辩称：该批货物由鸿某物流代理委托被告进行港口作业，该批货物的货权人是谁，被告并不清楚。

## 【裁判说理】

争议焦点：（1）涉案争议货物的所有权问题；（2）两被告是否应承担法律责任问题。

青岛海事法院认为：

一、涉案争议货物的所有权问题

本案中，原告提出的各项诉讼请求涉及了“怡某潮流”轮的9999吨涉案氧化铝所有权的确认之诉，以及被告向原告交付上述氧化铝或赔偿货值价款的给付之诉。由于涉案货物系由鸿某物流委托被告装卸作业、仓储和保管，原告及第三人非保管合同项下的合同方，其与两被告之间均不成立港口货物保管合同或其他港口作业委托合同关系。在经济贸易和航运活动等实践中，应当依据贸易合同、仓储合同及可能存在的各环节代理合同等不同的法律关系确定相应主体的法律权利义务，而并不能将商业性经营风险当然转嫁于其他法律关系的当事人。被告作为从事港口经营的货物保管方，由于受货物买卖转售交易频繁的因素影响，加之在货物保管期间存在多件诉讼争端的保全和执行，其无法也无能力识别其保管货物的所有权人。因此，虽然建某公司、永某公司及被告大某分公司共同出具《货权转移声明》，但是，该证据并不能独立成为证明或认定原告享有涉案货物所有权的最终性依据，对此应当结合建某公司是否已经享有其所有权、涉案货物的海关进口报关单和放行单等货权流转完整性凭证以及支付对价或交易记录等事实，综合对涉案货物所有权予以确认。因此，依据当事人提交的《氧化铝购销合同》《货权转移声明》等有效证据，以及各方当事人庭审陈述，在现阶段认定的案件事实情形和条件之下，原告和第三人均不能提交充分证据证明各自享有涉案货物所有权。

从法律诉讼程序角度，本案争议货物在新疆维吾尔自治区高级人民法院另案审理后，在新疆维吾尔自治区乌鲁木齐市中级人民法院已经进入了执行程序。《民事诉讼法》第225条规定，当事人、利害关系人认为执行行为违反法律规定的，可以向负责执行的人民法院提出书面异议。当事人、利害关系人提出书面异议的，人民法院应当自收到书面异议之日起15日内审查，理由成立的，裁定撤销或者改正；理由不成立的，裁定驳回。当事人、利害关系人对裁定不服的，可以自裁定送达之日起10日内向上一级人民法院申请复议。《民事诉讼法》第227条规定，执行过程中，案外人对执行标的提出书面异议的，人民法院应当自收到书面异议之日起15日内审查，理由成立的，裁定中止对该标的的执行；理由不成立的，裁定驳回。案外人、当事人对裁定不服，认为原判决、裁定错误的，依照审判监督程序办理；与原判决、裁定无关的，可以自裁定送达之日起15日内向人民法院提起诉讼。依照上述之规定，原告和第三人均认为已成为新疆维吾尔自治区乌鲁木齐市中级人民法院执行案件中执行标的的货物存在权属争议。在诉讼程序上，无论是对执行法院的执行行为有异议还是对执行标的有异议，均应向执行法院提起书面异议，由执行法院进行审查，并根据执行法院的处理结果再行提出复议或执行异议之诉。因此，对于原告和第三人提出的相应诉讼请求，法院不予支持。

二、两被告是否应承担法律责任问题

在本案中，由于两被告与原告之间不存在港口货物保管合同，并且自2014年5月26日起至今，本案涉案货物处于司法机关查封期间。在司法机关查封期间，被告作为协助义务执行人在未收到相关各司法机关解除查封的法律文书前，应当依法履行相应的协助执行义务。因此，两被告对此不应承担相应的法律责任。综上所述，对于原告和第三人的各项诉讼请求，无充分的事实依据，不予支持。

青岛海事法院以判决形式结案。被告提出上诉后提出撤诉申请，山东省高级人民法院裁定准许撤回上诉。本案一审判决生效。

## 【法官后语】

港口货物保管合同，是存货人将滞留在港区内的货物交由保管人保管，并向保管人支付保管费用的合同。依照《民法典》的有关规定，保管合同可以有偿或者无偿，仓储合同则是有偿合同，虽然港口货物保管合同在名称里含有“保管合同”字样，但其内容符合仓储合同的定义，故港口货物保管合同应属于仓储合同。法院审理因这类合同的订立、履行、变更和终止而产生的纠纷，优先适用《民法典》第三编第二十二章仓储合同的规定，在第二十二章没有规定时，适用第二十一章保管合同的规定。港口货物保管合同纠纷案件往往法律关系复杂、诉讼标的额高。为在国际海运中切实发挥司法保障作用，针对此类案件，现总结如下主要审判思路。

一、准确识别合同主体

港口货物是在港区内并且没有装载于进出港船舶上的货物的总称，包括港口陆域中的货物和港口驳运中的货物。港口货物保管合同的当事人为存货人和港口经营人，《民法典》未限定存货人的身份或者资格，即港口货物保管合同的成立不以存货人是货物所有权人为前提。对于船舶运输到港直接由港口经营人接收并保管的货物，如果订立了书面港口货物保管合同，在合同的订立和履行过程中，港口经营人没有对货物所有权人进行识别的法定义务，但需要识别存货人是否实际履行了交付货物的合同义务。存货人持有的正本提单或者运单，是其向港口经营人交付船运到港货物的初步证据。存货人未向港口经营人交付货物，港口经营人无须向存货人出具仓单。港口经营人知道与其沟通联系货物保管事宜的系货运代理企业（正本提单持有人或者运单收货人的代理人）的，依照《民法典》第925条的规定，一般不宜将货运代理企业认定为存货人。

二、依法认定合同效力

《民法典》第905条规定："仓储合同自保管人和存货人意思表示一致时成立。"第890条规定："保管合同自保管物交付时成立，但是当事人另有约定的除外。"第502条第1款规定："依法成立的合同，自成立时生效，但是法律另有规定或者当事人另有约定的除外。"港口货物保管合同作为仓储合同，应当自港口经营人与存货人意思表示一致时成立并生效。经营进出口贸易的存货人经常会与港口经营人就一定期间（如一年期）的港口货物保管订立一份总合同，存货人在该期间多次将即将装船或者已经卸船的不同货物交付给港口经营人保管，只要不存在导致合同无效的情形，该合同应当自订立之时成立并生效。这类合同中往往约定，针对每批货物再另行订立单次货物保管合同。单次货物保管合同通常约定，该合同自货物交付港口经营人时成立并生效。法院应以该约定确定单次货物保管合同的成立和效力。

三、货损货差之诉审查要点

第一，存货人是否履行了告知义务。《民法典》第893条规定："寄存人交付的保管物有瑕疵或者根据保管物的性质需要采取特殊保管措施的，寄存人应当将有关情况告知保管人。寄存人未告知，致使保管物受损失的，保管人不承担赔偿责任；保管人因此受损失的，除保管人知道或者应当知道且未采取补救措施外，寄存人应当承担赔偿责任。"保管物的瑕疵一般是指保管物本身存在破坏性或者毁坏性缺陷的情形；保管物的性质一般是指保管物属于易燃、易爆、有毒、有腐蚀性、有放射性等危险物品或者易变质物品的情形。存货人违反告知义务致使其交付保管的货物遭受损失的，港口经营人不承担赔偿责任。因货物的性质或者瑕疵而给第三人造成损害的（如变质或者损坏货物造成的其他仓储物损害），存货人还可能承担赔偿责任。存货人违反告知义务致使港口经营人因此遭受损失的，存货人应承担赔偿责任，但是如果港口经营人知道或者应当知道该货物需要采取特殊保管措施，却因故意或者过失而没有采取相应措施，可以相应减轻存货人的赔偿责任。

第二，港口经营人是否对货物进行了验收。《民法典》第907条规定："保管人应当按照约定对入库仓储物进行验收。保管人验收时发现入库仓储物与约定不符合的，应当及时通知存货人。保管人验收后，发生仓储物的品种、数量、质量不符合约定的，保管人应当承担赔偿责任。"货物验收是港口经营人对存货人送交保管的货物进行检验与核查，以确定其处于适于保管的良好状态的过程，也是港口经营人按合同约定履行保管义务，在保管期限届满后将处于完善状态的货物交还存货人的必要前提。港口经营人对货物进行验收，既是合同义务，也是合同权利，如果其对接收的仓储物不予验收，可以视为对其权利的放弃。在司法实践中，港口经营人是否依约定对货物进行验收是确定其应否承担赔偿责任的重要依据，验收后发生的仓储物品种、数量不符合约定的，港口经营人应当承担赔偿责任。关于仓储物的质量不符合约定的赔偿责任审查，首先按照合同约定确定质量问题。如果约定不明确，又不能达成补充协议的，按照合同相关条款或者交易习惯确定，仍不能确定的，依照《民法典》第511条第1项确定质量问题。确定货物存在质量问题后，再结合质量问题在货物交付保管时是否显而易见、是否存在潜伏期、保管人的验收方式和保管方法是否符合约定或者法定等因素，认定港口经营人的赔偿责任。对于存货人提供的包装不符合约定造成货物灭失、损坏的，港口经营人是否承担赔偿责任，也取决于该包装问题在货物交付保管时是否显而易见、港口经营人是否履行了适当的提示义务等。

第三，港口经营人是否履行了危险通知义务。《民法典》第912条规定："保管人发现入库仓储物有变质或者其他损坏的，应当及时通知存货人或者仓单持有人。"第913条规定："保管人发现入库仓储物有变质或者其他损坏，危及其他仓储物的安全和正常保管的，应当催告存货人或者仓单持有人作出必要的处置。因情况紧急，保管人可以作出必要的处置；但是，事后应当将该情况及时通知存货人或者仓单持有人。"港口经营人是否需要保养和管理货物，视港口货物保管合同的约定而定。当事人没有约定的，原则上港口经营人不承担对货物的保养和管理义务，即只要港口经营人提供的仓库、堆场符合合同约定，实施的保管行为符合仓库、堆场的经营规范，则对于货物因自身性质发生的变质、损坏不承担赔偿责任。但是，港口经营人发现货物有变质、损坏情形的，应当通知存货人或者仓单持有人，对怠于通知引发的损失应承担赔偿责任。

第四，港口经营人是否履行妥善保管货物的义务。《民法典》第917条规定："储存期内，因保管不善造成仓储物毁损、灭失的，保管人应当承担赔偿责任。因仓储物本身的自然性质、包装不符合约定或者超过有效储存期造成仓储物变质、损坏的，保管人不承担赔偿责任。"港口经营人应当按照合同约定的储存条件和保管要求，妥善保管货物。法院根据合同约定的储存条件和保管要求，审查港口经营人是否存在保管不善的行为。合同没有约定或者约定不明确的，可以协议补充，不能达成补充协议的，可以按照交易习惯确定。港口经营人可以举证证明货物变质、损坏是货物本身的自然性质、包装不符合约定或者超过有效储存期造成的，以免除赔偿责任。

第五，审查索赔方的货物损失数额。索赔方可能是存货人，也可能是仓单受让人，对货损程度和数额承担举证责任。索赔方通常需要提供第三方检验报告或者申请法院委托司法鉴定，以证明货损程度、数额以及原因。法院组织当事人从检验和鉴定的资质、程序、实体等方面，对检验报告或者司法鉴定报告进行质证，并合理认定货损数额。如果索赔方自行变卖受损货物，法院应审查变卖价格是否合理。索赔方以合理价格变卖受损货物的，货物未受损的市场价格与变卖价格的差额以及索赔方为变卖货物支出的合理费用，均可以列入港口经营人的赔偿责任范围。

## 【相关法条】

**1.《中华人民共和国合同法》**（2021年1月1日废止）

**第三百六十七条**　保管合同自保管物交付时成立，但当事人另有约定的除外。

**对应新法：**

**《中华人民共和国民法典》**（2021年1月1日施行）

**第八百九十条**　保管合同自保管物交付时成立，但是当事人另有约定的除外。

**2.《中华人民共和国物权法》**（2021 年 1 月 1 日废止）

**第二十三条** 动产物权的设立和转让，自交付时发生效力，但法律另有规定的除外。

**对应新法：**

**《中华人民共和国民法典》**（2021 年 1 月 1 日施行）

**第二百二十四条** 动产物权的设立和转让，自交付时发生效力，但是法律另有规定的除外。

承办人：李　翊

编写人：崔婷婷

# 13. 摩某瑞能源贸易有限公司诉青岛泰某矿业有限公司、广某（香港）有限公司买卖合同纠纷案

——债权人代位权的行使

## 【合规提示】

本案系一起债权人诉债务人、次债务人的买卖合同纠纷，双方对合同代位权的行使产生争议。对于债权人而言，应考察债务人是否存在分立或合并、是否系一人有限公司、是否存在股东出资未到位或抽逃出资等情形，充分挖掘有效信息，从而通过追加连带责任人、财产保全、在执行程序中追加被执行人等方式实现债权。在代位权诉讼中，应充分利用案件审理程序收集、查明代位权诉讼所需证据或有利事实。对于债务人、次债务人而言，应保存好各项交易单据。

## 【案件信息】

**1. 裁判文书字号**

（2018）鲁 72 民初 23 号

**2. 当事人**

原告：摩某瑞能源贸易有限公司

被告：青岛泰某矿业有限公司、广某（香港）有限公司

**3. 关键词**

民事　买卖合同　代位权　保税货物转让

## 【裁判要旨】

1. 合同的相对性原则，是指合同主要在特定的合同当事人之间发生法律约束力，只有合同当事人一方能基于合同向合同相对方提出请求或提起诉讼，而不能向与其无合同关系的第三人提出请求。主要包含以下三方面内容：主体的相对性，即合同关系只能发生在特定的主体之间，只有合同当事人一方能够向合同的另一方当事人基于合同提出请求或提起诉讼；内容的相对性，只有合同当事人才能享有合同约定的权利，并承担该合同约定的义务，当事人以外的任何第三人不能主张合同上的权利，更不承担合同中约定的义务；责任的相对性，即违约责任只能在特定的合同当事人之间发生，合同关系以外的人不承担违约责任，合同当事人也不对其承担违约责任。

2.《合同法》第73条（现为《民法典》第535条）规定，因债务人怠于行使其到期债权，对债权人造成损害的，债权人可以向人民法院请求以自己的名义代位行使债务人的债权，但该债权专属于债务人自身的除外。债权人怠于行使其要求债务人履行交付货物义务的权利，致使其无法向第三人履行交付货物义务，导致第三人的权利受损，第三人作为债权人有权向人民法院请求以自己的名义代位行使债务人的债权。

## 【基本案情】

在摩某瑞能源贸易有限公司（以下简称摩某瑞公司）诉青岛泰某矿业有限公司（以下简称泰某公司）、广某（香港）有限公司（以下简称广某公司）买卖合同纠纷案中，青岛海事法院查明案件事实如下：2013年9月24日，L公司（作为卖方）与泰某公司（作为买方）签订了合同，约定L公司将注册铝锭卖给泰某公司，分别于2013年10月、11月、12月在俄罗斯主要港口散装，每月5000吨。2013年9月25日，泰某公司与广某公司签订了销售合同，约定泰某公司作为卖方，向广某公司销售铝锭，卖方于2013年10月、

11 月、12 月分批向买方交付上述货物，每次 5000 吨，合同中约定，当买方向卖方指定账户有效汇入发票金额后，货物的所有权应由卖方转移至买方。2013 年 12 月 28 日，C 轮船长签发的四份提单载明装货港为俄罗斯瓦尼诺港、卸货港为蓬莱港、货物为铝锭 3857.427 吨。L 公司出具给第一被告的发票四份，共计 6 831 503.23 美元。

2014 年 1 月 11 日，被告代理人蓬某公司与蓬莱港签订港口作业合同，约定作业铝锭 3857.427 吨。2014 年 4 月 11 日，蓬某公司出具给案外人永某公司的仓单，载明 3857.427 吨纯铝存入蓬莱港公用型保税仓库，凭此仓单办理出库手续。泰某公司于 2014 年 4 月 11 日出具给广某公司的商业发票，载明："铝锭 3857.427 吨，青岛保税仓交货，共计 6 947 226.03 美元"。2014 年 4 月 14 日，广某公司（卖方）和摩某瑞公司（买方）签订了采购合同，约定：广某公司卖给摩某瑞公司在伦敦金属交易所注册的未锻轧纯铝 5002.726 吨，保税仓交货，卖方须于 2014 年 4 月 15 日之前将仓单原件 / 仓储证明寄给买方或买方指定的第三方或向其转移货物所有权，买方收到仓单原件后，所有权及风险应由卖方转移至买方。永某公司开具给摩某瑞公司的仓单载明："3857.427 吨伦敦金属交易所注册未锻轧纯铝，2014 年 4 月 11 日入烟台港集团蓬莱港保税仓，2014 年 4 月 14 日签发于上海。" 2014 年 4 月 15 日，广某公司出具给原告的商业发票显示："5002.726 吨纯铝，每吨为 1871.74 美元，共计 9 363 802.36 美元。该发票包含本案所涉货物。"

2014 年 4 月 16 日，摩某瑞公司按照发票要求的数额，向广某公司支付该批货物的货款，履行了合同义务。2014 年 4 月 17 日，广某公司指令法国巴黎银行香港分行向泰某公司付款 6 947 226.03 美元。本案所涉货物现存放在蓬莱港公用型保税库中。

原告提出诉讼请求：（1）判令两被告协助原告办结提取 C 轮卸载的四份提单项下，现存放于蓬莱港公用型保税仓的 3857.427 吨铝锭的海关手续（如两被告实际履行不能，由原告自行前往海关办理），提取货物；（2）判令两被告承担本案诉讼费用。

## 【裁判说理】

争议焦点：合同代位权的行使条件。

青岛海事法院认为：泰某公司与广某公司、广某公司与摩某瑞公司的买卖合同，均是当事人双方的真实意思表示，合法有效，对当事人双方具有约束力，当事人双方应履行自己的义务。

泰某公司已经收到广某公司的货款，摩某瑞公司已将货款支付给广某公司，泰某公司和广某公司应履行自己的义务，将货物交给卖方，并办理与交货有关的手续。根据合同相对性，泰某公司应将货物交给广某公司并办理相关手续，广某公司应将货物交给摩某瑞公司并办理相关手续。

在泰某公司和广某公司的买卖合同中，没有证据显示广某公司要求泰某公司履行交货义务，属于怠于行使其要求被告泰某公司履行交付货物义务的权利，致使其无法向原告履行交付货物义务，导致原告摩某瑞公司的权利受损。根据《合同法》的有关规定，因债务人怠于行使其到期债权，对债权人造成损害的，债权人可以向人民法院请求以自己的名义代位行使债务人的债权，但该债权专属于债务人自身的除外。据此，原告要求被告泰某公司履行合同义务合法有据，应予支持。

本案所涉货物为保税货物，根据《海关法》的规定，保税货物的转让、转移以及进出保税场所，应当向海关办理有关手续，接受海关监管和查验；海关监管货物，未经海关许可，不得提取、交付、发运、转让。因此，本案货物的买卖、转让、交付、提取、发运等，应履行海关手续。原告摩某瑞公司请求判令泰某公司、广某公司协助原告办结提取本案争议货物的海关手续提取货物，如被告泰某公司和广某公司实际履行不能，由原告自行前往海关办理有关提货手续，青岛海事法院予以支持。综上，原告请求卖方泰某公司和广某公司交付货物并办理交货相关海关手续，理由正当，应予支持。

## 【法官后语】

债权人代位权是债的保全制度的一种。《民法典》施行之前，代位权的规定见于《合同法》第 73 条第 1 款规定："因债务人怠于行使其到期债权，对债权人造成损害的，债权人可以向人民法院请求以自己的名义代位行使债务人的债权，但该债权专属于债务人自身的除外。"《民法典》施行后，代位权的规定见于《民法典》合同编第 535 条第 1 款规定："因债务人怠于行使其债权或者与该债权有关的从权利，影响债权人的到期债权实现的，债权人可以向人民法院请求以自己的名义代位行使债务人对相对人的权利，但是该权利专属于债务人自身的除外。" 鉴于本案发生在《民法典》施行前，故对《合同法》和《民法典》对代位权规定的变化进行评述。

一、《民法典》明确规定了代位权的权利客体包含了担保物权等从权利

《民法典》施行前，因《合同法》第73条未明确规定代位权的客体是否包含了担保物权等从属性权利，因此司法实践中对于债权人能否代位行使债务人对次债务人享有的担保物权等从属性权利存在诸多争议，但主流观点认为：担保物权等从属性权利，并非独立的物权，允许债权人代位行使债权，却不允许代位行使附属于债权的从权利，明显违反设立担保物权的立法本意，也不符合代位权设立的立法目的，从权利应当属于代位权的权利客体之一。《民法典》施行后，将担保物权等从属性权利明确规定为代位权的客体之一，更能统一人民法院在审判活动中的裁量分歧，提高司法效率，也更有利于维护债权人的合法权益。

二、《民法典》不再要求债务人对次债务人的债权必须到期，亦不再限制债权人必须在其对债务人的债权到期后才可行使代位权

对于代位权的行使，《最高人民法院关于适用〈中华人民共和国合同法〉若干问题的解释（一）》第11条规定："债权人依照合同法第七十三条的规定提起代位权诉讼，应当符合下列条件：（一）债权人对债务人的债权合法；（二）债务人怠于行使其到期债权，对债权人造成损害；（三）债务人的债权已到期；（四）债务人的债权不是专属于债务人自身的债权。"第13条规定："合同法第七十三条规定的'债务人怠于行使其到期债权，对债权人造成损害的'，是指债务人不履行其对债权人的到期债务，又不以诉讼方式或者仲裁方式向其债务人主张其享有的具有金钱给付内容的到期债权，致使债权人的到期债权未能实现。"次债务人（债务人的债务人）不认为债务人有怠于行使其到期债权情况的，应当承担举证责任。而《民法典》不再要求债务人对次债务人的债权必须到期。该变化的现实意义在于：实践中，大量债务人与次债务人恶意串通，虚假设立长期债权以达到逃避对债权人履行义务的目的。而依据《合同法》第73条以及《最高人民法院关于适用〈中华人民共和国合同法〉若干问题的解释（一）》第11条之规定，债权人在没有证据能够证明债务人与次债务人存在恶意串通的情况下，无法在该长期债权到期之前代位要求次债务人承担法律责任。《民法典》施行后，债权人的前述尴尬境地能够得到有效缓解。

《民法典》将代位权行使前提从"对债权人造成损害（未实现到期债

权）”调整为“影响债权人到期债权的实现”。也即《民法典》不再要求债权人必须在其对债务人享有的债权到期后才可行使代位权，而是赋予债权人类似于《合同法》中规定的不安抗辩权的权利，使其能够在发生可能影响其到期债权实现的法律事件时，可以不再受债权是否到期的约束，直接提起代位权诉讼，如此调整能够在极大的程度上保障债权人的合法利益。

本案中，在泰某公司和广某公司的买卖合同中，没有证据显示广某公司要求泰某公司履行交货义务，属于怠于行使其要求被告泰某公司履行交付货物义务的权利，致使其无法向原告履行交付货物义务，导致原告摩某瑞公司的权利受损。原告摩某瑞公司作为债权人可以向人民法院请求以自己的名义代位行使债务人的债权。

## 【相关法条】

**1.《中华人民共和国合同法》**（2021 年 1 月 1 日废止）

**第七十三条**　因债务人怠于行使其到期债权，对债权人造成损害的，债权人可以向人民法院请求以自己的名义代位行使债务人的债权，但该债权专属于债务人自身的除外。

代位权的行使范围以债权人的债权为限。债权人行使代位权的必要费用，由债务人负担。

**对应新法：**

**《中华人民共和国民法典》**（2021 年 1 月 1 日施行）

**第五百三十五条**　因债务人怠于行使其债权或者与该债权有关的从权利，影响债权人的到期债权实现的，债权人可以向人民法院请求以自己的名义代位行使债务人对相对人的权利，但是该权利专属于债务人自身的除外。

代位权的行使范围以债权人的到期债权为限。债权人行使代位权的必要费用，由债务人负担。

相对人对债务人的抗辩，可以向债权人主张。

**2.《最高人民法院关于适用〈中华人民共和国合同法〉若干问题的解释（一）》**（2021 年 1 月 1 日废止）

**第十一条**　债权人依照合同法第七十三条的规定提起代位权诉讼，应当符合下列条件：

（一）债权人对债务人的债权合法；

（二）债务人怠于行使其到期债权，对债权人造成损害；

（三）债务人的债权已到期；

（四）债务人的债权不是专属于债务人自身的债权。

**第十三条** 合同法第七十三条规定的“债务人怠于行使其到期债权，对债权人造成损害的”，是指债务人不履行其对债权人的到期债务，又不以诉讼方式或者仲裁方式向其债务人主张其享有的具有金钱给付内容的到期债权，致使债权人的到期债权未能实现。

次债务人（即债务人的债务人）不认为债务人有怠于行使其到期债权情况的，应当承担举证责任。

**对应新法：**

**《中华人民共和国民法典》**（2021 年 1 月 1 日施行）

**第五百三十五条** 因债务人怠于行使其债权或者与该债权有关的从权利，影响债权人的到期债权实现的，债权人可以向人民法院请求以自己的名义代位行使债务人对相对人的权利，但是该权利专属于债务人自身的除外。

代位权的行使范围以债权人的到期债权为限。债权人行使代位权的必要费用，由债务人负担。

相对人对债务人的抗辩，可以向债权人主张。

**3.《最高人民法院关于适用〈中华人民共和国民法典〉合同编通则若干问题的解释》**（2023 年 12 月 5 日施行）

**第三十三条** 债务人不履行其对债权人的到期债务，又不以诉讼或者仲裁方式向相对人主张其享有的债权或者与该债权有关的从权利，致使债权人的到期债权未能实现的，人民法院可以认定为民法典第五百三十五条规定的“债务人怠于行使其债权或者与该债权有关的从权利，影响债权人的到期债权实现”。

承办人：李旭东

编写人：崔婷婷

# 14. 青岛蟠某国际贸易有限公司诉青岛保税区友某鑫隆国际物流有限公司、LC公司、广州市义某橡塑有限公司港口货物保管合同纠纷案

——港口货物保管合同主体责任认定及合同诈骗受害方权益保障

## 【合规提示】

本案系一起涉外港口货物保管合同下因货物被非法转卖导致损失的求偿纠纷，原告系国际货物买卖合同的买方和保管合同的委托方，被告系保管人，原告按照卖方在买卖合同中的要求将货物存放在被告处，因被告故意的合同诈骗行为遭受损失，被告承担赔偿责任。对于保管合同的委托人而言，应当尽到谨慎注意义务，严格审查卖方指定的仓库保管人的履约能力，核实货物情况、权利凭证和流转的海关备案清单。对于保管人而言，应当按照约定对入库仓储物进行验收。验收时发现入库仓储物与约定不符合的，应当及时通知存货人；验收后发生仓储物的品种、数量、质量不符合约定的，保管人要负赔偿责任。

## 【案件信息】

**1. 裁判文书字号**

（2013）青海法海商初字第1075号

**2. 当事人**

原告：青岛蟠某国际贸易有限公司

被告：青岛保税区友某鑫隆国际物流有限公司、LC公司、广州市义某橡塑有限公司

**3. 关键词**

民事　港口货物保管合同　合同诈骗　买卖空单　一单多卖

## 【裁判要旨】

1. 保管人应当按照约定对入库仓储物进行验收。保管人验收时发现入库仓储物与约定不符合的，应当及时通知存货人。保管人验收后，发现仓储物的品种、数量、质量不符合约定的，保管人应当承担赔偿责任。

2. 处理合同诈骗罪下所涉合同是否有效的问题应当在明确刑民交叉程序的情况下，坚持以民法原理判断合同效力，并在实质上保障受害人行使撤销权，从而达到统一裁判标准、维护受害人合法权益、推动社会主义市场经济稳步发展的目的。本案中原告作为合同诈骗罪的受害人，放弃确认橡胶所有权，仅要求赔偿的诉讼请求，应当得到支持。

## 【基本案情】

原告诉请：请求依法判令LC公司和广州市义某橡塑有限公司（以下简称义某公司）连带承担赔偿责任。

经审理查明，2013年6月和8月，青岛蟠某国际贸易有限公司（以下简称蟠某公司）分两次与LC公司签订采购合同，共购买橡胶总计2272.32吨。2013年8月，蟠某公司为上述两份采购合同支付四笔款项，共计人民币33 014 592元，收到义某公司货款6 677 752.32元。2013年8月16日、19日、21日，青岛保税区友某鑫隆国际物流有限公司（以下简称友某公司）就上述货物向蟠某公司出具了三份盖章确认的货权证明，证明已经收到蟠某公司存储的货物。

义某公司实际控制人陈某晖，多次采取买卖空单、一单多卖、偷卖橡胶等三种方式，与其他公司签订橡胶销售合同，欺骗购买橡胶的货款。买卖空单橡胶等业务期间，上述公司等相关人员来友某公司盘库时，友某公司相关负责人提前将仓库内存储的其他橡胶贴上“销售”给某公司等相关单位的虚假海关备案清单号、入库单号，骗取前来验货的人员。义某公司以非法占有为目的，在签订联系过程中通过一单多卖、买空卖空等方式骗取合同对方当事人的货款，其行为构成合同诈骗罪，属于数额特别巨大的情形。

## 【裁判说理】

争议焦点：（1）友某公司的民事责任；（2）LC公司的民事责任；（3）义

某公司的民事责任。

青岛海事法院认为：

一、友某公司的民事责任

存储期间，蟠某公司职员纪某青在友某公司法定代表人赵某德的带领下去仓库查看盘点过货物，证明蟠某公司已经尽到谨慎注意的义务，审查了货物的情况、权利凭证和流转的海关备案清单。蟠某公司职员到友某公司盘库时，友某公司法定代表人赵某德等人提前将仓库内存储的其他橡胶贴上“销售”给蟠某公司的虚假海关备案清单号、入库单号，欺骗前来验货的人员。显然涉案损失系友某公司故意的合同诈骗行为所致，而非蟠某公司自己存在故意或者重大过失，故友某公司关于“蟠某公司即使有损失，也是自己故意或者重大过失等原因所导致的，应当由其自己承担全部损失”的抗辩，与事实不符，并无法律依据，法院不予支持。

二、LC 公司的民事责任

LC 公司与蟠某公司签订的采购合同中约定，LC 公司负责其指定仓库的货物保管职责，LC 公司的该约定视同为对友某公司仓储保管职责的保证。《担保法》第 6 条规定：“本法所称保证，是指保证人和债权人约定，当债务人不履行债务时，保证人按照约定履行债务或者承担责任的行为。”《担保法》第 19 条规定：“当事人对保证方式没有约定或者约定不明确的，按照连带责任保证承担保证责任。”蟠某公司已经依照约定将货物交付至其指定的青岛保税区仓库即友某公司的仓库，但友某公司未能承担货物保管义务，因此 LC 公司应对友某公司的保管不当承担连带赔偿责任。

三、义某公司的民事责任

根据青岛市中级人民法院刑事判决书的事实认定，义某公司成立于 2003 年，法人代表是官某东，2009 年陈某晖成为实际控制人，至 2013 年 5 月陈某晖占 95% 的股份、官某东占 5% 的股份。陈某晖在国外注册成立了包括 LC 公司在内的多家公司。陈某晖系义某公司的实际控制人，LC 公司系陈某晖在英国注册成立的公司。根据义某公司人事经理陈某昭和涉外出纳张某芬的证言，可以证明义某公司与 LC 公司均系陈某晖控制的公司，义某公司与 LC 公司为关联公司，构成了人格混同。义某公司在陈某晖的安排下，控制友某公司法定代表人赵某德、单证员焦某与 LC 公司，通过一单多卖、买空卖空骗取蟠某公司的信任，伪造货权转移证明、海关备案清单等资料，张贴货物标识，制造假象应付蟠某公司盘库，从这些事实可以看出，义某公司的行为严重损害了债权人蟠某公司的利益。义某公司和友某公司、LC公司的行为对蟠某公司的损失是共同发生作用的，义某公司存在主观上的故意，与友某公司、LC公司恶意串通，损害蟠某公司的利益。按照《合同法》第59条的规定，当事人恶意串通，损害国家集体或者第三人利益的，因此取得财产收归国家所有或者返还集体、第三人。因此义某公司应对蟠某公司的损失承担连带赔偿责任，义某公司关于其不应当承担连带赔偿责任的抗辩法院不予支持。

## 【法官后语】

在面对合同诈骗罪中的合同效力问题时应当依据民法的相关规定来认定。具体而言，订立合同的行为如果满足《民法典》第148条规定的民事欺诈情形，该合同应当认定为可撤销的合同；如果案涉合同内容本身违反了公序良俗、损害了国家利益或者违反了法律的强制性规定，则应当认定该合同无效；如果行为人的行为因涉嫌欺诈而构成合同诈骗罪，但合同内容不存在民法所规定的无效情形，理应认定为合同有效。所以我们不应当拘泥于理论界各种学说的观点，而是应当坚持在民法原理的基础上进行判断，具体案件具体分析案涉合同的效力性问题。

合同诈骗行为直接侵害受害人权益，认定合同诈骗案件中的合同效力问题应当以保障受害者权益为原则，将案涉合同的效力交由受害者决定是尊重受害者意思自治的表现。但受害人的撤销权因立法原因受到极大限制，故而保障其权利的行使就变得尤为重要。首先，应当扩大受害人行使撤销权的范围，对于某些构成合同诈骗罪但又不属于民事欺诈的行为应当被包含在行使撤销权的范围中，只要行为人构成合同诈骗罪，受害人就享有撤销权。其次，应当允许受害人向公安机关报案时就有提出行使撤销权的权利。上文提到受除斥期间影响，受害人可能在向法院提出行使撤销权时就因超出时效而使其撤销权消失，因此，为保障受害人撤销权的有效行使，应当将提出撤销权的时间提前到立案阶段，由公安机关对其要求予以记录，并随刑事案件一同移送到法院进行审判。

## 【相关法条】

1.《中华人民共和国合同法》(2021 年 1 月 1 日废止)

**第五十九条** 当事人恶意串通，损害国家、集体或者第三人利益的，因此取得的财产收归国家所有或者返还集体、第三人。

**第三百八十四条** 保管人应当按照约定对入库仓储物进行验收。保管人验收时发现入库仓储物与约定不符合的，应当及时通知存货人。保管人验收后，发生仓储物的品种、数量、质量不符合约定的，保管人应当承担损害赔偿责任。

**对应新法:**

《中华人民共和国民法典》(2021 年 1 月 1 日施行)

**第五百条** 当事人在订立合同过程中有下列情形之一，造成对方损失的，应当承担赔偿责任:

(一)假借订立合同，恶意进行磋商;

(二)故意隐瞒与订立合同有关的重要事实或者提供虚假情况;

(三)有其他违背诚信原则的行为。

**第九百零七条** 保管人应当按照约定对入库仓储物进行验收。保管人验收时发现入库仓储物与约定不符合的，应当及时通知存货人。保管人验收后，发生仓储物的品种、数量、质量不符合约定的，保管人应当承担赔偿责任。

2.《中华人民共和国担保法》(2021 年 1 月 1 日废止)

**第十九条** 当事人对保证方式没有约定或者约定不明确的，按照连带责任保证承担保证责任。

**对应新法:**

《中华人民共和国民法典》(2021 年 1 月 1 日施行)

**第六百八十六条** 保证的方式包括一般保证和连带责任保证。

当事人在保证合同中对保证方式没有约定或者约定不明确的，按照一般保证承担保证责任。

承办人：王爱玲

编写人：王爱玲　原浩洋

# 安全检查

## 15. 东某航运保险股份有限公司大连分公司诉烟台景某物流有限公司、某港股份有限公司保险人代位求偿权纠纷案

——客滚船码头安全检查行为构成侵权的认定要件

### 【合规提示】

本案系一起保险公司代位起诉码头安全检查人案件，双方对安全检查行为的标准产生争议。对于船舶所有人应当在事故后积极减损，不能认为通过安全检查的货物就一定不会存在安全风险。对于码头安全检查人而言，应当实行安全查验制度，对搭乘滚装船舶的车辆及车内货物进行危险物品安全检查，并配备货运车辆安全检查设备；在必要情况下安全检查人员应对可疑部位、物品进行查验；拒绝载有禁止载运危险物品的车辆搭乘客滚船。对于托运人而言，应当在装货过程中进行安全检查，并做好货物信息登记、报告。

### 【案件信息】

**1. 裁判文书字号**

（2020）鲁72民初1182号、（2020）鲁民终2771号

**2. 当事人**

原告：东某航运保险股份有限公司大连分公司

被告：烟台景某物流有限公司、某港股份有限公司

**3. 关键词**

民事　海上保险合同　保险人代位求偿　侵权　客滚船码头安全检查

## 【裁判要旨】

滚装车辆自燃引起船舶所有人与码头之间对侵权责任承担产生争议时，当码头存在实质上降低安检标准，以致危险货物上船的情况时，码头构成侵权，而不能以发生事故的结果反推码头存在安检缺失不作为。经过合格安检的货物自燃，无证据证明其属于危险货物的，应当认定其不属于危险货物，按照意外事件分担损失。损失分担的主体和数额需要考察各方行为与事故之间的联系、各方行为是否是经营行为、是否具有自主性、各方的经济条件以及是否对涉案事故损失的扩大负有责任等因素。

## 【基本案情】

2019年5月9日，“渤海某”轮（以下简称B轮）在航行中发生火灾事故。

东某航运保险股份有限公司大连分公司（以下简称东某公司）委托青岛大华保险公估有限公司对火灾事故进行调查，公估人出具《公估报告》称B轮单损金额为9 966 805.5元。

2019年10月25日，山东海事局出具《烟台5·9B轮火灾事故调查报告》，报告载明事故概况：2019年5月9日0时29分许，渤某轮渡集团股份有限公司（以下简称渤某轮渡）B轮在烟台开往大连途中，上层车辆舱挂车起火。在扑救过程中B轮顺利返航。事故造成B轮、部分车辆及所载货物受损，直接经济损失约480万元。烟台景某物流有限公司（以下简称景某公司）租用该挂车从事运输，共载运18种、32单货物。事故现场勘验：起火部分货物烧损严重，部分物品炭化缺失，无法查证挂车实际所运载的货物及积载情况，未获取该车夹带危险品的相关证据。安检过程：某港客运滚装分公司安检中心（以下简称安检中心）在上船前对挂车进行安检，用于安检的设备正常使用，性能良好；安检中心对扒车员的资格、培训无特殊要求；开航前海事局执法人员现场检查未发现疑似危险品车辆上船。起火原因的认定：存在挂车前部装载物品自燃引发火灾的可能。事故经过：景某公司在装货过程中，安检员未全程参与装车过程；安检中心利用车辆安检仪对挂车全车扫描、形成图像，扒车员对车辆进行了扒车检查，图像分析员对司机申报货物情况、安检图像及《车辆检查交接单》进行比对核实，确认挂车货物中无禁运危险品后为其办理登船手续。开航后，约0时29分，监控显示挂车前部右侧区域出现火苗。0时34分，巡舱员向驾驶员报告情况，后船长赶到驾驶台指挥灭火。事故原因：本起事故属于输入性因素导致的事故，但无法确定具体起火货物及起火原因。调查发现的问题：景某公司货物检查不规范，无法保证挂车本次所载货物全部适合于滚装客船运输；车辆安检单位安检中心规定执行不到位；B轮巡舱、监控等环节存在不足。

2020年4月24日，渤某轮渡收到东某公司理赔款，将向第三人要求赔偿的权利转让给东某公司。

原告东某公司诉称：2019年5月9日，东某公司承保的客滚船B轮从烟台开往大连途中，由于景某公司托运的“鲁F×××0挂”车内货物起火而发生火灾事故，造成B轮损坏，东某公司作为B轮的保险人，向其被保险人即光租并经营管理该轮的渤某轮渡支付保险赔偿，取得代位求偿权。景某公司租用挂车从事货物运输，将该车交到B轮，但景某公司在货物收受、安全检查、如实申报等方面明显违法违规，而某港股份有限公司（以下简称某港公司）下属安检中心疏于识别、查验车内危险品，两被告都存在过错，致使车内自燃物品上船后引发了火灾事故，依法应当向东某公司承担连带赔偿责任。东某公司向法院提出诉讼请求：（1）判令两被告连带赔偿因船舶火灾事故而遭受的损失人民币11 784 080元及其利息；（2）判令两被告承担诉讼费。

景某公司辩称：（1）起火原因不明，车内装载的物品上船后发生自燃引起了火灾事故没有事实依据。（2）挂车及所载货物如实申报并在接受安检后登船，景某公司对火灾的发生无过错。（3）挂车所载货物不具有自燃的特性，不能排除火源来自其他地方。故请求驳回东某公司诉讼请求。

某港公司辩称：（1）涉案火灾事故的起火原因未查明，该事故不是责任事故。（2）假使货物自燃被认定为起火原因，涉案火灾事故也属于意外事件，某港公司不应承担任何侵权责任。（3）安检中心已充分履行了对涉案滚装车辆及其所载货物的港口安全检查职责，安检工作并无任何疏漏。（4）船舶损失数额没有依据。故请求驳回东某公司诉讼请求。

## 【裁判说理】

争议焦点：码头的安全检查行为构成侵权行为的标准。

青岛海事法院认为：挂车由景某公司进行装货作业，在装货过程中安检员未全程参与装车过程，提供的货物清单和对货物进行重新核对后提供的货物清单不一致，故景某公司没有尽到货物安全检查注意义务。

客滚船码头应配备安全检查设备、人员对车辆及车内货物进行危险物品安全检查。安检中心利用车辆安检仪对挂车全车扫描，后扒车员对车辆进行了扒车检查，确认挂车装载货物中无禁运危险品后为其办理手续，履行了法律规定的安检义务，无过错。某港公司采取的两种安检方法满足了发现危险货物的安检标准，虽然未主动要求司机提供货物清单，出具的货物装载记录不够全面完整，但此种瑕疵属于在安检前准备阶段、安检后收尾阶段中的不规范行为，并未在实质上降低安检标准、放松安检要求，不属于安全检查不作为。

渤某轮渡因B轮发生火灾事故遭受了损失，数额为9 966 805.5元。

景某公司提供的《货物清单》中没有危险货物；扒车员对车辆进行了扒车检查，图像分析员对司机申报货物情况、安检图像进行比对核实，确认无禁运危险品；海事局执法人员现场检查未发现疑似危险品车辆上船；事故现场勘验未获取该车夹带危险货物的相关证据。以上事实表明，在挂车货物收集、扒车检查、图像分析、海事执法人员现场检查、事故后现场勘验阶段均未发现危险货物，据此可以推断，挂车装载货物中的非危险货物在意外情况下发生自燃，导致火灾事故。东某公司主张，货物自燃的事实本身即可推定自燃的货物属于危险货物。法院认为，未被列入危险货物管理的货物，未必一定不会发生事故。故本案中发生自燃的货物未必属于《船舶载运危险货物安全监督管理规定》中的危险货物。东某公司主张，货物自燃的事实可推定自燃的货物属于危险货物这一待证事实具有高度盖然性。法院认为，如果未进行检查、勘验，该主张可以成立。但是景某公司的安检员、安检中心图像分析员、扒车员、海事局执法人员均未发现危险货物，火灾物证鉴定中心未获取该车夹带危险品的相关证据，在多次检查、勘验均未发现危险货物的情况下，不宜认定自燃的货物属于危险货物。

某港公司的安检工作并未违反法律规定，无过错，景某公司虽然没有按照法律规定的要求进行安检等操作，具有过错，但涉案事故属于意外事件，景某公司的行为与损害事实之间没有因果关系，故景某公司、某港公司的侵权责任不成立。

《侵权责任法》第24条规定，受害人和行为人对损害的发生都没有过错的，可以根据实际情况，由双方分担损失。本案损害的发生是由非危险货物在意外情况下发生自燃引起，景某公司全程参与了挂车揽货、集货、装车，并将货物运至B轮的过程，景某公司行为与损害之间存在一定的事实上的因果关系。某港公司仅参与了货物上船前的安检环节，且其根据安检结果出具的装载记录是景某公司、渤某轮渡的参考，故某港公司与损害之间不存在事实上的因果关系。

法院酌定景某公司承担涉案事故损失的20%即1 993 361.1元。一审判决后，原告不服，向山东省高级人民法院提起上诉，山东省高级人民法院驳回上诉，维持原判。

## 【法官后语】

本案为全国首例滚装车辆自燃引起的船舶所有人起诉客滚船码头的安全检查行为侵权案件，涉案事故发生时，上至法律下至规章均没有对安全检查标准和责任进行具体明确的规定，法律适用存在较大争议，故受到全国滚装业务港口经营人和滚装运输承运人的广泛关注。本案通过对港口经营人危险货物安检行为具体标准的分析科学界定了港方、船方及货方的法律责任边界。

一、客滚船码头安全检查行为构成侵权的要件

根据《港口法》等相关法律规定，客滚船码头应实行安全查验制度，对搭乘滚装船舶的车辆及车内货物进行危险物品安全检查，并配备货运车辆安全检查设备；在必要情况下安全检查人员应对可疑部位、物品进行查验；拒绝载有禁止载运危险物品的车辆搭乘客滚船。但是对具体安全检查要求、标准却付之阙如。客滚船码头在实践中一般采取设备扫描或人员直观检查方式，可以满足发现危险货物的安检标准，这两种方式方便、有效，得到了海事局的认可，可以视为行业内部的安检标准。

界定清楚合格的安检标准后，才能得出安检行为构成侵权的要件，并以此对某一具体安检行为进行判断。显然，安全检查构成的侵权行为是一种不作为，要件表现为因过失放松了检查标准，未采取设备扫描或人员直观检查方式，致使在正常检查时应当被查出的危险物品可能逃过检查而上船。而客滚船码头除安全检查之外的其他疏忽行为，被排除在要件行为之外，如安检前准备阶段、安检后收尾阶段中的不规范行为，具体到本案中的未要求司机提供货物清单，出具的《滚装船舶车辆安全装载记录》不够全面完整等行为，这些瑕疵行为属于在安检前准备阶段、安检后记录收尾阶段中的不规范行为，

并未在实质上降低安检标准、放松安检要求，更不会导致应当被查出的危险物品逃过检查而上船，因此虽然这些行为可能构成行政法上的违法进而受到处罚，但不构成侵权责任范畴内的不作为侵权行为，也不应承担侵权责任。

而且，从侵权责任因果关系要件分析也可以得出相同结论。要件行为之外的其他疏忽行为没有导致危险物品因漏检被载运上船，故该行为与损失之间不存在因果关系，码头同样不因此种行为承担侵权责任。需要注意的是，船舶所有人受利益驱动往往主张以事故的结果来反推码头的安检不作为，有意无意跳过安全检查行为构成侵权的要件，跳过对码头具体安检行为的分析，把争议引导至码头某些不规范行为上，这种观点违反了侵权行为的认定要件，这种强人所难的无理要求和倒果为因的混乱逻辑也无法起到防范类似事故的实际意义。本案中，某港公司同时采用了设备扫描和人员直观检查两种方法对挂车进行了安检，已经能够确保没有危险物品上船，故两级法院认定其没有侵权行为。

值得一提的是，交通运输部在本案事故发生后编制了《客滚船码头安全管理指南》并要求客滚船码头遵照执行，在其核心内容即第 7 部分“车辆安全检查”中要求渤海湾客滚船滚装码头采用货运车辆安全检查设备进行安全检查，该要求与本案中法院采用的安全检查审查要件相一致，也印证了法院审查要件的科学性和指导性。

二、危险货物的认定标准

按照字面意思，人们通常会认为“危险货物”就是有危险的货物，进而认为货物发生自燃便可被推定为危险货物。然而实际上，海上运输语境下的“危险货物”是个法律概念，与作为日常生活中“危险的货物”相比，具有法定的内涵与外延。《船舶载运危险货物安全监督管理规定》第 50 条规定，本规定所称船舶载运的危险货物，包括《国际海运危险货物规则》第 3 部分危险货物一览表中列明的包装危险货物，以及未列明但经评估具有安全危险的其他包装货物和我国加入或者缔结的国际条约、国家标准规定的其他危险货物。

从科学角度来看，正因为“危险货物”的外延是确定的，才能保证设备扫描或人员直观检查两种安检方法对其全面覆盖。而“危险的货物”的外延是不确定的，其外延除“危险货物”外还包括其他在现有技术条件下无法发现其危险性的货物。所以《国际海运危险货物规则》自颁布以来，已经进行了多次修订，其危险货物一览表中的危险货物种类也在不断增加。由此可见，危险货物种类在不断变化，这说明人类对货物性质的认识是一个漫长的过程，在某一时间段内未被列入危险货物管理的货物，未必一定不会发生事故。经过合格安检的货物发生自燃，在没有证据证明其属于危险货物的情况下，应当推定其不属于危险货物，其自燃应当属于意外事件，而不是责任事故。如果以发现“危险的货物”为目的设置安全检查标准，既不具备可行性，也没有必要性。本案中，挂车经过多轮符合标准的安检和勘验均未发现危险货物，故损失不能按照侵权责任进行赔偿，而应按照法律规定进行分担。

被侵权人通常会主张，货物自燃的事实可推定自燃的货物属于危险货物这一待证事实具有高度盖然性。此种主张不无道理，但是法院认定事实时却不能一概而论。如果未进行符合标准的安全检查、勘验，根据优势证据证明标准，该主张可以成立。但是如果安检员所使用的安检方法满足了发现危险货物的法定安检标准，仍未发现疑似危险品车辆上船等情况，就不宜认定自燃的货物属于危险货物，否则就会使侵权责任的行为要件被结果要件吸收，导致码头承担保险人的责任，造成其实体权利义务的不平衡。

三、意外事件分担损失的考察要素

《侵权责任法》第 24 条规定，受害人和行为人对损害的发生都没有过错的，可以根据实际情况，由双方分担损失。意外事件分担损失需要考察以下要素。

首先，在各方对损害的发生都没有过错的情况下，应当考察各方行为与事故之间的联系。如本案中，损害的发生是由非危险货物在意外情况下发生自燃引起，但不能确定哪种货物发生自燃，故无法找到该货物的陆运托运人追究其相关责任。在此前提下，综观挂车所载货物的运输过程，景某公司全程参与了货物的陆路运输的揽货、集货、装车，并将货物运至 B 轮，其行为与渤某轮渡的损害之间存在一定的事实上的因果关系。渤某轮渡接受挂车登船运输，是挂车上船后的唯一管理人，应当自行承担部分损失。

其次，应当考察各方在事故发生前的行为是不是经营行为。如本案中，从衡平渤某轮渡和景某公司利益的角度出发，让景某公司分担损失具有合理性，符合《侵权责任法》第 24 条的规定。渤海湾客滚运输是渤某轮渡的主业，也是其主要收入来源，本案的损失属于营运过程中产生的损失。某港公司未就安检项目向相关方收费、盈利，故不应进行分担。

再次，应当考察各方行为是否具有自主性。景某公司其虽无过错，但具有选择货物、装载堆积方式、运输路径、运输船舶的决定权。就本案中某港公司的职能而言，其就货物的陆路、海上运输均没有选择权，就非危险货物能否上船没有决定权，仅参与了货物上船前的安检环节，且其根据安检结果出具的《滚装船舶车辆安全装载记录》将被景某公司作为决定是否上船，渤某轮渡作为决定货车能否上船的参考，故某港公司不能对是否安检货物进行选择，其行为不具有自主性。

最后，应当考察各方的经济条件以及是否对涉案事故损失的扩大负有责任。渤某轮渡是上市公司，经济实力雄厚，且对于涉案事故损失的扩大具有过错，故应适当多承担一些损失。

## 【相关法条】

**《中华人民共和国侵权责任法》**（2021年1月1日废止）

**第六条第一款** 行为人因过错侵害他人民事权益，应当承担侵权责任。

**第二十四条** 受害人和行为人对损害的发生都没有过错的，可以根据实际情况，由双方分担损失。

**第二十六条** 被侵权人对损害的发生也有过错的，可以减轻侵权人的责任。

**对应新法：**

**《中华人民共和国民法典》**（2021年1月1日施行）

**第一千一百六十五条** 行为人因过错侵害他人民事权益造成损害的，应当承担侵权责任。

依照法律规定推定行为人有过错，其不能证明自己没有过错的，应当承担侵权责任。

**第一千一百八十六条** 受害人和行为人对损害的发生都没有过错的，依照法律的规定由双方分担损失。

**第一千一百七十三条** 被侵权人对同一损害的发生或者扩大有过错的，可以减轻侵权人的责任。

承办人：匡 浩

编写人：匡 浩

# 留置权

## 16. 荣成市龙某港务有限责任公司诉荣成市西某口船业有限公司、第三人中国某建设股份有限公司船舶港口服务合同纠纷案

——虚假诉讼及海关监管船舶留置权的司法认定

### 【合规提示】

本案系一起原告、被告签订《船舶港口服务合同》，原告作为港务公司对海关监管的三艘船舶提供港口服务，产生巨额服务费用后，向被告船业公司索要欠费并主张行使船舶留置权产生的纠纷案件。双方对虚假诉讼及海关监管船舶留置权的司法认定产生争议。对于港务公司而言，海关监管货物未经海关许可，不得用作债务的担保，包括留置方式的担保。对于船业公司而言，根据合同相对性的基本原则，涉案船舶服务合同在合同主体、合同内容及责任上均存在相对性，船业公司负有支付服务费的合同义务，不能以其不是涉案船舶的所有权人为由拒绝支付船舶服务费。

### 【案件信息】

**1. 裁判文书字号**

（2016）鲁72民初1045号

**2. 当事人**

原告：荣成市龙某港务有限责任公司

被告：荣成市西某口船业有限公司

第三人：中国某建设股份有限公司

3. 关键词

民事　港口服务合同　虚假诉讼　第三人　证明标准　海关监管船舶　留置权

## 【裁判要旨】

1. 在虚假诉讼的司法认定中，应给予第三人参加诉讼的程序保障和证明责任制度的实体保障，对恶意串通事实应提高证明标准，当事人之间存在关联关系也不必然得出虚假诉讼的结论。

2. 根据《物权法》和《海关法》的规定，海关监管货物未经海关许可，不得用作债务的担保，包括留置方式的担保。涉案三艘船舶系进料加工制成品，海关对该加工贸易自料件进境至制成品复出口出境的整个过程实施监管，三艘船舶属于不得留置的动产，占有人不能享有并行使留置权。

## 【基本案情】

自 2011 年始，荣成市西某口船业有限公司（以下简称西某口船业）就其所属船舶“东泰某湉”轮、“东泰某灏”轮及“东泰某济”轮在龙眼港的停靠事宜，多次与荣成市龙某港务有限责任公司（以下简称龙某港务）签订《船舶港口服务合同》，合同对服务项目、收费标准以及支付时间等有明确约定，原告依约履行了合同项下的全部船舶港口服务义务，但截至 2016 年 5 月 25 日，被告尚欠原告船舶港口服务费 51 510 561 元。其中“东泰某湉”轮为 20 479 758 元，“东泰某灏”轮为 17 829 928 元，“东泰某济”轮为 13 200 875 元。针对上述欠款，原告多次催促被告支付，但被告以船舶的所有人存在争议为由拒绝支付。原告为维护合法权益，特向法院提起诉讼。

被告辩称：第一，对原告西某口船业的诉请没有异议，但是鉴于被告西某口船业现已不是涉案三艘船舶的所有权人，且法院判决所确认的涉案船舶所有权人中国某建设股份有限公司（以下简称中国某建）已经申请作为第三人参加本案诉讼，被告认为应由第三人中国某建承担三艘船舶的费用。第二，在青岛海事法院 2014 年所作的三艘涉案船舶所有权确认判决生效前，被告与第三人就涉案船舶所有权归属存在争议，被告认为该涉案船舶所有权应归属被告，在此情况下与原告签订了委托合同，并由原告履行了相关合同义务。无论涉案三艘船舶所有权归属于谁，被告作为当时的船舶建造者，在船东弃船之后，为了维护三艘涉案船舶的最大价值，选择了请专业的机构对船舶进行港口服务等相关工作，而且也确实发生了相应的服务事实。

第三人中国某建认为：

第一，原告与被告系关联公司，双方涉嫌恶意串通，虚假诉讼。其一，原告、被告属于典型的关联企业，本案中，在未告知更未经船舶所有权人（第三人）明确授权和同意的情况下，被告与原告恶意串通，通过签订伪造的《船舶港口服务合同》，虚构所谓船舶港口服务的事实，被告恶意对原告负债，并以船舶留置的方式在第三人所属船舶设立担保物权，试图牟取非法利益，严重侵害第三人的合法权益。其二，原告所依据的事实和理由明显不符合常理。原告所称船舶维护保养合同最早签订于 2011 年 10 月。原告在此后五年时间内一直为被告三艘船舶提供港口服务，三条船每年的费用超过千万元，而被告在此期间并未支付任何费用。换言之，原告在明知被告无力支付船舶看管费的情况下仍选择继续为其看护、保养，垫付船员工资款及其他费用，这明显不符合常理。其三，本案审理过程中，被告对于原告的全部诉讼请求和证据均予以认可，未提出任何抗辩和异议，双方并无任何实质性民事权益争议。因此，本案的案情完全符合《最高人民法院关于防范和制裁虚假诉讼的指导意见》第 2 条所描述的虚假诉讼的典型特征。

第二，原告、被告提交的所谓船舶维护、保养、看护以及提供港口服务的证据本身存在重大伪造嫌疑，原告、被告也无法证明所称合同已经实际履行。

第三，原告对涉案船舶不享有留置权。其一，《海商法》第 25 条规定的船舶留置权仅限于造船人、修船人基于造船合同和修船合同而产生，本案合同既不是造船，也不是修船合同，不适用《海商法》规定的船舶留置权，不适用《海商法》的规定。合同项下的债务人为西某口船业，但涉案船舶不是西某口船业所有，原告无权留置非债务人的财产。其二，占有是一种事实状态，指对于物可以支配并排除他人干涉的法律之力，也即占有在空间关系上应当具有人和物的结合性、时间关系上具有继续性，法律效力上具有排他性和支配性。然而在青岛海事法院审理的 1043 ~ 1045 号三个案件中，不同的原告却均主张涉案船舶留置权，这三个案件关于留置权的主张本身就互相矛盾。其三，债权人丧失占有即不再享有船舶留置权。根据二审法院已经宣判的 1044 号案件，“东泰某湉”轮在 2016 年 4 月 5 日至 11 日，“东泰保灏”轮在2016年4月11日至17日，“东泰某济”轮在2016年4月17日至23日先后离开龙服港码头，进入西某口船业的船坞内进行修理。因此，至少在上述期间之内，原告已经丧失了对涉案船舶的占有，当然也就不再享有留置权。

第四，涉案三艘船舶属于海关监管货物，依法不得留置。根据《物权法》第232条之规定，法律规定或者当事人约定不得留置的动产，不得留置。也即，留置权属于担保物权，其创设必须合法，其留置对象必须合法。《海关法》第37条规定，海关监管货物，未经海关许可，不得开拆、提取、交付、发运、调换、改装、抵押、质押、留置、转让、更换标记、移作他用或者进行其他处置。根据第三人提交的涉案三艘船舶的海关通关手册以及（2017）鲁民终582号民事判决书，可以证明涉案三艘船舶处于荣成海关的监管之下，属于海关监管货物。而山东省高级人民法院的生效判决认定因未获得海关的相关许可，该三艘船舶属于不得留置的动产。原告所主张的留置权依法不能成立。

青岛海事法院经审理查明：2011年10月16日、2012年10月10日、2013年10月12日、2014年10月10日、2015年10月8日，原告龙某港务与被告西某口船业就“东泰某湉”轮的船舶港口服务事宜，先后签订了五份《船舶港口服务合同》，服务期限为2011年10月16日至2016年10月15日。

2012年6月13日、2013年6月5日、2014年6月5日、2015年6月13日，原告龙某港务与被告西某口船业就“东泰某灏”轮的船舶港口服务事宜，先后签订了四份《船舶港口服务合同》，服务期限为2012年6月13日至2016年6月12日。

2013年5月31日、2014年5月20日、2015年5月25日，原告龙某港务与被告西某口船业就“东泰某济”轮的船舶港口服务事宜，先后签订了三份《船舶港口服务合同》，服务期限为2013年5月31日至2016年5月30日。

上述合同对涉案船舶停靠荣成市龙眼港码头、停靠期间有关码头服务事项及费用进行了约定。

应龙某港务与西某口船业的委托，青岛三杰海事技术咨询有限公司就“东泰某湉”轮、“东泰某灏”轮、“东泰某济”轮三船搁置期间停泊、码头服务的真实性、合理性和必要性进行了技术评估。2017年3月23日，该公司作出《检验报告》。该报告载明：根据委托方提供的证据资料，截至2016年5月25日，“东泰某湉”轮产生的维护保养与看护费用为20 632 750元；“东泰某灏”轮产生的维护保养与看护费用为 17 829 928 元；“东泰某济”轮产生的维护保养与看护费用为 13 200 875 元，三条船费用合计 51 663 553 元。三条船应扣除而未扣除的服务项目费用如下：“东泰某湉”轮 73 826.40 元、“东泰某灏”轮 74 420.70 元、“东泰某济”轮 74 214.90 元，减去上述应扣除未扣除费用，三艘船舶认定的费用为“东泰某湉”轮 20 558 923.60 元、“东泰某灏”轮 17 755 507.30 元、“东泰某济”轮 13 126 660.10 元。该报告载明的结论如下：（1）根据对本案三艘船航海日志的查阅，三艘船自停泊服务合同签署后，截至署名人员登轮检验之时，一直处在本案原告提供的码头泊位上并处于安全停泊状态。（2）龙某港务为三艘船提供的停泊泊位是适合的，其所提供的停泊和码头服务（除消防设施和值班服务外）是安全的、有效的和合理的，并未在停泊期间发生任何可能导致船体结构、机器设备意外损坏的不安全事件以及因此导致的任何损坏后果。（3）龙某港务为三艘船所提供的停泊期间的码头服务项目除消防设施及值班服务项目属于不合理的码头服务项目外，其他诸如提供岸电、移泊引水、拖轮、系解缆、租借变电器及拆解电缆等服务项目均属于码头服务的合理项目。

中华人民共和国荣成海关出具的三份通关手册记载：手册类型为进料加工，主管海关为荣成海关，经营单位为中国某建，加工单位为西某口船业，备案进口总额分别为 4 188 103.4150 美元、4 202 620.94 美元、4 152 403.4150 美元，备案出口总额为每艘船舶 13 990 000 美元。出口成品为“东泰某湉”轮、“东泰某灏”轮、“东泰某济”轮三艘船。现该三艘船舶停泊在龙眼港东区。

因西某口船业与中国某建就涉案三艘船舶的所有权争议问题，中国某建于 2014 年 1 月 14 日将西某口船业等四被告起诉至青岛海事法院，根据青岛海事法院于 2016 年 3 月 15 日作出的（2014）青海法海商初字第 294 号民事判决，涉案的“东泰某湉”轮、“东泰某灏”轮、“东泰某济”轮的所有权确认归中国某建。

## 【裁判说理】

争议焦点：（1）龙某港务与西某口船业之间是否签订有涉案三艘船舶的船舶港口服务合同并真实履行；（2）本案是否属于虚假诉讼；（3）龙某港务能否享有涉案三艘船舶的留置权。

青岛海事法院认为：

一、龙某港务与西某口船业之间是否签订涉案三艘船舶的船舶港口服务合同并真实履行

龙某港务提交了其与西某口船业签订的船舶港口服务合同、对账单、结算单、催收函等证据，用于证明船舶港口服务合同的存在及履行情况，该宗证据能够证明龙某港务与西某口船业之间签订涉案三艘船舶港口服务合同的事实，能够证明对船舶港口服务进行对账的情况。青岛三杰海事技术咨询有限公司出具的《检验报告》证明了上述合同所涉服务事宜的真实性、必要性和合理性。

《合同法》第 109 条规定："当事人一方未支付价款或者报酬的，对方可以要求其支付价款或者报酬。"但是，《检验报告》中对三艘船舶欠付的港口服务费用认定的金额与龙某港务起诉状中诉请的金额有差距，"东泰某湉"轮《检验报告》中认定的金额高于起诉状中主张的金额，其余两艘船舶《检验报告》中认定的金额低于起诉状中主张的金额。对此，审理中龙某港务主张"东泰某湉"轮按照起诉状中的金额主张，低于《检验报告》的部分视为放弃部分诉讼请求，其余两艘船舶以《检验报告》中的金额为准。按照龙某港务的自认，青岛海事法院确认"东泰某湉"轮费用以较低的起诉状中金额 20 479 758 元为准，"东泰某灏"轮费用以较低的《检验报告》中的金额 17 755 507.30 元为准，"东泰某济"轮以较低的《检验报告》中的金额 13 126 660.10 元为准，三艘船舶费用合计为 51 361 925.40 元，西某口船业应将该三艘船的服务费用按照金额 51 361 925.40 元予以支付，并支付其相应的利息，利息自 2016 年 5 月 26 日起按照中国人民银行同期贷款利率计算。

根据合同相对性的基本原则，涉案船舶服务合同在合同主体、合同内容及责任上均存在相对性，这意味着因涉案三艘船舶产生的上述服务费用 51 361 925.40 元及相应利息而产生的债权债务关系，仅存在于合同相对方龙某港务与西某口船业之间，上述合同关系以外的第三人不能主张合同上的权利，更不承担合同项下的义务。被告西某口船业关于"中国某建是涉案三艘船舶的所有权人，船舶码头服务费用应由中国某建承担"的抗辩理由依法不能成立。

二、本案是否属于虚假诉讼

《最高人民法院关于防范和制裁虚假诉讼的指导意见》第 1 条中明确指出"虚假诉讼一般包含以下要素：（1）以规避法律、法规或国家政策谋取非法利

益为目的；（2）双方当事人存在恶意串通；（3）虚构事实；（4）借用合法的民事程序；（5）侵害国家利益、社会公共利益或者案外人的合法权益”，即虚假诉讼应至少有以上5个构成要件，原则上缺一不可。本案根据查明的事实，对比上述规定，原告、被告之间不属于虚假诉讼。首先，如前所述，龙某港务与西某口船业之间签订有涉案三艘船舶的船舶服务合同并已真实履行。根据上述查明的事实，2014年之前，西某口船业便与中国某建就涉案三艘船舶的所有权问题产生争议，之后涉案三艘船舶就一直停靠在荣成市龙眼港区。涉案船舶的单船造价就达1399万美元，价值特别巨大，同时风险也无处不在，此时需要对船舶进行必要的维护保养服务。《检验报告》中的结论证明该三轮虽然处于搁置状态，但因一直在对船舶的船体、轮机、电器及其他船舶设备进行必要的维修保养，使船舶处于良好的技术状态，对于减少船舶价值的贬损，避免形成瘫船状态，保证船舶安全停泊，提高船舶出售时的便利性和及时性是必要的。其次，根据中国某建提交的龙某港务、西某口船业、荣成西某口集团有限公司（以下简称西某口集团）的工商登记信息资料，即使该三公司相互之间存在关联关系，也不必然得出本案系虚假诉讼的结论。因此，中国某建关于本案系虚假诉讼的主张不成立。

三、龙某港务能否享有涉案三艘船舶的留置权

《物权法》第232条规定：“法律规定或者当事人约定不得留置的动产，不得留置。”《海关法》第37条第1款规定：“海关监管货物，未经海关许可，不得开拆、提取、交付、发运、调换、改装、抵押、质押、留置、转让、更换标记、移作他用或者进行其他处置。海关加施的封志，任何人不得擅自开启或者毁损。人民法院判决、裁定或者有关行政执法部门决定处理海关监管货物的，应当责令当事人办结海关手续。”根据上述规定，未经海关许可，不得将海关监管货物用作债务的担保，包括留置方式的担保。加工贸易，是指经营企业进口全部或部分原辅材料、零部件、元器件等料件，经过加工或者装配后，将制成品复出口的经营活动，包括来料加工和进料加工。荣成海关出具的通关手册载明，中国某建进行的是进料加工贸易。中国某建为涉案三艘船舶的建造付汇进口船舶配件，该配件已安装于三艘船舶上，已建成的三艘船舶系进料加工制成品。对该加工贸易自料件进境至制成品复出口出境的整个过程，海关实施监管。由于案涉船舶系海关监管货物，亦未获得海关的相关许可，其属于法律规定的不得留置的动产，龙某港务不得对案涉三艘船

舶设立及行使留置权。此外，办结海关手续的前提是货物经行政机关批准由出口转为内销，在未有行政机关许可内销的情况下，亦无法由当事人办结海关手续。中国某建关于涉案船舶系海关监管货物，因而不得留置的理由成立，法院予以支持。

本案判决后，原告、被告均服判未提起上诉。

## 【法官后语】

本案是一起港务公司对海关监管的三艘船舶提供港口服务，产生巨额服务费用，索要欠费并主张行使船舶留置权产生的纠纷。因与其签订服务合同的相对方并非船舶所有权人，船舶留置权的行使会影响船舶所有权人的合法权益，案件审理过程中船舶所有权人申请作为有独立请求权第三人参加诉讼，审理中涉及其诉讼地位的确定，虚假诉讼与海关监管货物的留置权的认定问题，这些问题在海事司法实践中并不鲜见，但存有争议，本案在这些方面的认定具有典型意义。

一、虚假诉讼的司法认定

虚假诉讼是行为人因利益驱动而采用虚拟的事实、虚拟的法律关系而提起的诉讼，借用法律程序的调整来达到损害他人权利或公共利益、实现自我不当利益的恶意诉讼行为，对虚假诉讼的司法认定需要程序保障和实体保障。

（一）虚假诉讼司法认定的程序保障——第三人参与诉讼制度

在普通诉讼程序中，适用《民事诉讼法》第112条的情形主要包括两类：一是在前后关联案件或系列案件中，法院发现当事人之间存在特定亲属关系，或主张事实、提供证据存在明显不合理之处，进而认定为虚假诉讼，判决驳回诉讼请求。①二是当事人之间形成由共同诉讼人或第三人（包括有独立请求权第三人或无独立请求权第三人）组成的复杂诉讼形态，即部分当事人之间恶意串通，意图损害共同诉讼人或第三人的合法权益。②

在前一类案件中，法院在审理一些集体诉讼或系列案件诉讼中，审慎对待可能会侵害他人权利或公共利益的案件。随着法院信息化建设和案件查询

---

① 参见瑞安市人民法院（2013）温瑞陶商初字第41号民事判决书；广州市花都区人民法院（2013）穗花法山民初字第548号民事判决书；峨眉山市人民法院（2017）川1181民初1401号民事判决书；东莞市第一人民法院（2015）东一法南民一初字第1576号民事判决书。

② 参见海安县人民法院（2012）安开民初字第0644号民事判决书。

能力的加强，因为存在前后关联案件或部分当事人相同的系列案件，加之被告一般不出庭答辩或者直接承诺、自认，法院可以依职权认定虚假诉讼事实。例如，海事法院在拍卖船舶后，伴随债权登记会涌现大量确权诉讼案件，对其中可以构成船舶留置权、船舶优先权、船舶抵押权[①]等优先于普通债权的确权诉讼，因其一审终审的裁判机制，法院应尽量在法院的全流程办案系统中进行检索审查，避免虚假诉讼，并且应当采用判决方式结案。

在后一类案件中，因为部分共同诉讼人或第三人提出不同的事实主张，故而法院亦可以在诉讼程序中判断当事人之间有无恶意串通，是否存在损害其他共同诉讼人或第三人利益的问题。民事诉讼的基本结构是双方当事人和法官之间构成的诉讼法律关系。由于当事人是案件事实的亲历者或者利害关系人，其更有能力也更有意愿向法院提供裁判事实基础。因此，法官正是在双方当事人提出的攻击防御方法基础上作出司法裁判。此时，由有利害关系的第三人参加诉讼，可以有效地进行攻击防御，有利于法官查明事实，作出正确裁判。[②]本案即后一类案件的典型代表。原告对被告提起诉讼后，第三人中国某建作为利益相关诉讼主体主动申请参加诉讼，并提出两项诉讼请求：第一项为请求法院判令原告的债权不成立；第二项为请求法院判令第三人依法行使船舶所有权时，原告不得妨碍其所有权的实现。据此主张其法律地位为有独立请求权的第三人，由此引出对诉讼标的和利害关系的认定。

诉讼标的问题在国外争论了一个多世纪，目前仍未形成统一的见解。学说上可分为三大流派：旧实体法说、诉讼法说和新实体法说。其中旧实体法说也就是所谓的传统诉讼标的理论或旧诉讼标的理论，认为诉讼标的乃是原告在诉讼中提出的一定具体的实体法上的权利或者法律关系的主张。[③]我国《民事诉讼法》在概念上直接使用了“诉讼标的”这一术语，并将其定性为当事人之间发生争议，请求法院裁判的民事法律关系。这仍属于旧实体法说的范畴（实质上仍是以实体法中的请求权为识别诉讼标的的标准）。[④]因此，有学者提出，把诉讼标的解释为实体法律关系，是认识我国民事诉讼第三人制

---

① 《海商法》第 25 条第 1 款规定：“船舶优先权先于船舶留置权受偿，船舶抵押权后于船舶留置权受偿。”

② 任重：《论虚假诉讼：兼评我国第三人撤销诉讼实践》，载《中国法学》2014 年第 6 期。

③ 龙翼飞、杨建文：《无独立请求权第三人的诉讼地位》，载《法学家》2009 年第 4 期。

④ 柴发邦主编：《民事诉讼法学》，法律出版社 1992 年版，第 54 页。

度、共同诉讼制度和代表人诉讼制度的基本手段。[①] 对诉讼标的有无独立请求权，是立法上区分无独立请求权第三人与有独立请求权第三人的标准。有独立请求权的第三人对当事人双方的诉讼标的有独立的请求权；无独立请求权第三人对诉讼标的没有独立请求权。根据旧实体法说的诉讼标的标准，中国某建对涉案船舶港口服务合同下产生的债权债务法律关系并无独立请求权。

关于"利害关系"一词，一般认为，所谓法律上的利害关系，是指作为当事人争议诉讼标的的法律关系与第三人参加的另一法律关系有牵连。在后一法律关系中，当事人是否行使权利、履行义务，对前一法律关系中当事人行使权利、履行义务有直接或间接的影响。我国民事诉讼中无独立请求权的第三人同案件处理结果有法律上的利害关系，是指诉讼的判决或调解书认定的事实或结果将直接或间接地影响到第三人的民事权益或者法律地位。第三人同案件处理结果存在法律上的利害关系，可能是直接的，也可能是间接的。[②] 从原告主张的服务合同债权金额和据此主张行使的船舶留置权角度来看，中国某建作为船舶所有人，船舶留置权系法定的担保物权，若留置权成立，中国某建以其所有的船舶向债权人承担担保义务，本案的处理与其有利害关系，其应当为无独立请求权第三人参与诉讼。

从上述案情梗概部分原告、被告及第三人的诉辩主张中，我们可以看出，被告对原告所诉事实均无异议，第三人中国某建却在审理过程中提出了多角度的抗辩意见，认为本案构成虚假诉讼，船舶留置权不成立，请求法院驳回原告所有诉讼请求，第三人参加诉讼系对虚假诉讼司法审查有效的程序保障。原告对第三人参与诉讼一直提出异议，即使本案原告撤回行使船舶留置权这一项诉讼请求，按照《民事诉讼法》第56条第3款[③] 的规定，中国某建认为原告、被告双方的诉讼损害了其民事权益的，仍可以自知道或者应当知道其民事权益受到损害之日起6个月内，向法院提起撤销之诉。该项制度系为打

① 杨荣馨主编：《民事诉讼原理》，法律出版社2003年版，第93页。

② 王国征：《论无独立请求权的第三人》，载《法学家》1998年第4期。

③ 《民事诉讼法》第56条第3款规定："前两款规定的第三人，因不能归责于本人的事由未参加诉讼，但有证据证明发生法律效力的判决、裁定、调解书的部分或者全部内容错误，损害其民事权益的，可以自知道或者应当知道其民事权益受到损害之日起六个月内，向作出该判决、决定、调解书的人民法院提起诉讼。人民法院经审理，诉讼请求成立的，应当改变或者撤销原判决、裁定、调解书；诉讼请求不成立的，驳回诉讼请求。"

击虚假诉讼的程序保障制度。[①]

（二）虚假诉讼司法认定的实体保障——证明责任制度

证明责任制度是现代司法制度的有机组成部分，即当事人就所主张的事实向法院提供证据进行证明的责任。《最高人民法院关于防范和制裁虚假诉讼的指导意见》第1条中明确指出了虚假诉讼一般包含以下要素：（1）以规避法律、法规或国家政策谋取非法利益为目的；（2）双方当事人存在恶意串通；（3）虚构事实；（4）借用合法的民事程序；（5）侵害国家利益、社会公共利益或者案外人的合法权益。第三人参与诉讼后，需提交证据证明涉案诉讼符合上述5个构成要件，原则上缺一不可，第三人提交的证据应达到法律规定的证明标准。证明标准，指在诉讼中用以衡量或评判法官就个案中的待证事实是否获得内心确信的尺度或程度。[②] 从我国现行法律规定来看，我国确立的证明标准为高度盖然性证明标准。如《最高人民法院关于适用〈中华人民共和国民事诉讼法〉的解释》（以下简称《民事诉讼法解释》）第108条[③] 的规定。

从域外的情况来看，无论大陆法系国家和地区，还是英美法系国家和地区，对于证明标准均作层次性的多元化区分。在大陆法系的德国，证明标准被确定为三级：第一级为原则性证明标准，要求法官对真相形成全面心证，达到很高的盖然性，适用于通常的实体事实的证明；第二级为降低的证明标准，要求达到令人相信的程度，相当于英美法系国家和地区盖然性占优的标准，适用于程序性事实的证明；第三级为提高的证明标准，要求达到显而易见的程度，适用于如显失公平的证明等特殊场合。在美国的诉讼中，证明标

① 参见全国人大常委会法制工作委员会民法室编：《〈中华人民共和国民事诉讼法〉条文说明、立法理由及相关规定》，北京大学出版社2012年版，第86页以下、第183页以下；王胜明主编：《中华人民共和国民事诉讼法释义》，法律出版社2012年版，第119页、第268页；张卫平：《第三人撤销判决制度的分析与评估》，载《比较法研究》2012年第5期；许可：《论第三人撤销诉讼制度》，载《当代法学》2013年第1期。转引自任重：《论虚假诉讼：兼评我国第三人撤销诉讼实践》，载《中国法学》2014年第6期。

② 毕玉谦：《证据制度的核心基础理论》，北京大学出版社2013年版，第196页。

③《民事诉讼法解释》第108条规定："对负有举证证明责任的当事人提供的证据，人民法院经审查并结合相关事实，确信待证事实的存在具有高度可能性的，应当认定该事实存在。对一方当事人为反驳负有举证证明责任的当事人所主张事实而提供的证据，人民法院经审查并结合相关事实，认为待证事实真伪不明的，应当认定该事实不存在。法律对于待证事实所应达到的证明标准另有规定的，从其规定。"

准分为两个层级：优势证据标准适用于大部分民事案件实体事实的证明；清楚和有说服力的证明标准用于特定事实如欺诈的证明，“许多司法区要求，民事欺诈案或可能涉及刑事行为的民事案件的主张，要用清晰且令人信服的证据加以证明”[①]。

域外国家和地区对证明标准的构建，进行了层次性的划分。尽管区分的层级不尽相同，但从区分的基础而言，多以案件事实的性质不同而有不同的要求或标准。此也从反面说明，对于不同性质案件，基于实体正义及程序正义的角度考虑，应有不同的证明标准。[②]我国也已在司法解释中明确规定民事证明标准在不同性质案件中的层次性问题。如《民事诉讼法解释》第109条[③]的规定。该条规定内容就是依据实体法上存在的提高证明标准的法律规定，对欺诈、胁迫、恶意串通的事实，提高证明标准，规定需要达到排除合理怀疑的程度。自2020年5月1日起施行的《最高人民法院关于民事诉讼证据的若干规定》(以下简称《民事证据规定》) 第86条第1款规定：“当事人对于欺诈、胁迫、恶意串通事实的证明，以及对于口头遗嘱或赠与事实的证明，人民法院确信该待证事实存在的可能性能够排除合理怀疑的，应当认定该事实存在。”该条规定吸收了前述第109条提高证明标准的特殊情形的内容。

因此，对于虚假诉讼中的双方当事人存在恶意串通和虚构事实两个要素，应当根据《民事诉讼法解释》第109条和《民事证据规定》第86条的规定，提高主张人的证明标准。对于本案而言，本案原告、被告为西某口集团下的关联企业，西某口集团下有海产品养殖加工业、港口物流业、海运业、船舶修造业、旅游业五大支柱产业，原告、被告存在业务往来是正常的，这也系集团发展的本意，第三人提交的证据只能证明双方系关联企业，仅凭借此证据便怀疑涉案为虚假诉讼，显然不符合法律规定的更高等级的证明标准。

---

① ［美］罗纳德 · J. 艾伦等：《证据法——文本、问题和案例》，张宝生等译，高等教育出版社2006年版，第808页。

② 最高人民法院民事审判第一庭编著：《最高人民法院新民事诉讼证据规定理解与适用》，人民法院出版社2020年版，第753页。

③ 《民事诉讼法解释》第109条规定：“当事人对欺诈、胁迫、恶意串通事实的证明，以及对口头遗嘱或者赠与事实的证明，人民法院确信该待证事实存在的可能性能够排除合理怀疑的，应当认定该事实存在。”

二、海关监管船舶留置权的司法认定

（一）装有进口料件的出口建造船舶整船是否系海关监管货物

建造船舶出口系加工贸易，按照国内建造方与国外定作方的《船舶建造合同》，一般约定建造的船舶中安装定作方会指定从国外采购部分原材料或配件，进口料件的价值仅占整船价值一部分，船舶其他原材料系国内采购。本案每艘船舶的备案进口总额为400余万美元，备案出口总额均为1399万美元，进口料件价值大约占整船价值的百分之三十。《海关法》第33条①对企业从事加工贸易和进口料件分别作出了规定，关键在于装有进口料件的船舶整船系海关监管货物，还是仅进口料件系海关监管货物，这会影响船舶留置权的司法认定。

荣成海关出具的通关手册载明，涉案三艘船舶的税收征免性质为进料加工，进口货物项数分别为70项、78项和68项，出口货物项数均为一项，三份海关手册分别对应一艘船舶，备案出口总额均为1399万美元。也就是说，涉案三艘船舶的建造采用的是“进料加工”的贸易形式，中国某建从国外进口原材料或配件，经加工成为整船复运出口。整个进口、建造/加工、出口的过程完全处于荣成海关的监管之下，出口货物的总价值也均在通关手册中得以体现。对于进料加工货物的海关监管，《海关加工贸易货物监管办法》（以下简称《监管办法》）作出了详细的规定。根据《监管办法》第3条和第42条，本办法所称“加工贸易”，是指经营企业进口全部或者部分原辅材料、零部件、元器件、包装物料，经过加工或者装配后，将制成品复出口的经营活动；加工贸易货物，是指加工贸易项下的进口料件、加工成品以及加工过程中产生的边角料、残次品、副产品等。也即，《监管办法》针对的加工贸易货物本身不仅包括从国外进口的原材料，还包括制成品。此外，根据《监管办法》第5条，加工贸易项下进口料件实行保税监管的，加工成品出口后，海关根据核定的实际加工复出口的数量予以核销。加工贸易项下进口料件按照规定在进口时先行征收税款的，加工成品出口后，海关根据核定的实际加

① 《海关法》第33条规定：“企业从事加工贸易，应当按照海关总署的规定向海关备案。加工贸易制成品单位耗料量由海关按照有关规定核定。加工贸易制成品应当在规定的期限内复出口。其中使用的进口料件，属于国家规定准予保税的，应当向海关办理核销手续；属于先征收税款的，依法向海关办理退税手续。加工贸易保税进口料件或者制成品内销的，海关对保税的进口料件依法征税；属于国家对进口有限制性规定的，还应当向海关提交进口许可证件。”

工复出口的数量退还已征收的税款。加工贸易项下的出口产品属于应当征收出口关税的，海关按照有关规定征收出口关税。

由此可见，无论从通关手册所体现的出口货物总价值还是从加工贸易货物海关监管制度来看，加工制成品仍属于加工贸易货物，同样受到海关监管。而且，加工企业将进口的料件装配于涉案船舶之上，而船舶作为物权法意义上的不可分物，对进口料件的监管效力也必然及于整个出口船舶（制成品）。因此，中国某建为涉案三艘船舶的建造付汇进口船舶配件，该配件已安装于三艘船舶上，已建成的三艘船舶系进料加工制成品。对该加工贸易自料件进境至制成品复出口出境止的整个过程，海关实施监管，装有进口料件的三艘船舶整船系海关监管货物。

（二）海关监管期间的船舶未经海关许可，不得留置

《物权法》第232条规定："法律规定或者当事人约定不得留置的动产，不得留置。"《海关法》第37条规定："海关监管货物，未经海关许可，不得开拆、提取、交付、发运、调换、改装、抵押、质押、留置、转让、更换标记、移作他用或者进行其他处置。海关加施的封志，任何人不得擅自开启或者毁损。人民法院判决、裁定或者有关行政执法部门决定处理海关监管货物的，应当责令当事人办结海关手续。"

海关监管货物，是指进出口货物，过境、转运、通运货物，特定减免税货物，以及暂时进出口货物、保税货物和其他尚未办结海关手续的进出境货物。由于这些货物没有办结海关手续，因此海关需要对这些货物实行严格监管。根据《海关法》第37条的规定，未经海关许可，任何单位和个人不得将监管货物作为债务的担保而设定抵押、质押、留置。《海关行政处罚实施条例》第18条规定："有下列行为之一的，处货物价值5%以上30%以下罚款，有违法所得的，没收违法所得：（一）未经海关许可，擅自将海关监管货物开拆、提取、交付、发运、调换、改装、抵押、质押、留置、转让、更换标记、移作他用或者进行其他处置的……"

对海关监管期间的船舶进行留置，违反《海关法》的强制性规定。对于强制性规定，根据通说，可分为效力性强制规定和管理性强制规定。违反效力性强制规定的，人民法院应当认定合同无效；违反管理性强制规定

的，人民法院应当根据具体情形认定其效力。[1]关于二者的区分和认定，现在我国比较成熟的观点是王利明教授的三分法：第一，法律法规规定，违反其某一规定将导致合同无效或不成立的，此规定为当然的效力性规定；第二，法律法规虽然没有规定违反其规定将导致合同无效或不成立，但违反该规定若是合同继续有效将损害国家利益和社会公共利益，这亦属效力性规定；第三，法律法规没有规定违反其规定将导致合同无效或不成立，虽然违反该规定，但若使合同继续有效并不损害国家利益和社会公共利益，而只是损害当事人利益的，属于取缔性规定（管理性规定）。[2]

笔者认为，《海关法》的规定属于效力性强制规定，符合上述第二类，如果认定合同继续有效将损害国家利益和社会公共利益，对海关监管货物确认留置权会影响海关关税征收和对进出口贸易秩序的监管。同时，笔者认为，若认定该规定为管理性强制规定，可将合同行为和物权行为分开认定。合同有效，但并不产生物权变动的效果，对于留置权这一担保物权而言，则不能产生债权人有权享有并行使的法律后果。对于本案而言，如认定为管理性强制规定，原告主张不能直接否定其留置的效力，可以责令当事人办结海关手续后行使留置权。在已生效的相关联的（2017）鲁民终582号案中，同样涉及涉案三艘船舶的留置权的认定，对是否可以责令当事人办结海关手续后行使留置权事宜，二审法院认为，办结海关手续的前提是货物经行政机关批准由出口转为内销，在未有行政机关许可内销的情况下，无法由当事人办结海关手续。本案的审理过程中，荣成海关也一直予以关注，原告未有海关的内销许可，且船舶所有权人不予配合，不具备办结海关手续的前提。因此，法院认定涉案三艘船舶属于不得留置的动产，原告不能享有并行使留置权。

《民事诉讼法》第112条是一条旨在惩处恶意串通型虚假诉讼的法律条文，其规范性质决定了惩处对象的范围必须明确、具体，不宜过宽。[3]同时，

---

① 最高人民法院在2009年7月7日发布的《关于当前形势下审理民商事合同纠纷案件若干问题的指导意见》(法发〔2009〕40号）第15条中明确提出："正确理解、识别和适用合同法第五十二条第（五）项中的'违反法律、行政法规的强制性规定'，关系到民商事合同的效力维护以及市场交易的安全和稳定。人民法院应当注意根据《合同法司法解释（二）》第十四条之规定，注意区分效力性强制规定和管理性强制规定。违反效力性强制规定的，人民法院应当认定合同无效；违反管理性强制规定的，人民法院应当根据具体情形认定其效力。"

② 参见王利明：《合同法新问题研究》，中国社会科学出版社2003年版，第320～322页。

③ 刘君博：《论虚假诉讼的规范性质与程序架构》，载《当代法学》2019年第4期。

考虑到既有的司法强制措施体系提供的程序保障并非周延，为了确保给予惩处措施的正当性，在虚假诉讼的司法审查中，给予第三人参与诉讼的程序保障和证明责任制度的实体保障。在司法审查中，对恶意串通事实应提高证明标准，实现对特定虚假诉讼行为的严格证明。

建造船舶出口贸易生产周期长，进出口原料种类繁多，建造过程涉及进境、储存或加工、复运出境等多个环节。海关有关加工贸易监管的内容和程序都较复杂，监管难度大。实践中，在加工贸易活动中存在的走私及其他逃避海关监管的行为也较多，因此，加工贸易是海关监管的重点，对于配备进口料件后的加工成品监管尤其严格。海关系国家关税征收和管理进出口秩序的行政机关，在公法层面，《海关法》出于加强清缴关税、维护国家利益的考虑，禁止当事人在货物监管期间设立担保物权。在民商事等私法纠纷中，确立未经海关许可，不得将海关监管货物用作债务的担保的规则，以维护国家关税征收和进出口秩序，非常必要。

## 【相关法条】

1.《**中华人民共和国合同法**》（2021 年 1 月 1 日废止）

**第一百零七条**　当事人一方不履行合同义务或者履行合同义务不符合约定的，应当承担继续履行、采取补救措施或者赔偿损失等违约责任。

**第一百零九条**　当事人一方未支付价款或者报酬的，对方可以要求其支付价款或者报酬。

**对应新法：**

《**中华人民共和国民法典**》（2021 年 1 月 1 日施行）

**第五百七十七条**　当事人一方不履行合同义务或者履行合同义务不符合约定的，应当承担继续履行、采取补救措施或者赔偿损失等违约责任。

**第五百七十九条**　当事人一方未支付价款、报酬、租金、利息，或者不履行其他金钱债务的，对方可以请求其支付。

2.《**中华人民共和国物权法**》（2021 年 1 月 1 日废止）

**第二百三十二条**　法律规定或者当事人约定不得留置的动产，不得留置。

**对应新法：**

《**中华人民共和国民法典**》（2021 年 1 月 1 日施行）

**第四百四十九条**　法律规定或者当事人约定不得留置的动产，不得留置。

**3.《中华人民共和国海关法》**（2021 年 4 月 29 日修正）

**第三十七条第一款** 海关监管货物，未经海关许可，不得开拆、提取、交付、发运、调换、改装、抵押、质押、留置、转让、更换标记、移作他用或者进行其他处置。

承办人：王爱玲

编写人：王爱玲

# 使用权侵占

## 17. 山东万某运输有限公司诉山东港口某港集团有限公司占有物返还纠纷案

——经济体制改革中，基于合同关系产生的占有权仍应遵循当年合同的有关约定

### 【合规提示】

本案系20世纪70年代兼具管理职能的两国有主体以平等身份签订合同确定土地占有权，经过50年左右经济体制改革后，权利主体收回土地、占有方请求返还的案件。双方对土地是否应当返还产生纠纷。对于合同双方及各有关方，无论经济体制如何改革、各主体性质如何变化，基于合同关系产生的占有权仍应遵循当年合同的有关约定。

### 【案件信息】

**1. 裁判文书字号**

（2022）鲁72民初1115号、（2023）鲁民终165号

**2. 当事人**

原告：山东万某运输有限公司

被告：山东港口某港集团有限公司

**3. 关键词**

民事　占有物返还　产权归属

### 【裁判要旨】

1. 依据《公司法》的相关规定，公司仅被吊销但在未注销前，其法人主

体资格仍然存在，可以以自己的名义提起诉讼并主张权利。

2. 占有物返还请求权的权利来自平等民事主体签订的合同，应遵循合同的约定。

## 【基本案情】

山东港口某港集团有限公司（以下简称某港集团）系由某港务管理局实行政企分开于2002年12月组建而来的国有独资公司；于2003年1月7日由新组建的某港（集团）有限公司承接；2021年3月公司变更为现名称。

1972年9月1日，山东省对外贸易局（以下简称省外贸局）与某港务管理局（某港集团）签订《协议》(以下简称1972年《协议》)，约定省外贸局投资在某港务管理局港区内填海修建货场仓库事宜。1972年《协议》约定：省外贸局在某港务管理局港区内的四号、五号码头之间东北角，海泊河入海口处西侧（案涉场地），投资填海修建货场仓库，产权全部归某港务管理局所有；为抵偿省外贸局投资，省外贸局免费使用至1995年年底，期满后如某港务管理局继续出租时，省外贸局有优先租用权。

填海完成后，省外贸局将包括涉案土地在内的填海土地交由山东省五某矿产进出口公司使用。1992年3月31日，山东省五某矿产进出口公司与山东省对外贸易仓某公司（以下简称仓某公司）签订交接书，将四号码头1.1万平方米货场（案涉场地）进行移交。1992年7月10日，仓某公司与香港某某有限公司签订《合营合同》并以集装箱专用场地10 000平方米（案涉场地）出资124万美元。原告山东万某运输有限公司（以下简称万某公司）据此获得案涉场地的“场地使用权”。1972年《协议》到期前，某港集团于1995年10月6日向山东省对外经济贸易委员会（原省外贸局）发出《关于按协议收回场地的函》，就案涉场地的回收事宜进行沟通。

万某公司2001年的企业法人营业执照副本显示“住所地青岛市某某路某某号……经营期限为1992年10月13日至2004年10月12日”。2003年9月，某港集团恢复对涉案场地的使用。2005年9月15日，《外资公司吊销情况》显示，因“公司不按照规定接受年度检验”万某公司被核准吊销。

万某公司向青岛海事法院提出诉讼请求：（1）判令被告某港集团归还案涉场地；（2）本案诉讼费和律师代理费由被告承担。

青岛海事法院于2022年12月15日作出（2022）鲁72民初1115号民

事判决书，判决：驳回原告山东万某公司的诉讼请求。判决作出后，原告不服该判决，上诉于山东省高级人民法院。山东省高级人民法院经开庭审理后于2023年4月10日作出（2023）鲁民终165号民事判决书，判决驳回上诉，维持原判。

## 【裁判说理】

本案系占有物返还纠纷，系由山东省青岛市中级人民法院移送至青岛海事法院，因所涉占有土地系填海形成，青岛海事法院接受移送并予以审理。因涉案事实均发生在2021年1月1日前，属于《民法典》实施前的法律事实引起的民事纠纷案件，且不存在适用《民法典》的规定更有利于保护民事主体合法权益的情形，本案应适用当时的法律、司法解释予以审理。万某公司虽被吊销，但未办理注销手续，其主体合法。

本案的焦点问题如下：（1）1972年《协议》的填海行为及产权归属有关约定是否合法有效；（2）万某公司使用涉案场地是否合法；（3）某港集团恢复涉案场地使用是否违法。

青岛海事法院认为：

一、1972年《协议》中有关填海行为及产权归属的约定是否合法有效

1972年《协议》第1条约定全部产权归某港务管理局所有（包括地皮及建成后的货场仓库及其固定的附属设施）。1972年《协议》签订后，某港务管理局以文件形式向交通部水运组进行报备。1972年《协议》系双方国有单位作为平等主体的真实意思表示，程序合法，内容符合当时有效的法律规定的相关内容，1972年《协议》合法有效。

二、万某公司使用涉案场地是否合法

万某公司使用涉案场地的权利来源，系山东省对外经济贸易委员会以文件形式同意仓某公司以涉案场地出资与香港某某有限公司合资经营该公司。万某公司自1992年10月13日成立至1995年年底占有使用涉案场地的权利来自合同，依法应予保护。自1996年开始，因仓某公司免费使用涉案场地的期限已届满且未延续，其出资无合法依据；万某公司于2004年10月12日经营期限届满，2005年9月被吊销营业执照，其已不能依法经营；因此自1996年之后万某公司占有使用涉案场地没有法律和合同依据。

三、某港集团恢复涉案场地使用是否违法

涉案场地属于1972年《协议》约定的填海场地，按照当时有效的法律法规，约定场地归属于某港务管理局。山东省对外贸易局仅免费使用至1995年年底。依照1972年《协议》，1995年年底之后某港务管理局即可以收回涉案场地。在山东省对外经济贸易委员会使用期间，其同意仓某公司将涉案场地用于合营万某公司出资，该出资在万某公司成立之初权利来源合法，但在1995年年底后该出资的存续便存在瑕疵。并且某港务管理局在1995年10月便函告收回场地，行使了场地收回权。在某港务管理局对涉案场地主张权利的情况下，不适用占有保护的相关规定。综上所述，万某公司占有使用涉案场地随着历史沿革已没有合法依据，占用涉案场地也非必要，其请求某港集团返还涉案场地没有事实和法律依据，不予支持。

此案经山东省高级人民法院二审维持原判。

## 【法官后语】

本案是一起多年涉诉信访案件，具有发生年代跨度较大、涉及主体较多、矛盾纠纷较深等特点，依照法律规定，应按照当时施行有效的法律法规予以审查。案涉场地的占有权来自在当时行政管理体制下、两个国有主体以平等身份签订的合同，应遵循合同的有关约定。本案依据当时的法律法规，在原告公司已经多年停止营业的背景下，认定原告占有使用涉案场地随着历史发展已没有合法依据，占用涉案场地也非必要，确定案涉1972年《协议》合法有效，妥善化解了多年涉诉信访案件，为相关企业的正常运营提供司法服务保障。有利于促进市场经济健康发展，对于有效推动法治化营商环境建设，推进社会诚信体系建设、推进国家治理体系和治理能力现代化起到了积极作用。

## 【相关法条】

**1.《中华人民共和国民事诉讼法》**（2023年9月1日修正）

**第六十七条** 当事人对自己提出的主张，有责任提供证据。

当事人及其诉讼代理人因客观原因不能自行收集的证据，或者人民法院认为审理案件需要的证据，人民法院应当调查收集。

人民法院应当按照法定程序，全面地、客观地审查核实证据。

**2.《中华人民共和国中外合资经营企业法》**（2020 年 1 月 1 日废止）

**第五条** 合营企业各方可以现金、实物、工业产权等进行投资。

外国合营者作为投资的技术和设备，必须确实是适合我国需要的先进技术和设备。如果有意以落后的技术和设备进行欺骗，造成损失的，应赔偿损失。

中国合营者的投资可包括为合营企业经营期间提供的场地使用权。如果场地使用权未作为中国合营者投资的一部分，合营企业应向中国政府缴纳使用费。

上述各项投资应在合营企业的合同和章程中加以规定，其价格（场地除外）由合营各方评议商定。

**3.《中华人民共和国海港管理暂行条例》**（1988 年 6 月 18 日废止）

**第一条** 中华人民共和国沿海各港口，由中央人民政府交通部（以下简称中央交通部）根据贸易、运输需要，并就其吞吐任务、设备能力，分别设置港务管理局、分局、办事处（以下均简称港务局）。港务局之设置与撤销，由中央交通部报请中央人民政府政务院（以下简称政务院）核准公布之。

**4.《最高人民法院关于适用〈中华人民共和国民法典〉时间效力的若干规定》**（2021 年 1 月 1 日施行）

**第一条第二款** 民法典施行前的法律事实引起的民事纠纷案件，适用当时的法律、司法解释的规定，但是法律、司法解释另有规定的除外。

承办人：郭俊莉

编写人：万贵良

# 货运代理

## 18. 冠某国际物流有限公司诉李某海上货运代理合同纠纷案

——海上货运代理法律关系成立的认定标准

### 【合规提示】

本案系一起因国际贸易合同委托国际货运代理引发的运杂费纠纷，由于部分货物因新冠肺炎病毒核酸检测为阳性须作退运处理而产生争议。随着微信等软件的国际化推行，在国际贸易与运输过程中，境内外的当事人越来越多通过此类手机软件进行业务洽谈和支付。而微信聊天时，当事人不采用具体翔实的文字，而使用图片和表情，需要谨慎选择采用图片和表情，避免产生误导。在产生纠纷时，如何明确合同的相对方就成了必须慎重面对的问题。特别是选择以具体经办的个人作为诉讼对象时，应当分辨该个人从事案件所涉及业务时是否具有相应的权限，以及是不是为其所在的公司从事行为，而不应该仅考虑诉讼及执行的所谓便利性。

### 【案件信息】

**1. 裁判文书字号**

（2022）鲁72民初1411号、（2023）鲁民终338号

**2. 当事人**

原告：冠某国际物流有限公司

被告：李某

**3. 关键词**

民事　海上货运代理合同　职务行为

## 【裁判要旨】

1. 主张法律关系存在的当事人，应当对产生该法律关系的基本事实承担举证证明责任。原告作为本证一方，需要提交具有高度精确证明力的单个证据或者提交相互支持、相互印证、不存在矛盾冲突、可形成稳定可靠证明结构的多个证据，使法院对待证事实的存在形成确信。被告作为反证一方，需要提交证据推翻或者削弱原告本证证明力，使待证事实处于真伪不明状态，无法达到必然性或高度盖然性，使法院对原告的待证事实的确信发生动摇。

2. 法人或者非法人组织授权自己的工作人员对外进行法律行为的，法律后果由法人或者非法人组织承担。

## 【基本案情】

原告冠某国际物流有限公司（以下简称冠某公司）诉称，原告与被告李某存在长期的货运代理关系，费用按月结算。2021 年 12 月开始，冠某公司代理李某运输 75 个柜子，对应 35 份提单，各项费用总计 112.5432 亿越南盾。李某于 2022 年 1 月 22 日支付部分款项，冠某公司于 2022 年 1 月 25 日将 2022 年 1 月 1 日至 20 日的对账单发给李某进行确认，后李某于 2022 年 1 月 25 日支付部分款项，截至 2022 年 1 月 25 日，李某共支付 63.728 亿越南盾。李某后又在 2022 年 1 月 26 日增加一单，运费为 1.6 亿越南盾，截至 2022 年 1 月 26 日总计运费为 112.5432 亿越南盾，扣除李某已经支付的 63.728 亿越南盾，李某表示剩余部分共计 48.8152 亿越南盾将会在年后进行支付。但冠某公司于年后联系李某进行款项支付时，李某却迟迟不予支付。李某应当支付冠某公司剩余费用共计 48.8152 亿越南盾（按照 2022 年 5 月 27 日汇率换算为人民币 1 464 456 元），且因李某拒不按期履行付款义务，冠某公司有权要求李某支付自 2022 年 2 月 14 日起，以人民币 1 355 110 元为基数按照全国银行间同业拆借中心公布的贷款市场报价利率计算至实际给付之日止的利息。请求法院：（1）判令李某支付海运费、改港费等各项费用共计 48.8152 亿越南盾；（2）判令李某向冠某公司支付自 2022 年 2 月 14 日起，以人民币 1 464 456 元为基数按照全国银行间同业拆借中心公布的贷款市场报价利率计算至实际给付之日止的利息，暂计至 2022 年 4 月 1 日为 15 353.38 元；（3）判令李某承担本案的全部诉讼费用和保全费用。

被告李某辩称：（1）李某在本案中与冠某公司的业务往来系职务行为，其产生的民事责任应当由其所任职的越南灵某公司承担。首先，李某为越南灵某公司的工作人员，二者存在直接劳动关系，由越南灵某公司于2022年8月11日为李某出具的在职证明可知，李某系越南灵某公司的员工，并于2018年5月26日至今一直就职于该公司，担任贸易经理的职务。其次，李某的行为是履行职务的行为。从冠某公司提供的涉案提单及微信聊天记录可知，李某作为越南灵某公司的贸易经理一直从事与冠某公司进行货物出运的沟通商洽、货物装柜后拍照记录等工作，冠某公司也在微信聊天群“冠某—上海—鑫某昕”中每次发货前的温馨提示的第5条中强调“我们接受贵司的委托”，而不是“接受李先生的委托”，可见李某系作为越南灵某公司员工在履行工作职责，冠某公司也始终明确了解该货运代理合同的相对方是李某所在的越南灵某公司，而并非李某个人。冠某公司也并无任何证据证明涉案提单中的托运人的法定代表人或负责人系李某，根据《最高人民法院关于适用〈中华人民共和国民事诉讼法〉的解释》第56条的规定，法人或者其他组织的工作人员执行工作任务造成他人损害的，该法人或者其他组织为当事人。故李某不属于本案的适格被告，更不应承担本案中给付海运费、改港费的民事责任。最后，李某的行为在客观上是为越南灵某公司谋取利益。李某作为越南灵某公司的员工，将公司的产品交由原告运输至中国港口是为其公司谋利，其贸易利润也尽归公司所有。同样支付海运费也是由越南灵某公司安排付款，李某负责上传下达，并未从中获利，故李某为了越南灵某公司的利益履行职务的行为，应当认定为职务行为。（2）李某并非海上货运代理合同的合同相对方，不是本案的适格被告，请求法院依法驳回冠某公司全部诉讼请求。涉案款项由越南灵某公司的财务人员陈氏某燕的账户支付给冠某公司指定的越南账户“高氏某银”，先后共支付6 372 800 000越南盾，在微信聊天群“冠某账单群”中，李某每次将付款单发送至该群中后，冠某公司的工作人员均予以确认。由此可知，冠某公司明知该款项并非由李某支付，而冠某公司在明知涉案合同的实际履行人为越南灵某公司的情况下，仍以李某为主体起诉的行为不符合法律规定，应当被驳回全部诉讼请求。

当事人围绕诉讼请求依法提交了证据，法院组织当事人进行了证据交换和质证。法院根据审查认定的证据，结合庭审情况，青岛海事法院认定案件事实如下：

冠某公司提交提单复印件一宗，提单显示，托运人均为A公司，收货人分别为中国青岛、厦门、义乌、深圳的公司，装船地均为越南胡志明市，卸货地分别为中国青岛、上海、南沙、蛇口、盐田，货物均为火龙果。

双方均提供了微信聊天记录截图：

1. 冠某公司提供经公证的由其员工钱某手机截屏的微信聊天记录一宗。

（1）“冠某—青岛—12公里佳某”微信群聊天记录。该群包括14名成员，聊天内容从2022年1月9日到15日，涉及火龙果自胡志明港到青岛港的运输。与冠某公司方段某琼等互动发言的为“阿成”“李某青岛报关行”。1月10日李某修改群名为“冠某—青岛12公里佳某”，李某在群内未发言。

（2）“冠某—上海—12公里佳某”微信群聊天记录。该群包括18名成员，聊天内容从2021年12月29日到2022年1月20日，涉及火龙果自胡志明港到上海港的运输。与冠某公司方段某琼等互动发言的为被告和“阿成”“K某”。李某在群中的聊天内容包括：①1月10日被告在“K某”发言后回复“我们的柜子没有问题”“全部是这个代码”。②1月11日李某问钱某“12公里的吧”，钱某作了肯定回复。③1月17日，李某与“K某”、钱某联系将部分货柜目的港改为青岛。④1月19日，段某琼通知被告改港需要重新操作，需要时间，李某回复“OK”微信表情。⑤1月20日，李某通知“K某”将5个货柜全部提出。

（3）“冠某—上海—鑫某昕”微信群聊天记录。该群包括15名成员，聊天内容从2021年12月29日到2022年1月20日，涉及火龙果自胡志明港到上海港的运输。与冠某公司方段某琼等互动发言的为被告和“Y某”“上海单抬头报关行”及陈氏某燕。被告在群中的聊天内容包括：①2021年12月29日李某发出货物的品牌、重量和数量及照片，段某琼回复报关单价为1.15美元。②2021年12月30日李某发出货物的品牌、重量和数量及照片，段某琼回复报关单价为0.8美元。③2022年1月6日钱某发送货物装柜信息及运费并告知码头拥堵司机排队后，李某答复“OK”；同日，钱某发送货物装柜信息及运费，李某问柜子信息，钱某答复港区堵，车子在等柜。④1月7日被告和陈氏某燕向钱某询问司机电话并得到回复；同日上午，李某发出货物的品牌、重量和数量及照片，并询问钱某司机电话，要求安排货柜；同日晚间，李某根据段某琼要求发出货物的品牌、重量和数量及照片。⑤1月8日下午李某向钱某询问货柜信息，钱某答复司机还在等柜，李某回复“OK”微信表情，钱某在深夜发出了货物装柜信息及运费，告知李某明天还有5个货柜到工厂。⑥1月9日凌晨李某发出货物的品牌、重量和数量及照片，上午钱某发出了货物装柜信息及运费，李某要求多来货柜；下午钱某发出了货物装柜信息及运费，李某回复“OK”微信表情；晚上李某发出货物的品牌、重量和数量及照片，段某琼发出了货物报关单价。⑦1月10日下午段某琼要求李某尽量在4时前提交货柜情况，李某陆续提供了5个相应货柜的货物的品牌、重量和数量及照片。⑧1月11日凌晨李某发出货物的品牌、重量和数量及照片，并核实货柜情况，冠某公司回复了3票装柜信息，李某回复“OK”微信表情，钱某称当天能安排的货柜都拿到柜号了。⑨1月12日李某发出货物的品牌、重量和数量及照片。⑩1月13日段某琼向李某要货柜的数据，李某发出货柜的品牌、重量和数量及照片；“K某”要求钱某和段某琼帮忙改港，李某同意改港；1月15日李某要求改到青岛，钱某表示尽力处理。1月17日“K某”告知李某按流程由冠某公司安排改港，李某回复“OK”微信表情。1月17日“K某”告知李某后面的柜有望往前排，李某回复“OK”微信表情。

（4）“冠某—青岛—15公里鑫某昕”微信群聊天记录。该群包括15名成员，聊天内容从2021年12月25日到2022年2月16日，涉及火龙果自胡志明港到青岛港的运输。与冠某公司方段某琼等互动发言的为李某、陈氏某燕、“李某青岛清关行张某虎”、“火龙果李某青岛报关行”、“李某青岛报关行”等。李某在群中的聊天内容包括：①2021年12月25日上午被告询问钱某货柜信息，钱某回复了4个货柜的装柜信息，李某发出前述4个货柜货物的品牌、重量和数量及照片，同日晚间钱某发出货柜的装柜信息，李某于次日凌晨回复了货物的品牌、重量和数量及照片，聊天期间在钱某表示码头堵要明早来柜、周一看库存时，李某两次回复“OK”微信表情。②12月26日钱某发出货柜的装柜信息，李某回复了该货柜货物的品牌、重量和数量及照片。③2022年1月10日，钱某发出两个货柜的装柜信息，李某回复了前述两个货柜货物的品牌、重量和数量及照片。④1月26日，钱某发出货柜的装柜信息，李某回复了该货柜货物的品牌、重量和数量及照片。⑤1月29日，“火龙果李某青岛清关人”告知李某船期更新，李某回复“OK”微信表情。⑥2月16日，李某与钱某、冠某公司方王某就货柜弃货问题发生争执。

（5）“冠某—12公里—蛇口”微信群聊天记录。该群包括18名成员，聊天内容从2021年12月23日到2022年1月6日，涉及火龙果自胡志明港到南沙港或蛇口港的运输。与冠某公司方段某琼等互动发言的为被告和“阿成”“玉兰”“火龙果李某青岛报关行”“李某青岛报关行”。李某在群中的聊天内容包括：① 2021 年 12 月 23 日左右李某提出把到港的柜报一下，钱某回复了货柜的装柜信息，李某告知“阿成”快联系司机。② 2022 年 1 月 5 日，李某催促蛇口港转盐田港的单证，段某琼回复产地证预计下午会有，植检证已改好，被告、“阿成”向钱某核实了一个货柜是不是冠某公司安排的。

（6）“冠某—鑫某昕—蛇口”微信群聊天记录。该群包括 16 名成员，聊天内容从 2021 年 12 月 30 日到 2022 年 1 月 5 日，涉及火龙果自胡志明港到南沙港或蛇口港的运输。与冠某公司方钱某互动发言的为被告李某。李某在群中的聊天内容包括：① 2021 年 12 月 30 日李某复制重发了钱某发出的货柜装柜信息。②同日晚间李某发送疑似风景图片一张。

（7）“冠某—盐田—12 公里佳某”微信群聊天记录。该群包括 13 名成员，聊天内容从 2021 年 12 月 25 日到 26 日，涉及火龙果自胡志明港到盐田港的运输。与冠某公司方钱某互动发言的为李某和“阿成”。李某在群中的聊天内容包括：① 2021 年 12 月 25 日李某邀请钱某等 8 人加入群聊。②随后李某“@”点名钱某，钱某邀请冠某公司两名同事入群。

（8）“冠某—盐田—15 公里鑫某昕”微信群聊天记录。该群包括 12 名成员，聊天内容仅有 2021 年 12 月 26 日钱某关于火龙果自胡志明港到盐田港的运输装柜信息描述。无人与钱某互动发言，也无李某聊天内容。

（9）“冠某账单群”微信群聊天记录。该群包括 6 名成员，聊天内容从 2022 年 1 月 22 日至 28 日。与冠某公司方钱某等互动发言的为被告。李某在群中的聊天内容包括：① 1 月 22 日李某发送转账截图，钱某回复感谢。② 1 月 25 日李某发送多张转账截图，钱某回复感谢。李某要求青岛货物电放，钱某同意。李某称当天电放的全部被抽中核酸检测，客户提不了柜，耽误后面计划，钱某答应抓紧办单。③ 1 月 26 日李某发送多张转账截图，钱某回复感谢。④ 1 月 28 日李某发送多张转账截图，钱某回复感谢；李某称剩余的只能年后。

（10）钱某与李某 2022 年 1 月 25 日微信聊天截图，钱某称 2022 年 1 月 1 日到 20 日运费账单见表格，总柜量为 74 柜，总金额为 110.94320 亿越南盾，已支付 3.728 亿越南盾，剩余金额为 97.2152 亿越南盾，请李某核对确认，并发送了题目为“李某 1 月 1 ~ 20 日对账单”Excel 文件，再称“李总，您先帮忙确认下，我再安排直接跟总部处理”，李某回复了“阿成”微信表情。李某当庭不认可微信群中其回复“阿成”的表情是表示对账单金额及由被告付款认可。

李某当庭提交出口对账单显示，该对账单截取了装柜时间自 12 月 25 日到 1 月 11 日总共 50 票货物，包干费总计 74.08 亿越南盾，改港费总计 3.48 亿越南盾，抵扣运费 1.0472 亿越南盾，剩余金额为 76.5128 亿越南盾。李某向法庭确认，经过核对后越南工厂有约 129 万元人民币运费未支付给冠某公司。

2. 冠某公司提供未经公证的由其员工手机截屏的微信聊天记录一宗。

（1）“冠某—青岛—12 公里佳某”微信群聊天记录。该群包括 13 名成员，聊天内容从 2021 年 5 月 31 日到 6 月 8 日，涉及火龙果自胡志明港到青岛港的运输。与冠某公司方钱某等互动发言的为李某。李某在群中的聊天内容包括：① 5 月 31 日李某被邀请入群，要求把船期发一下，并邀请“瑞利佳某国际贸易”“阿成”“樊某”“鑫某昕孟某伟”入群，修改群名为“李总火龙果—青岛佳某”，询问船期、运费、柜期，钱某解答后，李某称明天装 2 个海柜，钱某发送了装柜要求和标签格式。② 6 月 1 日钱某发出装柜信息，李某通知“樊某”请“张某虎”入群对接青岛报关，“张某虎”又邀请“ysm”等三人入群，李某发出两柜货物装柜时间、预计出发到达时间、货物件数。次日冠某公司方段某琼对前述货柜报送了报关单价。③ 6 月 4 日，“青岛港清关操作张某”称船期更新，前述货柜预计 6 月 10 日晚到港，李某发送“OK”图像表情。

（2）“冠亚—12 公里—蛇口”微信群聊天记录。该群包括 16 名成员，聊天群中 2022 年 1 月 15 日“玉兰”称“白心的没贴标，红心有贴标”，“@”点名李某和钱某确认。

（3）“南沙转香港卖货”微信群聊天记录。该群包括 6 名成员，聊天群中被告“@”点名“罗马帝国”来联系，2022 年 1 月 22 日“玉兰”称找到一个收货人。

（4）李某与冠某公司员工微信聊天记录。1 月 7 日冠某公司通知李某三个去南沙的柜不好清关，会调到蛇口；李某回答南沙有很多柜并列明有 7 个货柜是 15 公里的。1 月 8 日冠某公司通知李某有 5 个货柜也在申请改到蛇口，李某发送“OK”“谢谢”表情。

冠某公司方钱某在各微信群中报送装柜信息时均包括以下内容："我们接受贵司的委托，作为船公司的代理订舱"。李某在微信群中第一人称为"我们"。

3. 冠某公司提供微信聊天记录截图一组，时间从2021年11月26日至2022年2月15日，对话双方是李某与冠某公司员工王某，其中谈到蛇口和南沙货物。2月14日李某要求对方到越南工厂解决，2月15日李某说"我也是打工的等你来谈问题"，王某回复"我更是打工的"。

双方均提供了付款截图及单据：

1. 冠某公司提供的2022年1月26日付款截图显示，收款人为高氏某银，摘要注明"李某付款海柜"。

2. 李某提供的2021年12月22日3份、2022年1月4日9份付款截图显示，收款人均为高氏某银，摘要分别注明有"Linhdan"字样。

3. 李某提供的2021年12月28日2份、12月29日2份，2022年1月22日1份、1月25日4份、1月26日2份、1月27日2份、1月28日4份付款截图显示，收款人均为高氏某银，摘要分别注明有"李某存款"字样。

4. 李某提供经过公证的委托付款单据两份，交易日期为2022年1月4日和1月22日，汇款人均为陈氏某燕，收款人均为高氏某银，交易金额分别为4.636亿越南盾和3.728亿越南盾，汇款摘要分别为"Linhdankm15thanhtoancontcangthang12.ok"和"李某存款"。

冠某公司提供的函件照片显示，冠某公司致函李某："你方委托原定于9月4日上船的7柜火龙果有部分货损，为今后双方合作，协商从9月开始减免你方应付运费以抵扣"，签收方（委托方）有"李某"签名。冠某公司未能提供该函件原件。

冠某公司提交的2022年2月《检验检疫处理通知书》《责令进口货物直接退运通知书》《取样送检结果告知单》《特殊作业审批表》等显示，FSCU59×××70柜号的鲜火龙果经检验检疫，因新冠病毒核酸检测为阳性须作退运处理。

冠某公司提交的2022年1月至2月《进口货物报关单》《行政处罚告知单》《行政处罚决定书》《进口商品标签不合格整改通知单》等显示，SEGU97×××70柜号的鲜火龙果，因未在植检证书内列明果园号和包装厂号，对境内收货人处以罚款1000元。

冠某公司提交的2022年1月至2月《进口货物报关单》《当场处罚决定书》《检验检疫处理通知书》等显示，TEMU96×××61柜号的鲜火龙果，因标签信息与申报植物检疫证书不符，被处以罚款1000元；因货物外包装以覆盖形式贴有两张标签，包装厂注册号、果园注册号、出口商不一致，须作退运或销毁处理。

冠某公司提交的2022年1月24日《直接退运申请单》显示，COAU788×××××86号提单货物申请退运。

冠某公司提交的照片显示，包装盒标注有“新鲜火龙果0××9”，包装日期为2021年12月17日。

李某提供的明细表显示五个货柜货值共计4 279 935 000越南盾，李某主张因冠某公司标签问题无法通关造成约合125万元人民币损失。

2022年8月11日，越南灵某公司出具《在职证明》，证明李某于2018年5月26日到该公司工作至今，任经理职务，月薪15 000元。

2022年11月8日，越南平顺省社会保险签发的社会保险册名单显示，越南灵某公司新增被保险人李某等两人。李某向法庭提交了2022年11月8日签发的越南社会健康保险卡和社会保险册。

本案在审理过程中，冠某公司向青岛海事法院申请财产保全，青岛海事法院裁定准许，冠某公司支付财产保全申请费5000元。

## 【裁判说理】

争议焦点:（1）冠某公司与李某之间是否成立海上货运代理合同；（2）冠某公司要求李某支付海运费等各项费用的主张是否成立。

青岛海事法院认为:

一、案件管辖及法律适用

涉案货物运输系原告与被告长期参与的一系列运输行为，涉案款项为滚动结算，争议为结余款项，涉案运输目的地均为中国港口，其中包含青岛港，根据《最高人民法院关于设立海事法院几个问题的决定》，青岛港属于青岛海事法院管辖范围，因此青岛海事法院对本案具有管辖权。本案双方当事人均当庭选择适用中华人民共和国法律解决本案争议，根据《涉外民事关系法律适用法》第41条、《最高人民法院关于适用〈中华人民共和国涉外民事关系法律适用法〉若干问题的解释（一）》第6条之规定，青岛海事法院准许按照当事人一致选择适用中华人民共和国法律审理本案。

二、冠某公司与李某之间是否成立海上货运代理合同

《民事诉讼法》第67条第1款规定："当事人对自己提出的主张，有责任提供证据。"主张法律关系存在的当事人，应当对产生该法律关系的基本事实承担举证证明责任。原告作为本证一方，需要提交具有高度精确证明力的单个证据或者提交相互支持、相互印证、不存在矛盾冲突、可形成稳定可靠证明结构的多个证据，使法院对待证事实的存在形成确信。被告作为反证一方，需要提交证据推翻或者削弱原告本证证明力，使待证事实处于真伪不明状态，无法达到必然性或高度盖然性，使法院对原告的待证事实的确信发生动摇。

《民法典》第919条规定："委托合同是委托人和受托人约定，由受托人处理委托人事务的合同。"冠某公司主张其与李某存在长期的货运代理关系，李某个人是货运代理合同的委托方；李某否认其系合同相对方，合同相对方是被告任职的越南灵某公司，李某只是公司的职员。从举证责任分配上，冠某公司应当提供充分有效的证据证实其与李某之间存在货运代理合同关系，李某应提交证据动摇和削弱冠某公司的主张。

冠某公司未能提交书面货运代理合同，无法直接明确证明货运代理合同的权利义务主体。双方提交的微信聊天记录体现出以下内容：（1）李某在微信群聊天时表达本方立场要求时所用的是"我们"而非"我"，聊天时被告未作出类似"我委托"等字样的表示。（2）冠某公司业务员几十次发出"我们接受贵司的委托，作为船公司的代理订舱"的内容，双方均未提出过异议并要求修改。（3）李某在与冠某公司职员王某的聊天记录中称"我也是打工的等你来谈问题"，王某回复"我更是打工的"。（4）微信群聊天记录中能反映出李某发出过货物品牌、重量和数量及外观照片，催促过单证和货柜，提出过改港，要求过电放，宣告过弃货，但李某并非对每一票货物都采取过上述行为，李某只是部分参与运输环节，对多数货物被告只是偶尔参与，冠某公司还与其他在进出口港口代表货方利益的业务员进行过业务商谈确认。（5）微信群聊天记录中没有李某以自己个人名义发出过《订舱委托单》等可以体现出李某作为委托订舱方的关键证据，并且冠某公司提供的提单复印件显示的托运人是A公司，既非李某也非越南灵某公司。综上，从双方提交的聊天记录来看，法院仅可以认定双方共同参与了货物从越南向中国进行贸易及运输的活动，但不足以认定李某是货运代理合同的委托方。

三、冠某公司要求李某支付海运费等各项费用的主张是否成立

微信群中标注有“李某青岛清关行张某虎”“火龙果李某青岛报关行”“李某青岛报关行”等包含李某姓名的微信名不足以证明被告是货运代理委托方。原因如下：（1）微信名和微信群内昵称均不需要真实姓名认证。（2）微信截图显示的微信名和昵称取决于该手机用户的备注或者微信群中成员自行修改，不需要劳动合同认证。（3）从聊天内容来看，上述人员与李某分别位于中国和越南，上述人员的业务主要涉及中国港口进口报关等，而李某在越南，冠某公司不能证明上述人员为李某所雇用，也不能证明上述人员的行为后果应由李某承担。

冠某公司提交的其业务员钱某与被告 2022 年 1 月 25 日微信聊天截图中，李某回复钱某要求核对确认柜量及剩余金额并附 Excel 运费账单文件的信息时发送了“OK”表情。所附 Excel 表格上注明客户为“李某”，工厂为“潘切 12 公里 /15 公里”。李某当庭称，该行为系职务行为，不认可微信群中的“OK”表情是表示对账单金额及由被告付款认可。青岛海事法院认为，李某发送“OK”表情并进行付款，并不足以认定被告自愿承担剩余金额的支付义务。原因如下：（1）从双方提供微信聊天记录中可以看到，李某使用“OK”微信表情的次数有十余次，使用该表情的其他场景为原告业务员或其他微信群成员作出改港、等柜等事实陈述之后。（2）冠某公司业务员钱某的表述为请被告“核对确认”“先帮忙确认”，冠某公司提交的账单涉及几十柜货物、100 多亿越南盾总金额，而李某立即完成回复作出“OK”表情，因此从聊天场景来看，“OK”表情更适合被解释为回复收到，同意进行核对，而非已完成对交易详情和欠款数额的确认。（3）李某在作出“OK”表情之前和之后都在安排向冠某公司付款，在发出“OK”表情后对于持续收付款未产生影响，双方也没有再根据冠某公司账单进行过扣减余额确认。（4）账单中注明李某为“客户”不是法律概念，客户，是指用金钱或其他有价值的物品来接受产品、服务等的消费主顾，既可能是最终消费者，也可能是代表人、代理人、中间商。（5）李某在本案审理期间对账单进行过核对，结果不同意冠某公司计算的余额。

冠某公司主张李某拒不按期履行付款义务需承担民事责任，应当证明李某有法定或约定的付款义务。双方均提交了支付货款的业务操作过程相关证据。付款记录等证据反映出以下问题：（1）部分微信付款记录及付款单据中

出现“李某”的备注，但也有部分付款记录和单据中出现了“越南灵某公司”字样，两类备注是前后交替混合出现。（2）李某已经证明标注李某姓名的付款行为中系陈氏某燕等越南灵某公司财务人员所为，冠某公司不能证明全部付款行为系李某本人完成。青岛海事法院认为，根据付款相关证据不能认定李某的付款义务。原因如下：（1）李某经手并完成付款行为，不能倒推李某具有涉案合同的付款义务。（2）如果系李某本人付款，就没有在付款备注处再标注李某姓名的必要，因此李某以外人员支付款项的可能性更大。（3）如果付款是李某以外人员所为，则李某不能因为他人付款时标注其姓名的行为而被加以付款义务。

冠某公司提交的涉及9月4日货物的函件不能证明李某是委托方。原因如下：（1）该函件的证据形式是翻拍照片，而非原件，李某对其真实性不认可。（2）该函件系冠某公司抬头的预制样式，“李某”签名处既打印了“签收方”也打印了“委托方”字样，“李某”在该处签名的身份存在歧义。

李某主张其在本案中与冠某公司的业务往来系职务行为，其产生的民事责任应当由其所任职的公司承担。李某提供的越南灵某公司《在职证明》、社会健康保险卡和社会保险册等可以印证其为该公司职员，但上述证据出具时间是在2022年8月和11月，涉案业务已经在2022年年初完成，并且李某在该公司任职不能排除其在公司业务之外从事个人兼职的可能。而2021年12月22日3份、2022年1月4日9份付款截图和2022年1月4日委托付款单据大大提高了涉案的部分业务确实是李某个人通过职务行为代表越南灵某公司进行的证明效果，实现了动摇和削弱了冠某公司关于涉案业务是被告个人行为的证明目的。

关于部分货物因检出问题被退运的事实，对本案双方之间的权利义务没有影响，与本案没有关联性。

2022年12月8日，青岛海事法院作出（2022）鲁72民初1411号民事判决书，判决：驳回原告冠某公司的诉讼请求。

原告冠某公司不服一审判决，向山东省高级人民法院提起上诉。经审理，山东省高级人民法院于2023年7月21日作出（2023）鲁民终338号民事判决书，判决驳回冠某公司的上诉，维持原判。

## 【法官后语】

在海上货物运输实务中，我国和世界上诸多发达国家之间都建立起了电子商务网络，尤其是当今大数据网络交易日益广泛，有非常多的公司把大货主、银行、运输代理人通过计算机通信网络联系在一起来实现无纸质化单证交易的目的，由此实践中常见非常多的电子单据，如电子订舱、电子提单等形式，这也是当下业务时效性的要求和保证。书面协议是证明货运代理合同关系的直接证据，实践中为了提高交易的效率，许多货运代理关系的成立并不以订立书面合同为前提。在发生纠纷时，并不能仅因双方没有纸质合同就否认货运代理关系的存在，如果业务中双方通过 QQ、微信、邮件等方式就委托等事宜进行了沟通，形成了委托代理的合意，那么无论是否签订有纸质的合同，都不影响双方存在货运代理合同关系。

根据《最高人民法院关于适用〈中华人民共和国民事诉讼法〉的解释》第 90 条第 1 款、第 91 条第 1 项、第 108 条第 2 款的规定，当事人对自己提出的诉讼请求所依据的事实或者反驳对方诉讼请求所依据的事实，应当提供证据加以证明。主张法律关系存在的当事人，应当对产生该法律关系的基本事实承担举证证明责任。对一方当事人为反驳负有举证责任的当事人所主张事实而提供的证据，人民法院经审查并结合相关事实，认为待证事实真伪不明的，应当认定该事实不存在。因此，若证据不足以证明待证事实时，举证人应承担举证不利的责任。

本案中，冠某公司主张李某是案涉货运代理业务的委托方，应向其支付所欠海运费、改港费等费用，根据上述法律规定，冠某公司应当举证证明其与李某之间存在货运代理合同关系且实际发生欠付费用的事实。但冠某公司向一审法院提交的提单、微信群聊天记录、付款单据等证据仅能够说明其与李某之间就案涉货运出口代理事宜进行过沟通交流，但并不能直接证明李某就是案涉货运代理合同的相对方。李某向一审法院提交的微信群聊天记录、付款单据、《在职证明》及二审补充提交的越南灵某公司关于案涉货运代理业务系其作为其工作人员的业务的情况说明等证据，使冠某公司关于李某是案涉货运代理合同相对方的主张受到挑战而陷于真伪不明的状态，故一审、二审法院均未支持冠某公司的主张，于法有据。

## 【相关法条】

**1.《中华人民共和国民法典》**(2021年1月1日施行)

**第九百一十九条** 委托合同是委托人和受托人约定，由受托人处理委托人事务的合同。

**2.《中华人民共和国民事诉讼法》**(2023年9月1日修正)

**第六十七条第一款** 当事人对自己提出的主张，有责任提供证据。

承办人：李　军

编写人：刘　昭

# 19. 青岛嘉某国际运输有限公司诉青岛安某经纬供应链有限公司、山东宜某鑫国际贸易有限公司海上货运代理合同纠纷案

——委托订舱货物夹带危险品被罚款后的追偿

## 【合规提示】

本案是一起因为海运集装箱夹带危险品被查处后导致的索赔追偿案件。作为货运委托人的货运代理公司最终被判令承担责任，原因是其在货运委托协议中作出了托运特别货物的承诺。尽管货物的所有者和实际装箱人并不是该货运代理公司，危险品并非源自该货运代理公司，但该货运代理公司不能因为其他第三人存在过错导致其违约而免除其违约责任。事实上，该货运代理公司也已根据判决指引通过另案诉讼挽回了损失。对于危险品运输的虚报瞒报行为，船公司、海事局、海关、海事法院都是采取零容忍的态度。虚报瞒报危险品进行运输，责任人只要从事违法行为就会受到惩处，而不需要在实际发生损害结果后才遭到惩处。本案是对企图从事违规危险品运输的企业和个人的警醒。

## 【案件信息】

**1. 裁判文书字号**

（2023）鲁72民初12号

**2. 当事人**

原告：青岛嘉某国际运输有限公司

被告：青岛安某经纬供应链有限公司、山东宜某鑫国际贸易有限公司

**3. 关键词**

民事　海上货运代理合同　瞒报危险品　罚金标准

## 【裁判要旨】

船公司收取危险品瞒报罚金的对象是故意或重大过失严重违约的行为人，收取该项罚金的目的是督促合同相对方诚实严格、积极主动地履行合同义务，破除相对方在出口经营危险货物时的侥幸心理，排除海运危险品错误申报的社会危害性，惩罚违约方有悖诚信的恶意违约行为。船公司对于危险货物运输、储运和检查常年来支出了大笔费用，存在长期以来的沉淀成本。危险品虚报瞒报运输严重威胁海上货物运输的人员和财产安全，还可能导致海洋生态和环境污染，是严重的违法行为。综上，船公司收取危险品错误申报罚金的行为具有合理性，法院对该罚金标准不再予以调整。

涉外海运过程中，有货运代理人等航运服务企业参与。在发生纠纷时，如并非货运代理委托人的原因导致违约，违约方应基于合同的相对性承担违约责任，不能将责任推给第三人。货运代理合同的委托人在向受托人承担责任后，可以再向责任方追偿。

## 【基本案情】

2021年4月1日，原告与被告青岛安某经纬供应链有限公司（以下简称安某经纬公司）签订《国际货运代理协议》，其中写明应正确填写订舱委托书，准确注明所托货物之品名。2021年6月22日，太某船务（中国）有限公司青岛分公司（以下简称太某青岛公司）发送《关于危险品瞒报/错报/漏报的重要通知》，告知太某船务（中国）有限公司（以下简称太某船务公司）将于2021年7月1日起对危险品瞒报、漏报、错误申报的行为按照每自然

箱3万美元的标准收取罚金。2021年12月22日，原告与太某青岛公司签订《代理协议》，其中约定必须如实进行危险品申报。

2022年6月，被告山东宜某鑫国际贸易有限公司（以下简称宜某鑫公司）通过委托被告安某经纬公司出运货物时，虚报货物品名数量、瞒报危险货物次氯酸钙，被海关、海事局查实，并受到处罚。2022年11月3日，因货物为被告安某经纬公司委托原告在太某船务公司订舱，太某船务公司告知原告，对于危险品瞒报货物，将收取罚金3万美元/柜，请立即缴纳。次日，原告向太某船务公司支付3万美元。原告向被告安某经纬公司要求支付3万美元。但该被告回复不予认可。

原告诉称：（1）判令被告立即向原告支付垫款损失217 980元及资金占用损失（以垫款金额为基数，按照贷款市场报价利率计算至实际清偿之日止）；（2）本案诉讼费用由被告承担。事实与理由：2022年6月，被告宜某鑫公司以卷纸出口为名，委托被告安某经纬公司代理出口订舱一票货物。被告安某经纬公司委托原告安排在太某船务公司订舱。装货港：中国青岛；卸货港：喀麦隆杜阿拉。但是经过海关查验，实际货物夹杂危险品，属于危险品瞒报。为此，被太某船务公司收取罚款3万美元/柜，折算人民币为217 980元。该罚款原告已垫付。被告委托订舱时负有准确告知货物信息的义务，不得夹带易燃易爆物品及国家规定禁止出口的物品，对于危险品瞒报给原告造成的经济损失应由被告承担。依据《民法典》第930条及相关法律规定向青岛海事法院提起诉讼，请依法支持原告的上述诉讼请求。

被告安某经纬公司辩称：（1）《海商法》第66条第1款规定："托运人托运货物，应当妥善包装，并向承运人保证，货物装船时所提供的货物的品名、标志、包数或者件数、重量或者体积的正确性；由于包装不良或者上述资料不正确，对承运人造成损失的，托运人应当负赔偿责任。"宜某鑫公司在出现瞒报事件后，安某经纬公司积极协调各方处理此事，支付了集装箱超期使用费人民币14 540元，并协助宜某鑫公司花费3000美元将涉案集装箱买下，防止了原告及太某船务公司的损失进一步扩大。另外，出现瞒报的集装箱最终并未上船，太某船务公司及原告并未发生实际损失。且安某经纬公司仅为发货人的海运货物订舱代理，亦并非货物的托运人。太某船务公司及原告并未发生实际损失，且安某经纬公司也并非实际托运人，太某船务公司及原告向安某经纬公司主张罚金无事实及法律依据。（2）宜某鑫公司在2022

年8月分别向黄岛海关及青岛海事局承认在普通货物中夹带危险货物次氯酸钙的违法事实。太某船务公司向原告收取“罚金”也因宜某鑫公司的瞒报引起，应由宜某鑫公司最终承担太某船务公司收取“罚金”引起的各方损失。（3）2020年，发展改革委、财政部、交通运输部、商务部、国资委、海关总署、市场监管总局联合印发《清理规范海运口岸收费行动方案》，该行动方案指出：“加强船代、货代收费监管。规范船代、货代收费名称和服务内容，推动精简收费项目，进一步规范船代、货代明码标价行为。”“持续加强海运口岸收费监管，保持高压态势，依法查处强制服务并收费，明码标价不规范等违规收费行为。”太某船务公司向原告收取的3万美元罚金标准仅为太某船务公司内部标准，未经交通运输部门或物价部门审批，亦未向安某经纬公司公示。太某船务公司利用优势地位强行收取原告3万美元罚金属于随意增加收费项目、强制收费等价格违法行为。在安某经纬公司向原告及太某船务公司提出上述抗辩之后，原告未以任何方式向太某船务公司提出相应抗辩，直接向太某船务公司支付所谓的“罚金”。鉴于原告与太某船务公司存在长期业务合作，原告不向太某船务公司抗辩而支付罚金的做法实为向安某经纬公司转嫁被滥收费的成本。此罚金不应再由安某经纬公司承担。

## 【裁判说理】

争议焦点：（1）货运代理委托人托运的货物夹带危险品，应由委托人还是实际货主承担责任；（2）承运人收取“罚款”是否有法律依据；（3）法院应否对“罚款”金额予以调整。

本案系海上货运代理合同纠纷，原告与被告安某经纬公司之间构成海上货运代理合同关系。被告安某经纬公司有义务根据双方合同约定正确填写订舱委托书，注明所托货物的正确品名，否则引起的后果责任均由该被告自行承担。

太某船务公司收取罚金的性质属于惩罚性违约金。

由于宜某鑫公司瞒报危险品的违法行为，导致了被告安某经纬公司在向原告进行订舱时未能正确填写订舱委托书，并造成了原告被太某船务公司收取危险品错误申报3万美元罚金的结果。原告因处理被告安某经纬公司的委托事务遭受了实际损失，受损原因不能归责于原告，被告安某经纬公司应向原告赔偿相应损失。

原告系接受被告安某经纬公司委托进行货运代理业务，被告宜某鑫公司系委托易某达公司出口货物，宜某鑫公司未同意或追认转委托，原告与宜某鑫公司没有构成转委托关系。原告与被告宜某鑫公司之间不存在合同关系，因此原告无权直接请求被告宜某鑫公司承担违约责任。

被告安某经纬公司不正确报送货物品名的违约行为，系由于被告宜某鑫公司虚报品名、瞒报危险品的原因造成，但被告安某经纬公司不能因此免除向原告承担的违约责任。被告安某经纬公司与被告宜某鑫公司之间的纠纷可以另案主张处理。

依照《民法典》第 577 条、第 593 条、第 930 条的规定，判决如下：一、被告安某经纬公司支付原告垫款损失费用 217 980 元；二、被告安某经纬公司支付原告资金占用损失；三、驳回原告对被告宜某鑫公司的诉讼请求。

## 【法官后语】

涉案罚金的性质属于惩罚性违约金，太某船务公司及太某青岛公司已通过船公司网站公示和向客户发送邮件的方式对罚金标准公布，原告已收到过太某青岛公司的罚金标准邮件，并在与太某青岛公司的书面协议中对危险品瞒报的罚款责任进行了约定。船公司收取罚金的对象是故意或重大过失严重违约的债务人，收取该项罚金的目的是督促合同相对方诚实严格、积极主动地履行合同义务，破除相对方在出口经营危险货物时的侥幸心理，排除海运危险品错误申报的社会危害性，惩罚违约方有悖诚信的恶意违约行为。船公司对于危险货物运输、储运和检查常年来支出了大笔费用，存在长期以来的沉淀成本。危险品虚报瞒报运输严重威胁海上货物运输的人员和财产安全，还可能导致海洋生态和环境污染，是严重的违法行为。综上，太某船务公司收取危险品错误申报罚金的行为具有合理性，法院对该罚金的标准不再予以调整。

涉外海运过程中，有货运代理人等航运服务企业参与。在发生纠纷时，有时并非货运代理委托人的原因导致费用产生。违约方应基于合同的相对性承担违约责任，不能将责任推给第三人。货运代理合同的委托人在向受托人承担责任后，可以再向责任方追偿。

## 【相关法条】

1.《中华人民共和国民法典》(2021年1月1日施行)

**第五百七十七条** 当事人一方不履行合同义务或者履行合同义务不符合约定的，应当承担继续履行、采取补救措施或者赔偿损失等违约责任。

**第五百九十三条** 当事人一方因第三人的原因造成违约的，应当依法向对方承担违约责任。当事人一方和第三人之间的纠纷，依照法律规定或者按照约定处理。

**第九百三十条** 受托人处理委托事务时，因不可归责于自己的事由受到损失的，可以向委托人请求赔偿损失。

2.《中华人民共和国海上交通安全法》(2021年4月29日修订)

**第六十三条** 托运人托运危险货物，应当将其正式名称、危险性质以及应当采取的防护措施通知承运人，并按照有关法律、行政法规、规章以及强制性标准和技术规范的要求妥善包装，设置明显的危险品标志和标签。

托运人不得在托运的普通货物中夹带危险货物或者将危险货物谎报为普通货物托运。

托运人托运的货物为国际海上危险货物运输规则和国家危险货物品名表上未列明但具有危险特性的货物的，托运人还应当提交有关专业机构出具的表明该货物危险特性以及应当采取的防护措施等情况的文件。

货物危险特性的判断标准由国家海事管理机构制定并公布。

承办人：李　军

编写人：李　军

# 20. 淄博某耐火材料有限公司诉青岛某物流有限公司海上货运代理合同纠纷案

## ——目的港铁路罢工产生额外费用的分担

## 【合规提示】

本案是一起因境外目的港铁路罢工引起的额外费用分担导致国内出口企业和其委托的货运代理公司之间的纠纷。本案中的货运代理从业人员在与客户进行报价过程中采用微信进行沟通。微信作为文字、图片、音频和视频传送手段，具有即时性、经济性和便利性，但也容易产生歧义和丢失数据。因此，建议各行业在使用微信洽谈业务时，尽量采用官方微信与私人微信区别使用的方式，业务人员离职时应办理官方微信的移交手续，避免重要的交易数据流失。此外，还建议不要忽视协议文本和单据的规范设置，涉及合同价格、付款时间、交货时间等重要权利义务条款，仍须采用互换合同等方式签字盖章确认。对于类似本案中出现的目的港铁路罢工等特殊情况，应采用书面合同明确交易各方的风险范围或者约定各方具体的费用承担比例。

## 【案件信息】

**1. 裁判文书字号**

（2023）鲁72民初141号

**2. 当事人**

原告：淄博某耐火材料有限公司

被告：青岛某物流有限公司

**3. 关键词**

民事　海上货运代理合同　额外费用分担　小额诉讼

## 【裁判要旨】

货运代理企业因处理海上货运代理事务可能与委托人之间形成代理、运输、仓储等不同法律关系，由于双方没有书面协议，因此法院根据业务往来中的入货通知、费用明细、提单显示的项目和内容，认定双方之间构成事实上的海上货运代理合同关系。

## 【基本案情】

2022年6月，原告、被告就出口一批货物经海运到美国丹佛一事通过微信开始进行业务联系。被告业务员告知原告，美国可能会产生1800美元拥堵或堆存预提费用，目的港产生任何费用实报实销，原告予以确认。2022年7月29日，被告向原告提供青岛到丹佛的费用明细，其中包括“仓储每日50美元（有可能产生）”，原告予以确认。2022年8月15日，被告向原告发送《费用确认通知书》，列明涉案货物费用包括港杂费人民币4060元、海运费等25 005美元。被告接受业务后向原告提交了电放提单，该提单抬头为某物流有限公司，托运人为原告，货物为两个货柜，运输区间为从整箱场到门，签发人为被告的代理人某物流宁波有限公司。2022年9月14日，原告向被告汇款。

从2022年9月23日开始，原告向被告询问催促货物情况。被告业务员告知原告，两个货柜都已到达美国丹佛。2022年9月27日，原告告知免费期将于次日到期，催问何时送到。从2022年9月28日开始，被告业务员告知，货柜在铁路仓库，美国罢工导致前段时间堆存货物太多，没有足够多的机器去吊箱，目前无法进行提箱，还在排队等待中。其间，船公司和美国铁路公司均回复，铁路不会从中挑选集装箱，也不允许私人进入堆场，对铁路环节不能设置免费期。

2022年10月24日，美国铁路公司开具联运储存费发票，注明涉案货物每箱收费2300美元。被告通知卡车公司垫付了该项费用后，通知原告按照每箱2300美元的标准支付铁路储存费，付费后才可以提货。原告回复，因被告安排转运产生的费用4600美元应由被告承担。被告经内部讨论后，同意承担的最大限度为1600美元。2022年10月27日，被告出具《保函》，表示后续会向船公司申请费用减免，如费用减免成功，第一时间向客户退还3000美元费用。2022年10月28日，原告向被告支付了3000美元。从2022年10月

25日开始，被告多次向船公司及美国铁路公司询问、申请减免费用，但未获得美国铁路公司的答复。

原告诉至法院，请求：（1）判令被告偿还原告3000美元；（2）诉讼费用由被告承担。

## 【裁判说理】

争议焦点：（1）原告、被告之间构成何种法律关系；（2）被告向原告约定收取的费用是否包括铁路堆存费；（3）被告是否应偿还原告3000美元的费用。

一、原告、被告之间构成何种法律关系

《民法典》第919条规定："委托合同是委托人和受托人约定，由受托人处理委托人事务的合同。"《最高人民法院关于审理海上货运代理纠纷案件若干问题的规定》第2条规定："人民法院审理海上货运代理纠纷案件，认定货运代理企业因处理海上货运代理事务与委托人之间形成代理、运输、仓储等不同法律关系的，应分别适用相关的法律规定。"本案中，原告向被告提交入货通知，并向被告询问货运代理报价，被告向原告提供了费用明细，其中包括海运费、报关费、换单费等费用。被告向原告递交了提单，但该提单的抬头和签发均不是被告公司。因此，原告、被告之间虽然没有签订书面协议，但构成事实上的海上货运代理合同关系。

二、被告向原告收取约定的费用是否包括铁路堆存费

原告、被告双方未签订书面合同，具体业务是由原告的法定代表人曹某与被告的多名业务员负责商谈并确定委托内容、处理履行过程中的纠纷。对于本案涉及的铁路堆存费，双方在商谈合作过程中两次提及：（1）2022年7月21日，被告的业务员白某玉通过微信提示曹某，美国可能会产生拥堵或者堆存预提费用，"保险"估算为1800美元，目的港产生任何费用实报实销；曹某回答"好的，到时候再说吧"。（2）2022年7月29日，曹某提出了其他货代公司报价并询问被告报价，白某玉提供费用明细，其中包括"Storage：$50/day（有可能产生）"（堆存费每天50美元），并称"如果我们只是单纯到门的话12 500美元没问题"。曹某回答"好的"。法院认为，被告的业务员在进行订单商谈时，最初提出实报实销，但在原告提出其他公司报价后，被告提交了费用明细，其中将堆存费改为报价每天50美元，该报价方式已将堆存

费在每柜 12 500 美元单纯到门报价以外单列，并对于堆存费进行了明确定价，改变了起初商谈时关于堆存费实报实销的主张。原告表示接受，并随后委托被告进行货运代理业务。据此，法院认定：（1）被告的到门报价中不包括堆存费报价；（2）被告应根据承诺按照每柜每天 50 美元的价格计算堆存费。

三、被告是否应偿还原告 3000 美元的费用

目的港所在国的铁路公司于 2022 年 10 月 24 日开具联运储存费发票，注明每箱收费 2300 美元，涉案两个货柜的通知日期分别是 2022 年 9 月 18 日和 2022 年 9 月 25 日。货物在正常物流流转期间，仓储方会给货主一定时间的免费堆存期，免费期满后才开始收取费用，被告向原告收取堆存费也应考虑免费堆存期。对美国铁路公司免费堆存期，原告、被告双方没有提交直接、明确的证据。但根据被告提供的原告、被告双方的微信聊天记录，2022 年 9 月 27 日原告的法定代表人曹某曾转发其美国客户 9 月 26 日的邮件，邮件提示免费期将于次日到期，因此可以推算铁路公司开始收取费用的起算日为 2022 年 9 月 28 日。铁路公司开具堆存费发票注明的到期日为 2022 年 10 月 24 日，因此铁路公司收取堆存费的期间为 2022 年 9 月 28 日至 2022 年 10 月 24 日，共计 27 天。

《民法典》第 582 条规定："履行不符合约定的，应当按照当事人的约定承担违约责任。对违约责任没有约定或者约定不明确，依据本法第五百一十条的规定仍不能确定的，受损害方根据标的的性质以及损失的大小，可以合理选择请求对方承担修理、重作、更换、退货、减少价款或者报酬等违约责任。"根据被告在费用清单中的报价，被告有权向原告收取堆存费的费用标准为每柜每天 50 美元，因此被告应按每柜 1350 美元（50 美元 / 每天 ×27 天）向原告收取涉案货柜的堆存费，两个货柜共计 2700 美元。原告已支付被告 3000 美元，有权请求被告减少价款。《民法典》第 577 条规定："当事人一方不履行合同义务或者履行合同义务不符合约定的，应当承担继续履行、采取补救措施或者赔偿损失等违约责任。"被告履行合同义务不符合约定，应承担违约责任，退还原告的差额 300 美元。

依照《民法典》第 577 条、第 582 条、第 919 条之规定，判决如下：一、被告青岛某物流有限公司偿还原告淄博某耐火材料有限公司 300 美元。二、驳回原告淄博某耐火材料有限公司的其他诉讼请求。

## 【法官后语】

本案具有以下特点：一是案件标的小，仅有3000美元，从金额来看属于小额诉讼。二是案情复杂，具有涉外因素，纠纷是由于美国铁路罢工触发，费用是在境外发生，原告、被告是中国的贸易出口经营人和物流操作人。三是证据琐碎，主要的证据是电子数据证据，甚至还有境外证据。

在本案中，原告认为，被告不应当在货物运到境外后坐地起价，实际滞留原告的出口货物，导致在目的地火车站近在咫尺无法提货，使国际贸易合同无法顺利履行，最终被迫支付费用。被告认为，目的地火车站的储存费用不是被告可以控制的，也不在被告的运输费用报价范围内，被告为了原告利益已经主动分担了部分仓储费用，原告要求被告承担全部费用不合理。案件在审理过程中，承办法官发现，虽然本案的标的不大，但双方对争议各执一词，均无法完全接受对方的观点。原告未聘请律师，是由其法定代表人全程参与案件，而原告的法定代表人的年龄较大，患有慢性病，情绪比较容易激动。被告因案件标的较小，没有聘请专业律师，由公司职员参与诉讼。承办法官认为，本案的争议实体为两个商事主体，解决纠纷必须本着尊重商业规范、维持正当交易秩序的原则进行。如果不查明事实和厘清关系而展开调解，仅仅从标的金额上迫使双方尽量达成一致，难度比较大，也并不能解决双方的矛盾，因此对本案应该本着尽快推进诉讼程序、迅速查明案情作出判决的原则解决，法官要勇于担当，敢于通过专业的判断一锤定音。在案件开庭前，承办法官建立了微信解纷群，组织双方整理提交身份证明材料、授权委托手续、证据材料等，并由法官助理和软件工程师指导双方安装远程庭审应用程序，避免了当事人从异地到法院的奔波之苦，也保障了庭审的质量，最终庭审在半小时内完成。庭审后一周，法院向双方送达了判决书。

判决书对于双方的诉辩请求、举证过程进行了详细陈述，并且根据庭审情况认定了相关的事实。判决理由部分解决了以下几个难题：一是原告、被告双方之间构成何种法律关系？被告系货运代理公司，货运代理企业因处理海上货运代理事务可能与委托人之间形成代理、运输、仓储等不同法律关系，由于双方没有书面协议，因此法院根据业务往来中的入货通知、费用明细、提单显示的项目和内容，认定原告、被告之间构成事实上的海上货运代理合同关系。二是争议的目的地火车站的仓储费是否存在约定的承担方式？通过梳理双方的微信往来记录，法院认定，被告对货物运输到门的整体报价不含铁路堆存费；对具体承担方式，双方曾两次提及，被告最初提出实报实销，但在原告提出其他公司报价后，被告新提交的费用明细明确了堆存费是按天收取固定价格，最终法院认为，该项费用应由原告承担，但计费标准为被告确认的按天固定收费。三是从何时计算，具体金额是多少？因为运输中的仓储存在一定的免费堆存期，被告作为货代企业不宜在运输仓储单位不收费的情况下收费。因此，法院经过核算，最终确定了双方应分担的最终数额。

判决结束后，承办法官进行了案后回访，原告、被告双方均对法院表示感谢，均不提起上诉，被告主动履行了判决。原告、被告双方也同意，为避免分歧和争议，将来要签订书面合同，明确权利义务事项。被告更表示，已将法院判决向各个业务部门传达，下一步对于报价项目需要进行规范，对于境外的费用标准需要及时进行了解和加以调整。

## 【相关法条】

**1.《中华人民共和国民法典》**（2021 年 1 月 1 日施行）

**第五百七十七条** 当事人一方不履行合同义务或者履行合同义务不符合约定的，应当承担继续履行、采取补救措施或者赔偿损失等违约责任。

**第五百八十二条** 履行不符合约定的，应当按照当事人的约定承担违约责任。对违约责任没有约定或者约定不明确，依据本法第五百一十条的规定仍不能确定的，受损害方根据标的的性质以及损失的大小，可以合理选择请求对方承担修理、重作、更换、退货、减少价款或者报酬等违约责任。

**第九百一十九条** 委托合同是委托人和受托人约定，由受托人处理委托人事务的合同。

**2.《最高人民法院关于审理海上货运代理纠纷案件若干问题的规定》**（2020 年 12 月 29 日修正）

**第二条** 人民法院审理海上货运代理纠纷案件，认定货运代理企业因处理海上货运代理事务与委托人之间形成代理、运输、仓储等不同法律关系的，应分别适用相关的法律规定。

承办人：李　军

编写人：李　军

# 21. 中国外某（马来西亚）物流有限公司诉青岛某嵘国际物流有限公司海上货运代理合同纠纷案

## ——“违约金过高”的认定方法及调整原则

### 【合规提示】

本案为原告与被告签订《海运运输代理合同》，被告委托原告代为办理订舱业务，因被告未能按付款保函中承诺的滞纳金标准向原告支付欠款而产生争议。原告、被告均为从事国际货运代理业务的物流公司。滞纳金在法律上属于违约金，法律规定，双方约定的违约金超过一年期银行贷款利率基础之上百分之三十的部分为过分高于损失的违约金，应调整为按照全国银行间同业拆借中心公布的贷款市场报价利率即 LPR 的 1.3 倍计算。本案为国际货运代理行业中货运代理公司之间对订舱业务层层转委托的典型代表，双方一般都在合同中对欠费的滞纳金标准进行明确约定，当滞纳金过分高于造成的损失时，法院有权予以酌减。作为债权人，要注意合同中约定的滞纳金比例不要过高，否则可能会被法院酌减而不能得到全部支持。对于债务人，要注意对约定过高的滞纳金有权在诉讼中抗辩，申请法院综合损失因素予以调整酌减。

### 【案件信息】

**1. 裁判文书字号**

（2022）鲁 72 民初 51 号

**2. 当事人**

原告：中国外某（马来西亚）物流有限公司

被告：青岛某嵘国际物流有限公司

**3. 关键词**

民事　海上货运代理合同　滞纳金　LPR　违约金

## 【裁判要旨】

未超过造成的损失30%的违约金原则上不予酌减，除非依综合衡量应予酌减；高于造成的损失30%的违约金原则上应予酌减，除非依综合衡量不应酌减；应予酌减者，幅度控制也应经过综合衡量决定，衡量因素包括实际损失与预期利益、履行情况与过错程度、公平原则与诚信原则。

## 【基本案情】

在原告中国外某（马来西亚）物流有限公司诉被告青岛某嵘国际物流有限公司海上货运代理合同纠纷案中，青岛海事法院查明案件事实如下：2018年12月11日，原告与被告签订了一份《海运运输代理合同》，被告委托原告代为办理进口货物运输有关的货运代理业务。合同第5条约定，原告及时向被告提供发票，被告核对无误后3～5个工作日内支付给原告。合同对违约责任作了约定，即违约方除按相关规定接受处罚外，还须向另一方支付当月运输付费总额10%的违约金。合同签订后，被告委托原告进行相应的货运代理业务并依约支付了相应费用。

2019年1月7日，被告通过邮件将2019年2月的订舱计划（涉及5票业务）发给原告，并要求原告安排订舱。原告收到上述邮件后，按照被告的要求安排订舱，并将提单和发票发给被告。上述5票业务的每票费用为1630美元。

2019年1月24日，被告通过邮件将2019年3月和4月的订舱计划发给原告，涉及3月的5票货物和4月的5票货物，并要求原告安排订舱。原告收到上述邮件后，按照被告的要求安排了订舱，并将提单和发票发给被告。上述10票业务的每票费用为1630美元。

2019年4月26日，被告员工通过微信将被告盖章的付款保函发给原告员工。付款保函载明，针对前10票业务即2月与3月欠付的16 300美元，被告保证于2019年5月15日前支付上述费用，否则将承担因拖欠付费而产生的一切法律责任，并支付超期每天千分之五的滞纳金。4月出运的5票货物产生的欠费为8150美元。

原告提出诉讼请求：（1）判令被告向原告支付16 300美元及其滞纳金，滞纳金以16 300美元为基数，按每日千分之五计算，自2019年5月

16日起计算至判决生效之日（暂计至具状日2020年11月27日的滞纳金为45 721.50美元）；在庭审中，原告认为，滞纳金的性质是逾期付款的利息，如果法院认定每日千分之五过高，那应该按照LPR利率的4倍予以调整。（2）判令被告向原告支付8150美元及其违约金815美元。（3）判令本案诉讼费用由被告承担。

被告辩称：（1）被告欠原告2019年2月到3月的代理费等费用16 300美元属实，但原告主张支付滞纳金没有事实依据和法律依据。滞纳金主要作为税收、行政部门对逾期当事人给予经济制裁的一种措施，不调整平等民事主体间的权利义务关系。且该滞纳金金额明显高于合同约定的违约金金额，也高于原告的实际损失，即使判决被告支付滞纳金也应当按照原告的实际损失为标准而予以减少滞纳金。原告的损失主要系16 300美元的资金占用损失，可以合同约定的违约金或者中国人民银行同期贷款利率为参照，确定原告的损失。（2）被告不欠原告2019年4月期间的代理费等费用8150美元，故也不应当支付该金额所对应的违约金815美元。

## 【裁判说理】

争议焦点：（1）被告应支付的货运代理费用金额；（2）原告主张的16 300美元按每日千分之五计算的滞纳金是否应当支持，如不支持，如何调整；（3）原告主张的8150美元按照10%计算的违约金是否应当支持。

青岛海事法院认为：依据原告与被告签订的《海运运输代理合同》，被告委托原告代为办理进口货物运输有关的货运代理业务。该合同不违反法律、行政法规的强制性规定，双方之间形成了合法有效的货运代理合同关系。

一、被告应支付的货运代理费用金额

《合同法》第8条规定："依法成立的合同，对当事人具有法律约束力。当事人应当按照约定履行自己的义务，不得擅自变更或者解除合同。依法成立的合同，受法律保护。"第60条第1款规定："当事人应当按照约定全面履行自己的义务。"原告、被告应当按照《海运运输代理合同》的约定全面履行各自的义务。本案中，原告、被告系通过邮件方式进行业务往来，2019年1月7日，被告通过邮件将2019年2月的订舱计划（涉及5票货物）发给原告，并要求原告安排订舱。原告收到上述邮件后，按照被告的要求安排订舱，并将提单和发票发给被告。上述5票业务的每票费用为1630美元。2019年1月24日，被告通过邮件将2019年3月和4月的订舱计划发给原告，涉及3月的5票货物和4月的5票货物，并要求原告安排订舱。原告收到上述邮件后，按照被告的要求安排了订舱，并将提单和发票发给被告。上述10票业务的每票费用为1630美元。《合同法》第109条规定："当事人一方未支付价款或者报酬的，对方可以要求其支付价款或者报酬。"原告接受被告的委托后，已按被告要求安排订舱，代为办理了约定的海上运输货运代理事宜，被告应当按照约定向其支付货运代理费用。

2019年4月26日，被告出具付款保函确认欠付前10票业务费用16 300美元，对该16 300美元被告应当予以支付。对于后5票业务费用8150美元，结合邮件、提单、发票及双方的操作惯例，对该金额可以予以认定，被告也应当予以支付。

二、原告主张的16 300美元按每日千分之五计算的滞纳金是否应当支持，如不支持，如何调整

《合同法》第113条第1款规定："当事人一方不履行合同义务或者履行合同义务不符合约定，给对方造成损失的，损失赔偿额应当相当于因违约所造成的损失，包括合同履行后可以获得的利益，但不得超过违反合同一方订立合同时预见到或者应当预见到的因违反合同可能造成的损失。"被告在付款保函中承诺于2019年5月15日前支付10票业务的费用16 300美元，否则支付超期每天千分之五的（5‰）的滞纳金。就本案而言，产生的滞纳金至原告具状之日（2020年11月27日）已经高达45 721.50美元，近3倍于16 300美元的货运代理费用，该滞纳金显然过高，超出了被告订立货运代理合同时能够预见到的损失范围，故对原告按每日千分之五计算滞纳金的主张，法院不予支持。

《合同法》第114条第2款规定："约定的违约金低于造成的损失的，当事人可以请求人民法院或者仲裁机构予以增加；约定的违约金过分高于造成的损失的，当事人可以请求人民法院或者仲裁机构予以适当减少。"法院在约定的违约金过分高于造成的损失时，可以进行调整，因此本院对被告的调整违约金的抗辩请求予以支持。具体的调整范围根据《最高人民法院关于适用〈中华人民共和国合同法〉若干问题的解释（二）》第29条的规定而定，该条规定："当事人主张约定的违约金过高请求予以适当减少的，人民法院应当

以实际损失为基础，兼顾合同的履行情况、当事人的过错程度以及预期利益等综合因素，根据公平原则和诚实信用原则予以衡量，并作出裁决。当事人约定的违约金超过造成损失的百分之三十的，一般可以认定为合同法第一百一十四条第二款规定的‘过分高于造成的损失’。”就本案而言，因被告未及时支付货运代理费用给原告造成的实际损失应为利息损失，双方约定的违约金超过一年期银行贷款利率基础之上百分之三十的部分为过分高于造成的损失。因此，法院认为违约金应当调整为按照全国银行间同业拆借中心公布的贷款市场报价利率即原告主张的 LPR 的 1.3 倍计算。因此，本案货运代理费用 16 300 美元的逾期付款利息应调整为按 LPR 的 1.3 倍计算，在该范围内的逾期付款利息损失法院予以支持。被告在付款保函中承诺于 2019 年 5 月 15 日前支付，则利息的起算日为 2019 年 5 月 16 日。

原告所主张的按照 LPR 的 4 倍计算利息，属于《最高人民法院关于审理民间借贷案件适用法律若干问题的规定》第 25 条规定的法院支持的利率上限。该条规定，出借人请求借款人按照合同约定利率支付利息的，人民法院应予支持，但是双方约定的利率超过合同成立时一年期贷款市场报价利率四倍的除外。前款所称“一年期贷款市场报价利率”，是指中国人民银行授权全国银行间同业拆借中心 2019 年 8 月 20 日起每月发布的一年期贷款市场报价利率，简称 LPR。但是，《全国法院民商事审判工作会议纪要》第 50 条规定：“认定约定违约金是否过高，一般应当以《合同法》第 113 条规定的损失为基础进行判断，这里的损失包括合同履行后可以获得的利益。除借款合同外的双务合同，作为对价的价款或者报酬给付之债，并非借款合同项下的还款义务，不能以受法律保护的民间借贷利率上限作为判断违约金是否过高的标准，而应当兼顾合同履行情况、当事人过错程度以及预期利益等因素综合确定。主张违约金过高的违约方应当对违约金是否过高承担举证责任。”本案中原告与被告之间并非借款合同关系，而是货运代理合同关系，不能适用 4 倍 LPR 的规定，而只能适用《合同法》的相关规定。故对于原告按照 LPR 的 4 倍调整滞纳金的主张，法院不予支持。

三、原告主张的 8150 美元按照 10% 计算的违约金是否应当支持

《合同法》第 107 条规定：“当事人一方不履行合同义务或者履行合同义务不符合约定的，应当承担继续履行、采取补救措施或者赔偿损失等违约责任。”第 114 条第 1 款规定：“当事人可以约定一方违约时应当根据违约情况

向对方支付一定数额的违约金，也可以约定因违约产生的损失赔偿额的计算方法。”按照《海运运输代理合同》关于违约责任的约定，如果有违约事件发生，违约方除按相关规定接受处罚外，还须向另一方支付当月运输付费总额 10% 的违约金。即被告就该 8150 美元还应向原告支付 10% 的违约金，即 815 美元。对该笔违约金，被告并未提出约定过高需要法院进行调整的抗辩，而且自 2019 年 4 月该笔费用产生至今近三年的时间，815 美元的违约金并不过高，因此法院对该笔违约金予以支持。

## 【法官后语】

受到经济环境多种因素的影响，民商经济活动中违约现象较为突出，对于当事人事先约定了数额畸高的违约金的，考虑到违约金具有补偿作用为主、惩罚作用为辅的特性以及合同实质正义原则，法律赋予司法机关适当调整违约金数额的酌定权。因违约金制度的主要目标是维护守约方的利益，相关法律规定均强调违约金数额应当以损失范围为参照依据。当事人以高于损失 30% 为由主张预定的违约金过高应当调减的，也应当承担相应的举证责任，违约方未能举证的，将承担举证不能的不利后果。违约方提供了初步证据证明违约金明显超过损失 30%，如守约方没有提交相反证据证明其经济损失的具体情况，守约方也需要承担举证不能的不利后果。

根据《全国法院贯彻实施民法典工作会议纪要》的规定，对于当事人请求减少违约金的主张，应当兼顾合同的履行情况、当事人的过错程度等综合因素，根据公平原则和诚信原则予以衡量，因此，司法中也并非完全单一机械地适用超过损失金额 30% 为“过分高于造成的损失”这一判断标准。同时，在审理案件中，也不能在“依法减少违约金”数额时，机械地将违约金数额减少至实际损失的 130%。调减后的违约金仍须满足《民法典》等法律所规定的合理的违约金范畴。在实务中，法官可以灵活衡量行业标准、损失计算、当事人承诺等实际情况作为调减数额的确定依据。

总之，为了保障违约金条款起到实际作用，合同各方应当经过充分协商并保留确定违约金条款的沟通记录，如以格式条款方式设定违约金的，应当提示合同相对人注意。发生争议后，当事人也应针对损失进行举证，作为法院判断是否需要调整违约金的重要参考依据。

## 【相关法条】

**1.《中华人民共和国合同法》**（2021年1月1日废止）

**第八条** 依法成立的合同，对当事人具有法律约束力。当事人应当按照约定履行自己的义务，不得擅自变更或者解除合同。

依法成立的合同，受法律保护。

**第六十条** 当事人应当按照约定全面履行自己的义务。

当事人应当遵循诚实信用原则，根据合同的性质、目的和交易习惯履行通知、协助、保密等义务。

**第一百零七条** 当事人一方不履行合同义务或者履行合同义务不符合约定的，应当承担继续履行、采取补救措施或者赔偿损失等违约责任。

**第一百零九条** 当事人一方未支付价款或者报酬的，对方可以要求其支付价款或者报酬。

**第一百一十三条** 当事人一方不履行合同义务或者履行合同义务不符合约定，给对方造成损失的，损失赔偿额应当相当于因违约所造成的损失，包括合同履行后可以获得的利益，但不得超过违反合同一方订立合同时预见到或者应当预见到的因违反合同可能造成的损失。

经营者对消费者提供商品或者服务有欺诈行为的，依照《中华人民共和国消费者权益保护法》的规定承担损害赔偿责任。

**第一百一十四条** 当事人可以约定一方违约时应当根据违约情况向对方支付一定数额的违约金，也可以约定因违约产生的损失赔偿额的计算方法。

约定的违约金低于造成的损失的，当事人可以请求人民法院或者仲裁机构予以增加；约定的违约金过分高于造成的损失的，当事人可以请求人民法院或者仲裁机构予以适当减少。

当事人就迟延履行约定违约金的，违约方支付违约金后，还应当履行债务。

**对应新法：**

**《中华人民共和国民法典》**（2021年1月1日施行）

**第四百六十五条** 依法成立的合同，受法律保护。

依法成立的合同，仅对当事人具有法律约束力，但是法律另有规定的除外。

**第五百零九条** 当事人应当按照约定全面履行自己的义务。

当事人应当遵循诚信原则，根据合同的性质、目的和交易习惯履行通知、协助、保密等义务。

当事人在履行合同过程中，应当避免浪费资源、污染环境和破坏生态。

**第五百七十七条** 当事人一方不履行合同义务或者履行合同义务不符合约定的，应当承担继续履行、采取补救措施或者赔偿损失等违约责任。

**第五百七十九条** 当事人一方未支付价款、报酬、租金、利息，或者不履行其他金钱债务的，对方可以请求其支付。

**第五百八十四条** 当事人一方不履行合同义务或者履行合同义务不符合约定，造成对方损失的，损失赔偿额应当相当于因违约所造成的损失，包括合同履行后可以获得的利益；但是，不得超过违约一方订立合同时预见到或者应当预见到的因违约可能造成的损失。

**第五百八十五条** 当事人可以约定一方违约时应当根据违约情况向对方支付一定数额的违约金，也可以约定因违约产生的损失赔偿额的计算方法。

约定的违约金低于造成的损失的，人民法院或者仲裁机构可以根据当事人的请求予以增加；约定的违约金过分高于造成的损失的，人民法院或者仲裁机构可以根据当事人的请求予以适当减少。

当事人就迟延履行约定违约金的，违约方支付违约金后，还应当履行债务。

**2.《最高人民法院关于适用〈中华人民共和国合同法〉若干问题的解释（二）》**（2021年1月1日废止）

**第二十九条** 当事人主张约定的违约金过高请求予以适当减少的，人民法院应当以实际损失为基础，兼顾合同的履行情况、当事人的过错程度以及预期利益等综合因素，根据公平原则和诚实信用原则予以衡量，并作出裁决。

当事人约定的违约金超过造成损失的百分之三十的，一般可以认定为合同法第一百一十四条第二款规定的“过分高于造成的损失”。

**对应新法：**

**《最高人民法院关于适用〈中华人民共和国民法典〉合同编通则若干问题的解释》**（2023年12月5日施行）

**第六十五条** 当事人主张约定的违约金过分高于违约造成的损失，请求予以适当减少的，人民法院应当以民法典第五百八十四条规定的损失为基础，兼顾合同主体、交易类型、合同的履行情况、当事人的过错程度、履约背景等因素，遵循公平原则和诚信原则进行衡量，并作出裁判。

约定的违约金超过造成损失的百分之三十的，人民法院一般可以认定为过分高于造成的损失。

恶意违约的当事人一方请求减少违约金的，人民法院一般不予支持。

**3.《最高人民法院关于审理民间借贷案件适用法律若干问题的规定》**（2020年12月29日修正）

**第二十六条** 出借人请求借款人按照合同约定利率支付利息的，人民法院应予支持，但是双方约定的利率超过合同成立时一年期贷款市场报价利率四倍的除外。

前款所称“一年期贷款市场报价利率”，是指中国人民银行授权全国银行间同业拆借中心自2019年8月20日起每月发布的一年期贷款市场报价利率。

**4.《最高人民法院关于适用〈中华人民共和国民法典〉时间效力的若干规定》**（2021年1月1日施行）

**第一条** 民法典施行后的法律事实引起的民事纠纷案件，适用民法典的规定。

民法典施行前的法律事实引起的民事纠纷案件，适用当时的法律、司法解释的规定，但是法律、司法解释另有规定的除外。

民法典施行前的法律事实持续至民法典施行后，该法律事实引起的民事纠纷案件，适用民法典的规定，但是法律、司法解释另有规定的除外。

承办人：王爱玲

编写人：孙学燕

# 22. 青岛某骅国际货运有限公司诉湖南某星进出口贸易有限公司海上货运代理合同纠纷案

## ——货运代理公司订舱义务的认定及违约金过高的调整原则

## 【合规提示】

本案系一起涉外货运代理合同纠纷，20个集装箱从青岛港海上运输至坦桑尼亚达累斯萨拉姆港，再陆路运输至刚果（金）某工厂。对于此类业务，因涉及海铁联运、运输时间长、运输方式多，作为货运代理公司，应当注意对目的地各运输环节发生的费用及时与出口商沟通协调，须获得出口商的确认，对于因自身过错产生的费用无权要求出口商负担。货运代理公司对于自身没有过错负有举证责任，应当注意保存业务操作中的单据，特别是国外单据。出口商则要注意货运代理公司完成订舱出运义务后，货物的具体运输事宜由船公司操作，属于运输合同范围，超出订舱货运代理人的义务范围，出口商无权要求货运代理公司承担货物到港迟延的法律责任。出口商要明晰代理协议中预报费用的具体明细，对于额外发生的费用要及时提出异议，对于非货运代理公司过错发生的费用应予负担，并应及时支付，以防止产生违约金。对于协议中约定的违约金高于实际损失的，有权请求法院予以酌减。

## 【案件信息】

**1. 裁判文书字号**

（2022）鲁72民初1853号

**2. 当事人**

原告：青岛某骅国际货运有限公司

被告：湖南某星进出口贸易有限公司

**3. 关键词**

民事　海上货运代理合同　过错责任　违约金过高　酌减

## 【裁判要旨】

1. 原告已经按照货运代理合同完成了订舱出运义务，货物的具体运输安排事宜由船公司操作，属于运输合同范围，超出原告作为订舱货运代理人的义务范围，被告无权要求原告承担货物到港迟延的法律责任。

2. 关于违约金申请法院予以酌减的，应以是否超过损失的 30% 为调整原则，未超过造成的损失 30% 的违约金原则上不予酌减，除非依综合衡量应予酌减；高于造成的损失 30% 的违约金原则上应予酌减，除非依综合衡量不应酌减；应予酌减者，幅度控制也应经过综合衡量决定，衡量因素包括实际损失与预期利益、履行情况与过错程度、公平原则与诚信原则。

## 【基本案情】

2022 年，被告作为委托人与原告作为代理人签署了《代理协议书》，约定被告委托原告安排海运订舱、仓储、报关、报检、陆运等业务；被告应在船开后 14 日内支付全部费用的 50%，在货物送达后 7 天内支付剩余费用的 50%；如被告未能及时付清运费，每逾期一日支付千分之二的违约金，直至结清全部欠费。

2022 年 5 月 25 日，被告微信指示原告代理运输货物，经青岛港海上运输至坦桑尼亚达累斯萨拉姆港，再陆路运输至刚果（金）某工厂。

接受被告委托后，原告委托青岛某恒源物流有限公司到青岛港联欣场站背箱，到潍坊张家院装货后回重 20 个集装箱至联欣场站。2022 年 5 ~ 6 月，原告按被告要求订舱，20 个集装箱货物装船后，船公司签发了 4 票提单。货物品名均为氧化镁，发货人均为纳某创投有限公司，收货人均为 L 公司。

2022 年 8 月 9 日，原告的联系人冯某征向被告的员工郭某通过微信方式发送报价单，从达累斯萨拉姆港运抵某工厂的费用为 11 630 美元 /20GP。2022 年 8 月 15 日，被告微信确认报价单的内容，指示原告安排后续运输事宜。

2022 年 9 月 22~26 日，原告的联系人冯某征与被告的员工郭某通过微信沟通协调清关文件与车队交接以及卸货事宜。

2022 年 9~10 月，L 公司的签收单显示原告安排目的港车队将货物全部运抵被告指定的刚果（金）某工厂。2022 年 10 月 14 日，被告的员工郭某在微信中对国外已卸货事实进行确认。

2022 年 10 月，原告向深圳市某铁物流有限公司（以下简称深圳某铁公司）出具保函，保证承担边境待时费、卸货地待时费等费用。2022 年 11 月 23 日，深圳市某铁物流有限公司向原告发送邮件，主张实际产生的边境待时费为 2600 美元、卸货地待时费为 18 600 美元、滞箱费为 9455 美元，三部分共计 30 655 美元。

关于产生的费用，原告主张实际产生以下费用：（1）国内段港杂费、拖车费 82 000 元人民币；（2）海运费 84 600 美元；（3）目的港车队运费 232 600 美元；（4）保险费 660 美元；（5）改单费 1800 元人民币；（6）边境待时费 2600 美元；（7）卸货地待时费 18 600 美元；（8）滞箱费 9455 美元。费用总计人民币 83 800 元、美金 348 515。庭审中被告确认已经支付了 50% 的货款，仅欠 128 938 美元以及人民币 1800 元未付。被告同时确认对原告所主张的第 1、2、4、5 项费用无异议，对第 6、7、8 项费用有异议。

另查明，2022 年 6 月 9 日，被告向原告付款人民币 82 000 元；2022 年 7 月 15 日，被告向原告付款 138 322 美元；2022 年 9 月 22 日，被告向原告付款人民币 353 000 元。被告总计支付人民币 82 000 元、188 322 美元。

2022 年 10 月 20 日，银行间外汇市场人民币汇率中间价为 1 美元对人民币 7.1188 元。

另查明，2022 年 11 月 9 日，原告与某律师事务所签订委托代理合同，约定一审案件代理费人民币为 40 000 元，原告已实际支付。为提供保全担保，2022 年 11 月 22 日，原告向中某财产保险股份有限公司支付保险费人民币 2600 元。

原告提出诉讼请求：（1）请求判令被告向原告支付因货运代理业务产生的相关费用人民币 1248 783 元及相应利息；（2）请求判令被告向原告支付律师费 40 000 元；（3）案件受理费、保全费等法律费用由被告承担。后将第一项变更为主张本金人民币 1 140 574 元及自 2022 年 10 月 20 日起按照 1.3 倍的 LPR 计算相应利息；诉讼请求第二项变更为支付律师费 40 000 元人民币以及财产保全保险费 2600 元。

## 【裁判说理】

争议焦点：（1）原告、被告之间的法律关系；（2）原告主张的多项货运代理费用是否应当支持；（3）原告主张的律师费 40 000 元人民币以及财产保全保险费 2600 元人民币是否应当支持；（4）原告主张的违约金损失是否应当得到支持。

青岛海事法院认为：

一、原告、被告之间的法律关系

2022 年，原告与被告签订了《代理协议书》，被告委托原告代为办理海运订舱、仓储、报关、报检、陆运等出口货物运输有关的货运代理业务，该合同不违反法律、行政法规的强制性规定，双方之间形成了合法有效的货运代理合同关系。

《民法典》第 465 条第 1 款规定："依法成立的合同，受法律保护。"第 509 条第 1 款规定："当事人应当按照约定全面履行自己的义务。"第 579 条规定："当事人一方未支付价款、报酬、租金、利息，或者不履行其他金钱债务的，对方可以请求其支付。"本案中，原告与被告之间成立有效的海上货运代理合同关系，双方当事人均应当按照合同约定全面履行自己的义务。现原告作为受托人已完成委托事务，涉案 20 个集装箱货物已顺利运至双方约定的刚果（金）某工厂，被告作为委托人应当按照约定向原告支付相应报酬。

二、原告主张的多项货运代理费用是否应当支持

原告主张涉案货物运输共实际产生如下费用：（1）国内段港杂费、拖车费 82 000 元人民币；（2）海运费 84 600 美元；（3）目的港车队运费 232 600 美元；（4）保险费 660 美元；（5）改单费 1800 元人民币；（6）边境待时费 2600 美元；（7）卸货地待时费 18 600 美元；（8）滞箱费 9455 美元。费用总计人民币 83 800 元、348 515 美元。

关于第 1 ~ 5 项费用，庭审中被告确认仅欠 128 938 美元以及人民币 1800 元未付。被告的自认金额与原告主张的金额之间仅差距第 3 项中的 600 美元，对此原告当庭表示放弃，故被告应当支付其确认的金额。鉴于原告、被告就第 1 ~ 5 项费用共计欠付 128 938 美元以及人民币 1800 元的费用达成一致，故原告有关被告向其支付运费、保险费等共计 128 938 美元以及人民币 1800 元的诉讼请求于法有据，法院予以支持。因最后一辆车的卸货日期为 2022 年 10 月 13 日，按照协议关于在货物送达客人门点之后 7 天内将剩余的 50% 费用全部付清的约定，被告应当自 2022 年 10 月 20 日前支付该费用。128 938 美元按照 2022 年 10 月 20 日美元对人民币汇率 1：7.1188 折合人民

币 917 883.83 元，共计应支付人民币 919 683.83 元。

关于第 6 ~ 8 项费用即共计 30 655 美元的超期费用系本案的争议焦点。对此，原告主张，其已按被告委托将案涉 20 个集装箱运抵刚果（金）工厂，超期费用系因收货人清关不及时、卸货不及时导致，与船舶到港时间无关。原告完成全部代理义务，对于实际产生的费用包括 30 655 美元的滞留费用，被告应当支付。被告抗辩，原告主张的滞留费用归属于被告没有依据，该费用的产生系原告原因产生，原告安排的船舶中途中转、甩货，导致到港时间延迟。到港后因车辆报关及运输、卸货安排不当，导致延期产生各种超期费用。对合同约定的运费等费用之外的后期产生的延期费用不应由被告支付。

其一，关于原告在订舱操作中有无过错的问题。根据双方的聊天记录，被告要求在 7 月送达客户指定交货地点。原告回复“7 月的话估计不一定”，由此可见原告并未向被告承诺 7 月运至目的港。按照货运代理合同，原告已经完成了订舱出运义务，货物的具体运输安排事宜由船公司操作，属于运输合同范围，超出原告作为订舱货运代理人的义务范围。被告关于原告安排的船舶中途中转、甩货，导致到港时间延迟的抗辩理由法院不予支持。

其二，关于货物到港后产生的边境待时费 2600 美元、卸货地待时费 18 600 美元。被告抗辩称原告联系的车队未及时获取清关文件，故意不安排卸货赚取压车费用，并拒绝被告客户的员工卸货。原告、被告之间的《代理协议书》中约定：被告委托原告安排海运订舱、仓储、报关、报检、陆运等业务。结合 2022 年 8 月 9 日原告的联系人冯某征向被告的员工郭某通过微信方式发送的报价单载明的“收货人或其目的地清关代理需要提前 15 天提供相应的转关文件，因提交资料不及时而产生的任何相关后果及额外费用我司不承担”内容以及 2022 年 9 月 22 日、9 月 23 日、9 月 24 日、9 月 26 日双方之间的微信记录可以看出，目的港清关及卸货卸车工作由收货人负责安排，由被告联系客户负责。自达累斯萨拉姆港至刚果（金）的陆上运输，原告委托深圳某铁公司完成。通过微信记录可以看出，原告一直在积极沟通协调边境清关文件与车队交接以及卸货事宜。由此可见，等待清关文件、等待卸货是导致车辆产生边境待时费、卸货地待时费的原因。

法院认为，本案中清关及卸货由收货人负责安排，由被告联系客户负责，就边境待时费 2600 美元，原告已尽代理人义务，不存在过错，被告应予支付。2600 美元按照 2022 年 10 月 20 日美元对人民币汇率 1∶7.1188 折合人民币 18 508.88 元。就卸货地待时费 18 600 美元而言，在案证据显示，2022 年 9 月 27 日至 10 月 5 日，19 辆车正常卸货。最后一辆车未正常安排卸货，车队要求收到全部费用后卸货。因原告没有及时支付货车费用，最后一辆车出现拖延卸货、拒绝卸货的情况。该车于 10 月 3 日到达卸货地，10 月 13 日卸货完毕，共产生 2000 美元的卸货地待时费，该笔费用由原告过错行为产生，被告对此笔费用的产生无过错，法院对原告该 2000 美元的诉请不能支持。综上，原告有关被告向其支付卸货地待时费 16 600 美元的诉讼请求于法有据，法院予以支持。16 600 美元按照 2022 年 10 月 20 日美元对人民币汇率 1∶7.1188 折合人民币 118 172.08 元。同时，按照《民事诉讼法》第 67 条第 1 款的规定："当事人对自己提出的主张，有责任提供证据。"被告未能提交充分证据证明原告联系的车队未及时获取清关文件，故意不安排卸货赚取压车费用，并拒绝被告客户的员工卸货，原告又不予认可，对此被告承担举证不能的法律后果。

其三，关于滞箱费 9455 美元，涉案货物经青岛港海上运输至坦桑尼亚达累斯萨拉姆港，再经陆上陆输至刚果（金）某厂区。根据原告、被告之间的《代理协议书》第 6 项的约定，因货物提取不及时产生的滞箱费、堆存费、港口费、货物处理费等被告应与发货人、目的港收货人承担连带责任；如果因此给原告造成了经济损失，则被告还应当赔偿原告的所有经济损失包括但不限于律师费、诉讼费等。法院认为，集装箱超期使用费属于海上货物运输合同一方当事人迟延履行归还集装箱的义务所造成的违约损失。航运公司通过网站公布集装箱超期使用费的标准是国内外航运业的通常做法。从原告提交的提单来看，滞期费应按一般费率计算和支付，该费率可在 www.cma-cgm.com 官网或 CMA CGM 代理机构查询。若有特殊的免费期条款，则按照一般费率表适用的费率从免费期最后一天的次日开始计算。且被告对该收费标准并未提出异议，因此，法院认为可以采用船东网站上公布的收费标准计算涉案集装箱的超期使用费，法院对该笔费用予以支持。9455 美元按照 2022 年 10 月 20 日美元对人民币汇率 1∶7.1188 折合人民币 67 308.25 元。

三、原告主张的律师费人民币 40 000 元以及财产保全保险费人民币 2600 元是否应当支持

原告主张，结合证据一《代理协议书》第 6 条约定，被告应赔偿原告律师费人民币 40 000 元及保险费人民币 2600 元。被告抗辩，对由于原告的过

错行为其主张的支付律师费、保全费应予驳回。根据原告、被告之间的《代理协议书》第6项约定，因货物提取不及时产生的滞箱费、堆存费、港口费、货物处理费等被告应与发货人、目的港收货人承担连带责任；如果因此给原告造成了经济损失，则被告还应当赔偿原告的所有经济损失包括但不限于律师费、诉讼费等。根据该约定，因货物提取不及时被告还应当赔偿原告的所有经济损失，原告实际支付40 000元律师费及2600元财产保全保险费，故对原告律师费、保全保险费的主张法院予以支持。

四、原告主张的违约金损失是否应当得到支持

关于违约金，原告主张自2022年10月20日起按照1.3倍LPR计算相应利息。原告、被告之间的《代理协议书》第5项规定："被告应在船开后14日支付全部费用的50%，最迟不能超过领取提单日。在货物送达客人门点之后7天内将剩余的50%费用全部付清。如被告未能及时付清运费，每逾期一日应向原告支付逾期费用千分之二的违约金，直至结清全部欠费。"

《民法典》第577条规定："当事人一方不履行合同义务或者履行合同义务不符合约定的，应当承担继续履行、采取补救措施或者赔偿损失等违约责任。"第584条规定："当事人一方不履行合同义务或者履行合同义务不符合约定，造成对方损失的，损失赔偿额应当相当于因违约所造成的损失，包括合同履行后可以获得的利益；但是，不得超过违约一方订立合同时预见到或者应当预见到的因违约可能造成的损失。"法院认为，利息属于被告违约给原告造成的损失，应当支付，因最后一辆车的卸货日期为2022年10月13日，按照协议关于在货物送达客人门点之后7天内将剩余的50%费用全部付清的约定，利息自履行期限届满之次日即2022年10月21日起算。《民法典》第585条第1款、第2款规定："当事人可以约定一方违约时应当根据违约情况向对方支付一定数额的违约金，也可以约定因违约产生的损失赔偿额的计算方法。约定的违约金低于造成的损失的，人民法院或者仲裁机构可以根据当事人的请求予以增加；约定的违约金过分高于造成的损失的，人民法院或者仲裁机构可以根据当事人的请求予以适当减少。"法院认为，原告主张按照全国银行间同业拆借中心公布的贷款市场报价利率的1.3倍计算并不违反法律规定，也并未超出被告的可预见范围。在该范围内的逾期付款利息损失法院予以支持。

综上所述，原告与被告之间形成货运代理合同关系，原告对被告的部分

诉讼请求事实清楚，证据充分，法院予以支持。被告应当支付原告货运代理费用及相应利息，对于超出上述范围的诉讼请求法院不予支持。判决如下：一、被告湖南某星进出口贸易有限公司应于本判决生效之日起10日内向原告青岛某骅国际货运有限公司支付货运代理费用128 938美元以及人民币1800元，折合人民币919 683.83元；二、被告湖南某星进出口贸易有限公司应于本判决生效之日起10日内向原告青岛某骅国际货运有限公司支付边境待时费2600美元，折合人民币18 508.88元；三、被告湖南某星进出口贸易有限公司应于本判决生效之日起10日内向原告青岛某骅国际货运有限公司支付卸货地待时费16 600美元，折合人民币118 172.08元；四、被告湖南某星进出口贸易有限公司应于本判决生效之日起10日内向原告青岛某骅国际货运有限公司支付滞箱费9455美元，折合人民币67 308.25元；五、被告湖南某星进出口贸易有限公司应于本判决生效之日起10日内向原告青岛某骅国际货运有限公司支付上述第一项至第四项费用所产生的逾期付款利息，以人民币1 123 673.04元为基数，自2022年10月21日起至实际履行之日止，按同期全国银行间同业拆借中心公布的贷款市场报价利率的1.3倍计算；六、被告湖南某星进出口贸易有限公司应于本判决生效之日起10日内向原告青岛某骅国际货运有限公司支付律师费40 000元；七、被告湖南某星进出口贸易有限公司应于本判决生效之日起10日内向原告青岛某骅国际货运有限公司支付财产保全保险费2600元；八、驳回原告青岛某骅国际货运有限公司的其他诉讼请求。

## 【法官后语】

本案系一起海上货运代理合同纠纷，被告出运的20个集装箱从青岛港海运运至坦桑尼亚达累斯萨拉姆港，再经陆运运至刚果（金）某工厂。被告委托原告安排海运订舱、仓储、报关、报检、陆运等业务，原告预报的目的港价格费用不包括刚果（金）清关、卸货、关税和税收以及相关费用，而有其他额外费用产生则实报实销，被告微信确认。双方的争议焦点在于卸货地待时费、超期箱使费、边境待时费等费用30 655美元。对此法院需要审查原告对于这些费用的产生有无过错。关于边境待时费，因货物清关及卸货由收货人负责安排，由被告联系客户负责，原告已尽代理人义务，不存在过错，被告应予支付。就卸货地待时费，法院查明19辆车正常卸货，最后一辆车未正常安排卸货系原告没有及时支付货车费用导致，原告负有过错，故对该辆车产生的待时费予以扣减。集装箱超期使用费属于海上货物运输合同一方当事人迟延履行归还集装箱的义务所造成的违约损失。航运公司通过网站公布集装箱超期使用费的标准是国内外航运业的通常做法。案涉提单正面附加条款规定滞期费率可在 www.cma-cgm.com 官网或 CMA CGM 代理机构查询，视同该费率并入运输合同，可以作为计算依据。但是对于集装箱超期使用费承运人负有减损义务，即不能超过一个新箱价值，因案涉费用并未超过集装箱重置价值，故法院予以支持。

双方在代理协议中约定，如被告未能及时付清运费，每逾期一日应向原告支付逾期费用千分之二的违约金，直至结清全部欠费。对过高的违约金，考虑到违约金具有补偿作用为主、惩罚作用为辅的特性以及合同实质正义原则，法律赋予司法机关适当调整违约金数额的酌定权。因违约金制度的主要目标是维护守约方的利益，相关法律规定均强调违约金数额应当以损失范围为参照依据。当事人以高于损失 30% 为由主张预定的违约金过高应当调减的，也应当承担相应的举证责任，违约方未能举证的，将承担举证不能的不利后果。违约方提供了初步证据证明违约金明显超过损失 30%，如守约方没有提交相反证据证明其经济损失的具体情况，守约方也应承担举证不能的不利后果。就本案而言，原告以 LPR 作为其经济损失的证据，以此为基础主张 LPR 的 1.3 倍的利息损失，符合法律规定的精神，法院予以支持。

## 【相关法条】

**《中华人民共和国民法典》**（2021 年 1 月 1 日施行）

**第四百六十五条** 依法成立的合同，受法律保护。

依法成立的合同，仅对当事人具有法律约束力，但是法律另有规定的除外。

**第五百零九条** 当事人应当按照约定全面履行自己的义务。

当事人应当遵循诚信原则，根据合同的性质、目的和交易习惯履行通知、协助、保密等义务。

当事人在履行合同过程中，应当避免浪费资源、污染环境和破坏生态。

**第五百七十七条** 当事人一方不履行合同义务或者履行合同义务不符合约定的，应当承担继续履行、采取补救措施或者赔偿损失等违约责任。

**第五百七十九条** 当事人一方未支付价款、报酬、租金、利息，或者不履行其他金钱债务的，对方可以请求其支付。

**第五百八十四条** 当事人一方不履行合同义务或者履行合同义务不符合约定，造成对方损失的，损失赔偿额应当相当于因违约所造成的损失，包括合同履行后可以获得的利益；但是，不得超过违约一方订立合同时预见到或者应当预见到的因违约可能造成的损失。

**第五百八十五条** 当事人可以约定一方违约时应当根据违约情况向对方支付一定数额的违约金，也可以约定因违约产生的损失赔偿额的计算方法。

约定的违约金低于造成的损失的，人民法院或者仲裁机构可以根据当事人的请求予以增加；约定的违约金过分高于造成的损失的，人民法院或者仲裁机构可以根据当事人的请求予以适当减少。

当事人就迟延履行约定违约金的，违约方支付违约金后，还应当履行债务。

承办人：王爱玲

编写人：王爱玲

# 23. 某交通设施有限公司诉青岛全某威国际物流有限公司、全某威（肯尼亚）物流有限公司海上货运代理合同纠纷案

——海上货运代理关系中货运代理造成损失时过错推定原则的适用

## 【合规提示】

本案系一起托运人诉货运代理人的海上货运代理合同纠纷案件。货物到达港口后，被当地海关扣押、罚款。双方对托运人的损失承担问题产生争议。在海上货物运输中，托运人应在货运代理合同中尽可能明确、详细地描述代运货物的名称、种类、数量、包装方式等，同时对于违约责任作出具体约定，保留有关因被指控虚假申报而额外支付税款的证据；货运代理企业则应保留

所有如实申报海关的证据材料。

## 【案件信息】

**1. 裁判文书字号**

（2020）鲁72民初445号、（2021）鲁民终289号

**2. 当事人**

原告：某交通设施有限公司

被告：青岛全某威国际物流有限公司、全某威（肯尼亚）物流有限公司

**3. 关键词**

民事　海上货运代理合同　委托人　货运代理人

## 【裁判要旨】

1. 我国《涉外民事关系法律适用法》第10条规定："涉外民事关系适用的外国法律，由人民法院、仲裁机构或者行政机关查明。当事人选择适用外国法律的，应当提供该国法律。不能查明外国法律或者该国法律没有规定的，适用中华人民共和国法律。"对涉外民事关系的法律适用进行确定时，应首先遵照当事人之间的约定，若当事人主张适用其他法律但未提供相关法律文本的，应视为当事人主张适用的其他法律无法查明。

2. 根据《最高人民法院关于审理海上货运代理纠纷案件若干问题的规定》第3条的规定，界定货运代理人主要有四条标准：一是当事人之间的具体约定；二是运输单证的签发；三是报酬的取得方式；四是双方当事人之间的交易习惯。合同中关于权利义务的约定是确定当事人之间的法律关系首先要考虑的因素。在货运代理人与委托人签订书面合同的情形下，人民法院应首先根据合同约定的内容来认定双方之间形成何种法律关系，进而确定货运代理企业承运人抑或代理人的法律地位。但在没有合同约定或者约定不明确的情况下，人民法院应当依照当事人的实际履行行为综合各种因素确定当事人之间的法律关系。实践中货运代理企业报酬的取得方式、开具发票的类型以及双方的交易习惯等是人民法院认定法律关系应当考虑的因素。

3. 海上货运代理合同法律关系中适用过错推定责任原则。根据《最高人民法院关于审理海上货运代理纠纷案件若干问题的规定》第10条的规定，委托人以货运代理企业处理海上货运代理事务给委托人造成损失为由，主张由

货运代理企业承担相应赔偿责任的，人民法院应予支持，但货运代理企业证明其没有过错的除外。原《合同法》第409条（现为《民法典》第932条）规定："两个以上的受托人共同处理委托事务的，对委托人承担连带责任。"不实申报的行为人，在处理货运代理事务时有过错的，对于货物被海关扣押而造成的损失应当承担赔偿责任。

4. 法定的违约赔偿损失的金额应当相当于因违约所造成的损失，包括合同履行后可以获得的利益，但不得超过违反合同一方订立合同时预见到或者应当预见到的因违反合同可能造成的损失。

## 【基本案情】

在某交通设施有限公司（以下简称交通设施公司）诉青岛全某威国际物流有限公司（以下简称青岛全某威公司）、全某威（肯尼亚）物流有限公司（以下简称肯尼亚全某威公司）海上货运代理合同纠纷案中，山东省高级人民法院查明案件事实如下：肯尼亚全某威公司系青岛全某威公司在肯尼亚设立的连锁机构。2018年2月，两被告作为货物代理人，承诺将原告的货物海运至目的地肯尼亚蒙巴萨港口并负责将该批货物由该港口转运至原告的库房后，交通设施公司再支付被告海运费等。交通设施公司将代运货物的名称种类、数量、包装方式等均及时地发给了青岛全某威公司。该货物于2018年3月23日到达肯尼亚蒙巴萨港口后，因违反了2004年版《东非共同体海关管理法条例》第203条规定而被肯尼亚海关扣押，原告被指控虚假申报，肯尼亚海关下达了虚假申报处理命令，对原告罚款（罚金）555 000肯先令（折合人民币39 312.90元），取消原第68×××78号进口报关，责令提交新的报关，直至2018年5月22日被告才将该批货物运送至原告库房，至此该批货物已被肯尼亚海关扣押60天。原告因虚假申报、货物被扣押遭受了经济损失。

原告提出诉讼请求：判令两被告连带赔偿原告遭受的各项经济损失。

两被告共同辩称：（1）交通设施公司所称的"在肯尼亚海关虚假申报"与两被告无关，两被告对此不存在任何过错，无须承担任何责任。被告青岛全某威公司根据原告交通设施公司的委托，只是处理（实际上也只能处理）涉案货物出口的相关事宜，比如订舱、安排海上运输等，涉案货物已经完好无损地运输到目的港肯尼亚蒙巴萨港，青岛全某威公司已经完成了交通设施公司的委托事项。交通设施公司所称的"在肯尼亚海关虚假申报"与青岛全某威公司完全无关，该公司无须承担任何责任。根据青岛全某威公司提交的证据以及交通设施公司提交的证据，交通设施公司实际上委托了案外人私某肯国际货运有限公司进行了肯尼亚的进口报关以及转运。交通设施公司所称的“在肯尼亚海关虚假申报”也与肯尼亚全某威公司无关，该公司无须承担任何责任。（2）交通设施公司主张的损失和费用缺乏事实和法律依据，并且因其未尽减损义务而致损失和费用扩大。

## 【裁判说理】

争议焦点：（1）本案争议所适用的法律问题；（2）青岛全某威公司和肯尼亚全某威公司是否接受交通设施公司的委托处理了涉案货物在肯尼亚的进口报关事宜，以及其代理过程是否存在过错的问题。

山东省高级人民法院认为：本案系海上货运代理合同纠纷。交通设施公司和肯尼亚全某威公司为外国法人，本案为涉外商事纠纷，应当按照审理涉外民商事纠纷的有关规定进行审理。就交通设施公司与青岛全某威公司之间的争议，交通设施公司和青岛全某威公司在一审中均选择适用中华人民共和国法律；就交通设施公司与肯尼亚全某威公司之间的争议，交通设施公司在一审中主张适用中华人民共和国法律，肯尼亚全某威公司在一审中主张适用肯尼亚法律，但其未能提交肯尼亚相关法律。肯尼亚法律不能查明，应适用中华人民共和国法律。综上，中华人民共和国法律为处理本案实体争议的准据法。

从交通设施公司代表人李某瑞与“Bruce”于2018年1月9日、5月19日和5月22日的微信聊天记录来看，“Bruce”参与了涉案货物在目的港的陆运事宜。其向李某瑞发送了涉案货物的报关单，报关单上记载的联系人为“Bruce”，电子邮箱为肯尼亚全某威公司的电子邮箱，“Bruce”在报关单上作了报关单信息全部属实的声明。依据以上事实可以认定，“Bruce”为肯尼亚全某威公司员工。结合肯尼亚标准局检验和批准文件上预留的电子邮箱为肯尼亚全某威公司的电子邮箱，肯尼亚全某威公司从交通设施公司处收取了清关费550美元和报关单制作费50美元的事实，可以认定肯尼亚全某威公司实际进行了报关或委托私某肯公司进行了报关。肯尼亚标准局检验和批准文件、东非共同体统一单证及SIGINON堆场收款收据上载明的清关代理为私某肯公司，但青岛全某威公司和肯尼亚全某威公司所举证据不能证明交通设施公司直接委托了私某肯公司作为清关代理。肯尼亚全某威公司在一审中提交一份“NANCY”签署的授权书，但其没有举证证明该人有权代理交通设施公司签署授权书，也没有提交证据证明上述授权书是交通设施公司提交给肯尼亚有关机关的，因此上述授权书不能证实交通设施公司与私某肯国际货运有限公司之间建立了委托合同关系。在此情况下，应当认定肯尼亚全某威公司委托了私某肯公司作为清关代理。

在本案所涉货物出运前，李某瑞要求肯尼亚全某威公司人员“周某”就“总的价格，包干的全部价格”进行报价，“周某”告知了李某瑞包括海运费、起运港费用在内的费用。青岛全某威公司出具的《全某威报价单》载明了海运费、起运港费用和目的港的费用。肯尼亚全某威公司在肯尼亚向交通设施公司收取了起运港费用人民币 15 182 元。由以上事实可以看出，青岛全某威公司和肯尼亚全某威公司就本案所涉货物全程运输事宜，包括肯尼亚进口通关事宜，共同接受了交通设施公司的委托。

交通设施公司将装箱单发送给肯尼亚全某威公司员工“周某”，该装箱单载明的货物类别有八个。“周某”将修改后的装箱单发送给交通设施公司，修改后的装箱单记载的货物类别为两个。因此，将报关单填写为两个货物类别，是肯尼亚全某威公司决定的，而非交通设施公司或私某肯公司决定的。《最高人民法院关于审理海上货运代理纠纷案件若干问题的规定》第 10 条规定：“委托人以货运代理企业处理海上货运代理事务给委托人造成损失为由，主张由货运代理企业承担相应赔偿责任的，人民法院应予支持，但货运代理企业证明其没有过错的除外。”《合同法》第 409 条规定：“两个以上的受托人共同处理委托事务的，对委托人承担连带责任。”青岛全某威公司和肯尼亚全某威公司是不实申报的行为人，其在处理货运代理事务时有过错，对于货物被海关扣押而造成的损失应当承担赔偿责任。

货物于 2018 年 3 月 22 日到港，交通设施公司于 6 天后（3 月 28 日）缴纳 1 060 362 肯尼亚先令税款，交通设施公司没有举证证明上述税款是因其被指控虚假申报而额外支付的税款，因此应当认定上述款项属于在如实报关的情况下也应缴纳的税款，因此不属于青岛全某威公司和肯尼亚全某威公司赔偿的范围。

交通设施公司主张其被指控虚假申报，于 2018 年 5 月 17 日向肯尼亚税务局支付了 439 923 肯尼亚先令额外税款，并提交了相应的付款证据。青岛全某威公司和肯尼亚全某威公司没有提交相反证据予以反驳，因此上述439 923肯尼亚先令应当由青岛全某威公司和肯尼亚全某威公司予以赔偿。

对于交通设施公司于2018年5月17日向太某船务（肯尼亚）有限公司支付的194 976肯尼亚先令，青岛全某威公司和肯尼亚全某威公司认为，该费用是交通设施公司未及时减损而支出的集装箱超期使用费，应由交通设施公司自行承担。法院认为，集装箱超期使用费是因为货物被海关扣押而产生的，应当由青岛全某威公司和肯尼亚全某威公司向交通设施公司赔偿。SIGINON堆场收取的仓储费用1560美元应为货物被海关扣押而产生，因此亦应由青岛全某威公司和肯尼亚全某威公司予以赔偿。

根据青岛全某威公司于2018年3月7日制作的《费用确认单》，涉案货物的海运费为3300美元，青岛全某威公司和肯尼亚全某威公司除上述海运费外，还向交通设施公司收取了船公司费用1839.40美元。其收取上述1839.40美元没有依据，应退还交通设施公司。如果货物不被海关扣押，则不会产生2018年5月18日开始计算的超期箱使费360美元，以及2018年5月19日开始计算的待时费1200美元，上述费用应由青岛全某威公司和肯尼亚全某威公司退还交通设施公司。肯尼亚全某威公司收取的其他费用，为货物运输过程中必然发生的费用，与货物被扣押无关，交通设施公司要求青岛全某威公司和肯尼亚全某威公司赔偿，没有事实和法律依据。

综上所述，青岛全某威公司和肯尼亚全某威公司应连带赔偿交通设施公司海关罚款555 000肯尼亚先令、肯尼亚税务局税款439 923肯尼亚先令、向太某船务（肯尼亚）有限公司支付的194 976肯尼亚先令、SIGINON堆场仓储费用1560美元，并向交通设施公司退还2018年5月18日开始计算的超期箱使费360美元、2018年5月19日开始计算待时费1200美元、船公司费用1839.40美元，以上共计1189 899肯尼亚先令、4959.40美元。交通设施公司2020年2月提起本案诉讼时，肯尼亚先令兑人民币的汇率为1：0.06956，美元兑人民币的汇率为1：6.9923，折算后，青岛全某威公司和肯尼亚全某威公司应向交通设施公司支付人民币117 446.98元。

交通设施公司称青岛全某威公司和肯尼亚全某威公司向其收取了120万肯尼亚先令，但其提交的证据不足以证实其主张，对于交通设施公司要求青岛全某威公司和肯尼亚全某威公司赔偿该120万肯尼亚先令的诉讼请求，法院不予支持。

交通设施公司主张，涉案货物被海关扣押，影响了其履行与中某肯尼亚有限公司之间的合同，给其造成损失。法院认为，《合同法》第113条规定："当事人一方不履行合同义务或者履行合同义务不符合约定，给对方造成损失的，损失赔偿额应当相当于因违约所造成的损失，包括合同履行后可以获得的利益，但不得超过违反合同一方订立合同时预见到或者应当预见到的因违反合同可能造成的损失。"交通设施公司所称的上述损失即使存在，也不属于青岛全某威公司和肯尼亚全某威公司订立合同时预见到或者应当预见到的损失。另外，交通设施公司得知青岛全某威公司和肯尼亚全某威公司向海关作出不实申报后，没有要求该两公司重新申报，亦存在一定过错，因此上述损失应当由其自行承担。

## 【法官后语】

随着我国国际货运市场的发展，行业呈现精细化分工的趋势，货运代理人作为货主和承运人的中间商，既掌握着大量的货主客源，也掌握着大量的承运渠道，自身还有相应的仓储、报关、派送等业务，在国际货运市场中有着举足轻重的作用。在货运代理人大量参与市场的过程中，各类纠纷也随之而来，为了避免自身的合法权益受到不应有的损害，下文对货运代理人在代理过程中可能受到的赔偿责任进行分析。

一、什么是货运代理人

根据我国《国际货物运输代理业管理规定》第2条的规定，国际货物运输代理业，是指接受进出口货物收货人、发货人的委托，以委托人的名义或者以自己的名义，为委托人办理国际货物运输及相关业务并收取服务报酬的行业。另根据《国际货物运输代理业管理规定实施细则》(2004年修订)第2条规定，国际货物运输代理企业可以作为进出口货物收货人、发货人的代理人，也可以作为独立经营人，从事国际货运代理业务。从上述法律规定可以看出，货运代理人也就是货运代理企业，其既可以作为代理人也可以作为独立经营人在国际货运市场中参与经营活动。而这两者在责任的承担上有着显著的区别。

国际货运代理企业作为代理人从事国际货运代理业务，是指国际货运代理企业接受进出口货物收货人、发货人或其代理人的委托，以委托人名义或者以自己的名义办理有关业务，收取代理费或佣金的行为。

国际货运代理企业作为独立经营人从事国际货运代理业务，是指国际货运代理企业接受进出口货物收货人、发货人或其代理人的委托，签发运输单证、履行运输合同并收取运费以及服务费的行为。

本文仅讨论狭义上的货运代理人，也就是接受进出口货物收货人、发货人或其代理人的委托，以委托人名义或者以自己的名义办理有关业务，收取代理费或佣金的货运代理企业的角度，并分析可能存在的赔偿责任。

二、合同性质的认定

就狭义上的货运代理人而言，因其从事的是代理工作，故在实践中货代与货主之间的合同一般被认定为货运代理合同而非货物运输合同，而货运代理合同是委托合同的一种，那么货运代理人作为委托合同中的受托人自然承担受托人的责任。《合同法》第 398 条规定："委托人应当预付处理委托事务的费用。受托人为处理委托事务垫付的必要费用，委托人应当偿还该费用及其利息。"

三、赔偿责任的确定

在司法实践中，通常有以下几种情形的赔偿责任：

1. 代理费用的退还责任。委托人支付货运代理费的对价是受托人即货代全部完成其应尽的代理工作，包括货物的安全、按时抵达等合同约定的工作内容。若因受托人的过错送货迟延、货物毁损等即为未按约履行合同，应退还货运代理费，具体退还数额可根据双方过错由法院酌情认定。因而货运代理人除在代理过程中严格履行自身职责避免出错外，也要注意收集货主的过错行为，为后续可能承担的退费减轻数额和责任。

2. 货物延期交货时的赔偿责任。货运代理人作为委托合同中的受托人负有勤勉和审慎义务，应尽自己所能选择合适的运输路线、运输方案，保障货物能安全、按时地运抵目的地。只要货运代理人在其本职工作内尽到了勤勉义务，完成了应尽的工作职责，就因运输问题造成的逾期交货，货运代理人不承担赔偿责任。换而言之，如果因货运代理人的过错如没有选择合适的运输方案导致交货迟延的，货运代理人应当根据其过错承担相应的责任。

3. 货物毁损时的赔偿责任。货物的毁损一般发生在仓储和运输过程中。就运输过程而言，既然是代理人，实际运输过程就不是货代的职责范围，只要货运代理人在选择运输公司、运输路线、方案上尽到了勤勉和审慎义务，在运输过程中发生的货物毁损货运代理人不承担赔偿责任。当然，一般根据合同约定，货运代理人需要协助货主向承运人、保险人进行索赔。不予协助的话可能要承担违约责任。就仓储而言，若货运代理合同中约定了货运代理人负责货物运输前的仓储，那么如果货运代理人没有尽到妥善的保管义务导致货物毁损，需要承担相应的赔偿责任。如果合同约定货运代理人只是代理货主租赁仓库，实际的仓储服务由其他人负责的，那么货运代理人如果在对于仓库和保管人的选择上没有过错的话，也无须对货损承担赔偿责任。

4. 货物价格涨跌和预期利润损失的赔偿责任。货运代理人完整履行了货代合同中全部的义务，此时货物价格的涨跌自然与货运代理人无关，后续货物如何销售、取得多大的利润也不是货运代理人的职责范围，自然不存在赔偿问题。但是若因货运代理人的原因导致货物交付迟延，此时货物价格若有所降低，货运代理人是否需要承担赔偿责任则需要判断该货物价格的涨跌是否在货运代理人签订该货运代理合同时能够预见。若货物价格的下跌具有可预见性，则货运代理人需要按其过错承担相应赔偿责任；若不具有可预见性，货运代理人就无须承担责任。预期利润损失也是同理。有些货主如果因为货物逾期交付导致下游合同解除或是销售利润降低，而要求货运代理人承担赔偿责任的，则要看货运代理人在签署货运代理合同时有没有预见到这份预期利润。此时能否预见主要取决于货主是否提前告知。若货主没有提前告知，货运代理人一般也无从得知货物的销售情况，无须承担责任。若货主提前告知了货运代理人如货物要及时到达，否则会有多大的利润损失要求货运代理人赔偿，此时因货运代理人过销导致的损失货主可以要求货运代理人根据过错程度承担相应的赔偿责任。

## 【相关法条】

**1.《中华人民共和国合同法》**（2021 年 1 月 1 日废止）

**第一百一十三条** 当事人一方不履行合同义务或者履行合同义务不符合约定，给对方造成损失的，损失赔偿额应当相当于因违约所造成的损失，包括合同履行后可以获得的利益，但不得超过违反合同一方订立合同时预见到或者应当预见到的因违反合同可能造成的损失。

经营者对消费者提供商品或者服务有欺诈行为的，依照《中华人民共和国消费者权益保护法》的规定承担损害赔偿责任。

**第四百零九条** 两个以上的受托人共同处理委托事务的，对委托人承担连带责任。

**对应新法：**

**《中华人民共和国民法典》**（2021年1月1日施行）

**第五百八十四条** 当事人一方不履行合同义务或者履行合同义务不符合约定，造成对方损失的，损失赔偿额应当相当于因违约所造成的损失，包括合同履行后可以获得的利益；但是，不得超过违约一方订立合同时预见到或者应当预见到的因违约可能造成的损失。

**第九百三十二条** 两个以上的受托人共同处理委托事务的，对委托人承担连带责任。

**2.《最高人民法院关于审理海上货运代理纠纷案件若干问题的规定》**（2020年12月29日修正）

**第三条** 人民法院应根据书面合同约定的权利义务的性质，并综合考虑货运代理企业取得报酬的名义和方式、开具发票的种类和收费项目、当事人之间的交易习惯以及合同实际履行的其他情况，认定海上货运代理合同关系是否成立。

**第十条** 委托人以货运代理企业处理海上货运代理事务给委托人造成损失为由，主张由货运代理企业承担相应赔偿责任的，人民法院应予支持，但货运代理企业证明其没有过错的除外。

承办人：李　翊

编写人：崔婷婷

# 24. 青岛世某云商国际贸易有限公司诉德某（中国）货运代理有限公司青岛分公司、德某（中国）货运代理有限公司、泛某集运有限公司海上货运代理合同纠纷案

——货运代理合同纠纷中货损赔偿主体及赔偿金额认定

## 【合规提示】

本案系一起海上货运代理合同纠纷，原告为货主（正本提单持有人），被告一为原告的货运代理人，被告二为被告一的总公司，被告三为实际承运人。本案纠纷系由被告一未按照与原告的约定，通知承运人未经原告书面同意不得电放提单或放货，致使承运人向国外客户放货而引发。货运代理合同关系的形成并不以书面协议的存在为必要，法院在认定关系存在时，会重点考察当事人的意思表示，若无书面合同，则业务往来过程中形成的文件，如订舱委托书、费用确认单、发票、提单等，对货运代理合同关系具有初步的证明作用。货运代理人应按照与委托人的协议约定行事，若因过错给委托人造成损失，应当承担赔偿责任。因此，作为货运代理企业，应忠诚地履行职责，保障委托人的利益。

## 【案件信息】

**1. 裁判文书字号**

（2020）鲁72民初1317号、（2021）鲁民终24号、（2021）鲁民申12206号

**2. 当事人**

原告：青岛世某云商国际贸易有限公司

被告：德某（中国）货运代理有限公司青岛分公司、德某（中国）货运代理有限公司、泛某集运有限公司

3. 关键词

民事　海上货运代理合同　事实合同关系　无单放货　赔偿责任

## 【裁判要旨】

1. 书面合同并不是证明海上货运代理合同关系形成的必要条件，只要一方有证据证明委托方将海上运输事务委托给受托方且对方认可，就可以认定双方形成了合法有效的货运代理合同关系。

2. 根据《最高人民法院关于审理海上货运代理纠纷案件若干问题的规定》第 10 条“委托人以货运代理企业处理海上货运代理事务给委托人造成损失为由，主张由货运代理企业承担相应赔偿责任的，人民法院应予支持，但货运代理企业证明其没有过错的除外”之规定，货运代理人应当针对其代理事务过程中没有过错承担举证责任，否则应当承担举证不能的不利后果。

## 【基本案情】

2018 年 9 月 5 日，青岛世某云商国际贸易有限公司（以下简称世某公司）向 Z 公司出具售货确认书，该确认书记载出口销售货物女士防雨冲锋衣 20 025 件，单价为 15.95 美元，总价值为 319 398.75 美元，交货目的地为韩国，付款方式为 T/T。

世某公司于 2019 年委托被告德某（中国）货运代理有限公司青岛分公司（以下简称德某青岛分公司）开展出口货运代理业务。世某公司明确告知德某青岛分公司，未经书面同意，不得电放提单或放货，但被告德某青岛分公司未通知承运人，致使承运人将委托货物向国外客户 Z 公司进行放货，金额为 128 477.25 美元，导致世某公司无法收回货款损失，其间世某公司多次向德某青岛分公司追偿损失，德某青岛分公司拒不赔偿。

被告德某青岛分公司为被告德某（中国）货运代理有限公司（以下简称德某公司）的分公司，而被告泛某集运有限公司（以下简称泛某集运）是在交通运输部进行登记的无船承运人，是本案的实际承运人。

原告诉称：因泛某集运与德某青岛分公司、德某公司的共同过错，导致世某公司无法收回货款，应共同承担赔偿责任，与本案具有直接利害关系。请求法院：（1）判令被告德某青岛分公司赔偿世某公司损失 950 342.18 元人民币（含货款 128 477.25 美元，自 2019 年 6 月 1 日起至 2020 年 3 月 31 日止按中国人民银行同期贷款利率4.7%计算货款利息损失5086美元、运杂费6050元人民币，美元暂按汇率1∶7.07折合人民币944 292.18元）；（2）判令被告德某青岛分公司支付原告自2020年4月1日起至实际给付货款损失之日止，按中国人民银行同期贷款利率4.75%计算的货款利息；（3）判令被告德某公司对被告德某青岛分公司债务承担连带责任；（4）判令被告承担本案诉讼费、保全费、律师费等。

被告德某青岛分公司、被告德某公司共同辩称：第一，被告德某青岛分公司在本案中是装货港的货运代理人，并不负责卸货港的交付。涉案货物即使被无单放行，也并非被告德某青岛分公司的责任，不应对此承担任何赔偿义务。第二，世某公司所主张的货款损失，并非其真实损失。即使被告德某青岛分公司被认定需要承担赔偿责任，也应以实际损失为限。第三，自2019年8月20日开始已无公布的贷款利率，世某公司所主张的利率损失自2019年8月20日起应按照全国银行间同业拆借中心公布的基准利率进行计算，而不应按照贷款利率进行计算。第四，世某公司所主张的运杂费损失不属于我国《海商法》第55条所规定的货物损失，不应得到法院支持。第五，世某公司未能证明其美元汇率的计算依据。第六，世某公司所主张的律师费损失，没有事实和法律根据。第七，被告德某公司与本案无涉，不应承担连带赔偿责任。

被告泛某集运辩称：世某公司尚未明确其诉请的案由是海上货物运输合同纠纷还是货运代理合同纠纷，如果是货运代理合同纠纷，泛某集运并非涉案货物的货运代理人，非适格被告，其不应承担任何赔偿责任。如果以海上货物运输合同纠纷起诉，泛某集运确实是本案无船承运人，由于涉案货物分别系于2019年3月9日以及3月10日出运，起运港为青岛，目的港为韩国釜山，鉴于路途较近，航程应当在3～4天，加上必要合理的交付期限，本案诉讼时效最迟应在2019年3月下旬，即2019年3月20日至25日起算，根据本案的诉状，世某公司系于2020年6月23日追加泛某集运为本案被告进入诉讼。海上货物运输合同下向承运人提起赔偿诉讼的诉讼时效为一年，自货物交付或者应当交付之日起计算。本案原告追加泛某集运为被告时，已超过了《海商法》规定的诉讼时效期间，世某公司的诉讼请求应当被驳回。其他答辩理由同被告德某青岛分公司和被告德某公司答辩意见。

## 【裁判说理】

争议焦点:(1)世某公司与各被告之间的法律关系或法律地位问题;(2)各被告是否应向世某公司承担赔偿责任以及损失金额问题。

青岛海事法院认为:

一、关于世某公司与各被告之间的法律关系或法律地位的问题

根据当事人的举证和陈述,结合法院查明并确定的事实,法院认定世某公司与被告德某青岛分公司之间成立海上货运代理合同关系,且该合同关系合法有效,双方均应按照相应合同约定履行各自合同义务。由于被告德某青岛分公司作为被告德某公司的分支机构,不具有独立的法人资格和民事责任能力,故被告德某公司应当在其设立的分支机构经营管理财产不足以清偿其所负债务的情况下承担补充清偿责任。在本案中,被告泛某集运系涉案提单项下的货物承运人,故世某公司与泛某集运之间成立海上货物运输合同关系。由于本案案由为海上货运代理合同纠纷,故在该法律关系项下被告泛某集运并非本案适格的诉讼主体。

二、关于各被告是否应向世某公司承担赔偿责任以及损失金额的问题

首先,根据本案查明的事实,世某公司与被告德某青岛分公司之间往来的邮件中关于未经世某公司书面同意不得电放提单或放货之内容,属于被告德某青岛分公司就货物代理过程中凭世某公司书面指示向承运人转达在目的港放货通知的合意事项,当事人均不应当违反该项处理放货问题的约定。《最高人民法院关于审理海上货运代理纠纷案件若干问题的规定》第 10 条规定,委托人以货运代理企业处理海上货运代理事务给委托人造成损失为由,主张货运代理企业承担相应赔偿责任的,人民法院应予支持,但货运代理企业证明其没有过错的除外。被告德某青岛分公司作为世某公司的涉案货物运输代理人,应当针对其代理事务过程中没有过错承担举证责任。但是,被告德某青岛分公司未向法院提交任何证据,其未能举证证明其已经尽到谨慎代理职责、完整地履行了涉案货运代理合同各项约定,以及凭原告指示及时通知了承运人在目的港放货等各项事实。在本案中,各被告对世某公司所提出的涉案货物已经在目的港被收货人提走的事实不持异议,加之被告德某青岛分公司未能证明其及时将世某公司的放货条件告知承运人,导致了在涉案海上货运代理过程中,货物在未经世某公司同意情况下被收货人提走。结合现有有

效证据，法院认定被告德某青岛分公司在履行涉案货运代理职责过程中，违反了双方关于凭世某公司书面确认通知承运人目的港放货的相关合同约定，其存在过错并构成违约。对于世某公司以涉案海关报关单所记载的货物价值主张损失数额，各被告虽提出了异议，但其均未提交任何证据予以证明。因此，被告德某青岛分公司应当向世某公司承担由此造成的全部损失。对于世某公司主张其损失为 128 477.25 美元，按照当时美元汇率计算折合 908 334.16 元人民币，其汇率计算合理有据，法院予以确认。同时被告德某公司应当对被告德某青岛分公司的上述债务承担相应的补充清偿责任。

关于世某公司所主张的利息及运杂费等损失问题。由于我国自 2019 年 8 月 20 日开始原有的中国人民银行贷款基准利率已经取消，对于世某公司所主张的利息损失，应当自 2019 年 8 月 20 日起应按照全国银行间同业拆借中心公布的贷款市场报价利率进行计算。由于世某公司所主张的运杂费损失不属于货物损失的组成部分，法院认为，各被告提出该项相关的抗辩主张成立。关于世某公司所主张的保全费、律师费损失，由于世某公司未提交相关证据予以证明，故相关诉讼请求无事实根据，法院对此不予支持。

2020 年 11 月 2 日，青岛海事法院作出（2020）鲁 72 民初 1317 号民事判决书，判决：（1）被告德某青岛分公司于本判决生效之日起十日内向原告世某公司赔偿货款 908 334.16 元人民币及以上述款项为基数自 2019 年 6 月 1 日起至 8 月 19 日按中国人民银行发布的金融机构人民币同期贷款基准利率计算的利息和自 2019 年 8 月 20 日起至实际支付之日止按全国银行间同业拆借中心公布的贷款市场报价利率计算的利息；（2）被告德某青岛分公司经营管理的财产不足以清偿前款所述债务时，由被告德某公司承担前款的补充清偿责任；（3）驳回原告世某公司对被告泛某集运的诉讼请求；（4）驳回原告世某公司的其他诉讼请求。

德某青岛分公司不服一审判决，向山东省高级人民法院提起上诉。经审理，山东省高级人民法院于 2021 年 5 月 31 日作出（2021）鲁民终 24 号民事判决书，判决驳回德某青岛分公司的上诉，维持原判。

后德某青岛分公司不服二审判决，向山东省高级人民法院申请再审。经开庭审理，2022 年 2 月 8 日，山东省高级人民法院作出（2021）鲁民申 12206 号民事裁定书，驳回德某青岛分公司的再审申请。

## 【法官后语】

货运代理合同关系的认定，应当重点考察当事人的意思表示，综合考虑书面协议、合同履行、业务文件记载等情况，适当参照交易习惯和行业操作惯例。若无书面合同，则业务往来过程中形成的文件，如订舱委托书、费用确认单、发票、提单等，对货运代理合同关系具有初步的证明作用。

货运代理合同在合同性质上与海上货物运输合同最容易发生混淆，两者在权利义务关系主体、内容及法律适用等方面都大相径庭。如在本案中，被告泛某集运作为承运人，其与世某公司成立的关系应当为海上运输合同关系，因世某公司未能厘清这两种合同关系的区别，才导致法院驳回世某公司对泛某集运的诉请。在区分这两种合同时，应当重点审查当事人的权利义务内容，要避免单纯根据合同名称、合同中类似于法律地位的称谓等作出判断。收费项目、收费标准都属于当事人可以自由进行约定的事项，因此不能据以确定当事人的法律地位。

货运代理人在从事货运代理业务时，应秉承着谨慎的态度，妥善处理受托事务。本案中，被告德某青岛分公司作为货运代理合同关系中的受托人，在世某公司一再提醒无其书面通知，不可电放提单和放货的前提下，无单放货，让世某公司蒙受损失，且被告德某青岛分公司亦无证据证明其及时将不予放货的通知送达承运人，因此根据《最高人民法院关于审理海上货运代理纠纷案件若干问题的规定》第10条“委托人以货运代理企业处理海上货运代理事务给委托人造成损失为由，主张由货运代理企业承担相应赔偿责任的，人民法院应予支持，但货运代理企业证明其没有过错的除外”之规定，理应承担赔偿世某公司货损的责任。

根据《民法典》第584条“当事人一方不履行合同义务或者履行合同义务不符合约定，造成对方损失的，损失赔偿额应当相当于因违约所造成的损失，包括合同履行后可以获得的利益；但是，不得超过违约一方订立合同时预见到或者应当预见到的因违约可能造成的损失”之规定，货运代理合同关系中的受托人，因未尽到合同义务导致货物灭失或者受损，应当承担损害赔偿的违约责任。其中，货物灭失的赔偿额必须要赔付的，金额应按照货物价值来计算；至于律师费、运杂费等费用，若委托人无证据证明上述费用的发生系由受托人违约所致，法院一般不会予以支持，否则不仅与违约责任的可预见性相悖，也会让受托人承担过重的法律责任，不利于货运事业的长远发展。正是基于上述原因，本案中的一审、二审法院均没有支持世某公司提出的要求德某青岛分公司、德某公司、泛某集运支付律师费、保全费及运杂费等费用的诉请。

## 【相关法条】

**1.《最高人民法院关于审理海上货运代理纠纷案件若干问题的规定》**（2020 年 12 月 29 日修正）

**第十条** 委托人以货运代理企业处理海上货运代理事务给委托人造成损失为由，主张由货运代理企业承担相应赔偿责任的，人民法院应予支持，但货运代理企业证明其没有过错的除外。

**2.《中华人民共和国合同法》**（2021 年 1 月 1 日废止）

**第一百零七条** 当事人一方不履行合同义务或者履行合同义务不符合约定的，应当承担继续履行、采取补救措施或者赔偿损失等违约责任。

**对应新法：**

**《中华人民共和国民法典》**（2021 年 1 月 1 日施行）

**第五百七十七条** 当事人一方不履行合同义务或者履行合同义务不符合约定的，应当承担继续履行、采取补救措施或者赔偿损失等违约责任。

承办人：李　翊

编写人：刘　昭

# 25. 青岛向某国际物流有限公司诉金某某海上货运代理合同纠纷案

## ——海上货运代理法律关系成立的认定标准

## 【合规提示】

本案系一起海上货运代理合同纠纷，原告为货运代理人，被告为委托人。双方对是否成立货运代理关系及被告是否应当向原告支付海运费等费用存在争议。在实际业务操作中，为了提升交易的效率，许多货运代理关系的成立并不以订立书面合同为前提，而是通过往来传真、微信和电话的方式。据此，在没有书面合同的前提下，主张货运代理关系成立的一方若能举出证据证明，双方已经就相关委托事宜的主要内容达成一致且没有相反证据推翻，业务往来过程中形成的文件，如订舱委托书、费用确认单、发票、提单等，对货运代理合同关系具有初步的证明作用。因此，作为货运代理人，在没有书面合同的情况下，要留好与证明合同关系成立的相关单据；作为委托人，无论有没有合同存在，在货运代理履行其义务与职责后，及时支付相关的合理费用，否则会因违约承担不必要的损失。

## 【案件信息】

**1. 裁判文书字号**

（2018）鲁72民初225号、（2019）鲁民终2001号

**2. 当事人**

原告：青岛向某国际物流有限公司

被告：金某某

**3. 关键词**

民事　海上货运代理合同　FOB　事实合同关系　海运费

## 【裁判要旨】

1. 海上货运代理合同关系的形成不一定以书面合同的存在为前提，只要一方有证据证明合同双方对委托租船订舱等合同主要事项达成了合意且对方未举证证明关系不存在时，即可以认定双方形成了事实上合法有效的货运代理合同关系。

2. 根据《最高人民法院关于审理海上货运代理纠纷案件若干问题的规定》第9条“货运代理企业按照概括委托权限完成海上货运代理事务，请求委托人支付相关合理费用的，人民法院应予支持”之规定，货运代理人为完成委托事项所支付的海运费用，系“相关合理费用”，委托人应当支付给货运代理企业。

## 【基本案情】

2017年6月26日，西某荣华国际贸易有限公司（以下简称西某公司）与哈某姆贸易公司签订饲料销售合同，青岛向某国际物流有限公司（以下简称向某公司）受托通过海运方式将饲料从中国龙口港运至韩国仁川港，金某某名义上为哈某姆贸易公司与向某公司间的联络人，实际上买方和委托人均为金某某。受托货物为3800吨饲料，品名喷浆玉米皮。向某公司将货物运到指定港口后，多次与金某某及哈某姆贸易公司沟通要求支付海运费，金某某一直未付。

原告向某公司诉称：截至起诉日金某某尚欠向某公司海运费57 300美元。请求法院：（1）判令金某某支付给向某公司海运费57 300美元（约人民币366 720元）；（2）判令金某某承担诉讼费用。

被告金某某辩称：（1）向某公司并未与其签订海上货运代理合同，金某某并没有委托向某公司托运货物，向某公司所称涉案货物的托运人为西某公司，应向西某公司主张海运费；（2）金某某并非哈某姆贸易公司的实际控制人，仅是该公司在中国的业务辅助人员，属职务行为，不应承担责任。

## 【裁判说理】

争议焦点：（1）向某公司与金某某之间是否存在海上货运代理合同；（2）金某某是否应支付原告为办理涉案运输垫付的海运费。

青岛海事法院认为：

一、向某公司与金某某之间是否存在海上货运代理合同

本案为海上货运代理合同纠纷。向某公司接受金某某的委托为哈某姆贸易公司负责货运代理及运输业务，其间就货物的出运事宜一直与被告协商，完成委托事宜后也是向金某某催要相关费用，金某某亦承认其负有支付的义务。向某公司与金某某虽未签订书面的货运代理合同，但形成了事实上合法有效的货运代理合同关系。金某某称其委托行为系职务行为，未提供任何证据，青岛海事法院对其主张不予支持。

二、金某某是否应支付向某公司为办理涉案运输垫付的海运费

涉案两票货物的报关单中均约定成交方式为 FOB，即由买方哈某姆贸易公司支付运费，向某公司为完成金某某的委托事项向两票货物的承运人青岛海某达船务有限公司、泛某船务（香港）有限公司分别支付的海运费 21 500 美元、36 069 美元，合计 57 569 美元（依照原告主张的美元兑人民币汇率 6.4 计算为人民币 368 441 元），系其支付的相关合理费用，根据《最高人民法院关于审理海上货运代理纠纷案件若干问题的规定》第 9 条的规定，金某某应当向向某公司支付该费用。向某公司主张金某某支付海运费 57 300 美元即人民币 366 720 元，青岛海事法院对向某公司的主张予以支持。金某某主张两票货物为 CNF 价格，应由西某公司承担运费，又主张向某公司系西某公司的货运代理合同相对方，均未提供充分证据，青岛海事法院对金某某主张不予认可。

2019 年 5 月 27 日，青岛海事法院作出（2018）鲁 72 民初 225 号民事判决书，判决：被告金某某于本判决生效之日起十日内向原告青岛向某公司支付海运费人民币 366 720 元。

金某某不服一审判决，向山东省高级人民法院提起上诉。经审理，山东省高级人民法院于 2020 年 4 月 1 日作出（2019）鲁民终 2001 号民事判决书，判决驳回金某某的上诉，维持原判。

## 【法官后语】

国际货运代理业被誉为“国际运输的组织者和设计师”，是国际贸易中不可或缺的重要环节。随着国际贸易的发展和改革开放政策的不断深化，我国的国际货运代理业得到蓬勃发展，在经济发展尤其是对外贸易运输领域发挥

着十分重要的作用。货运代理纠纷，即货运代理企业接受进出口货物的发货人或收货人的委托，处理与国际海上货物运输有关的货运代理事务过程中发生的纠纷，并不包括与沿海、内河货物运输有关的货运代理纠纷。

书面协议是证明货运代理合同关系的直接证据。根据《最高人民法院关于审理海上货运代理纠纷案件若干问题的规定》第3条之规定，在认定海上货运代理合同关系是否成立时，人民法院应根据书面合同约定的权利义务的性质，并综合考虑货运代理企业取得报酬的名义和方式、开具发票的种类和收费项目、当事人之间的交易习惯以及合同实际履行的其他情况。

但是在实际业务操作中，为了保证交易的效率，许多货运代理关系的成立并不以订立书面合同为前提，大多数货运代理业务是通过往来传真、微信和电话完成的，所涉内容文字简单，语义不清，并且许多货运代理存在层层转委托的情况，导致货运代理法律关系的成立与否难以认定。在这种情况下，正如本案，业务往来过程中形成的文件，如订舱委托书、费用确认单、发票、提单等，对货运代理合同关系具有初步的证明作用。要求主张货运关系成立的一方负证明货运关系成立的举证责任，否则将承担不利后果。

## 【相关法条】

**1.《中华人民共和国合同法》**（2021年1月1日废止）

**第三百九十八条**　委托人应当预付处理委托事务的费用。受托人为处理委托事务垫付的必要费用，委托人应当偿还该费用及其利息。

**对应新法：**

**《中华人民共和国民法典》**（2021年1月1日施行）

**第九百二十一条**　委托人应当预付处理委托事务的费用。受托人为处理委托事务垫付的必要费用，委托人应当偿还该费用并支付利息。

**2.《最高人民法院关于审理海上货运代理纠纷案件若干问题的规定》**（2020年12月29日修正）

**第九条**　货运代理企业按照概括委托权限完成海上货运代理事务，请求委托人支付相关合理费用的，人民法院应予支持。

承办人：于喜富

编写人：刘　昭

# 26. 连云港某泰国际贸易有限公司诉青岛某国际物流有限公司、美国某轮船有限公司海上货运代理合同纠纷案

——未签订书面合同时如何认定海上货运代理合同是否成立

## 【合规提示】

本案系原告、被告之间针对是否存在海上货运代理合同关系以及作为被告的受托人处理海上货运代理事务时是否有过错产生的纠纷案件。对于原告来说，在被告以未签订合同从而否认海上货运代理合同关系成立的情况下，原告需要尽可能地从其他方面入手，如双方当事人的交易习惯、开具发票的种类和收费项目等方面证明货运代理关系的存在。对于货运代理企业来说，其应当尽谨慎义务，尤其是避免将委托人的货物交给不具有资质的无船承运人运送的情况发生。根据《最高人民法院关于审理海上货运代理纠纷案件若干问题的规定》的相关规定，人民法院在审理海上货运代理合同纠纷案件时采取过错推定原则，由货运代理企业对其不具有过错承担举证责任。

## 【案件信息】

**1. 裁判文书字号**

（2016）鲁72民初1198号

**2. 当事人**

原告：连云港某泰国际贸易有限公司

被告：青岛某国际物流有限公司、美国某轮船有限公司

**3. 关键词**

民事　海上货运代理合同　无船承运人　归责原则

## 【裁判要旨】

1. 当事人之间未签订书面海上货运代理合同的，应当综合分析货运代理企业取得报酬的名义和方式、开具发票的种类和收费项目、当事人之间的交易习惯以及合同实际履行的其他情况，认定双方之间是否成立海上货运代理合同关系。

2. 货运代理企业在处理海上货运代理事务时未尽到谨慎义务，与未在我国交通主管部门办理提单登记的无船承运业务经营者订立海上货物运输合同，造成委托人损失的，应承担相应的赔偿责任。

## 【基本案情】

在连云港某泰国际贸易有限公司诉青岛某国际物流有限公司（以下简称某物流）、美国某轮船有限公司（以下简称某轮船）海上货运代理合同纠纷案中，青岛海事法院查明案情如下：

2015 年 4 月 21 日，原告向案外人 A 公司出售一批胶合板。原告主张，其委托了某物流办理上述货物的订舱、出运手续，且某物流向原告交付了由 S 公司作为承运人于 2015 年 5 月 24 日签发的编号为 SZZY1××××3 的无船承运人提单，该提单载明了托运人为原告、收货人凭指示、通知方为 M 公司、装货港为青岛、卸货港为沙特阿拉伯吉达港。某轮船作为实际承运人签发了编号为 APLU66××××10 的海运提单，该提单载明了托运人为环某实业、收货人为 M 公司、通知方为 L 公司。货物于 2015 年 5 月 22 日从装运港青岛出发，7 月 4 日到达吉达港，但收货人最终未能提货。

集装箱在 2015 年 7 月 5 日离开了吉达港，7 月 29 日运抵新加坡港。环某实业向某轮船发出改港保函，称“由于目的港收货人有问题，需要将货物原船返回，目的港为青岛港”。某轮船收到改港保函后，签发了编号为 APLU057××××4 号的提单，载明托运人为 S 公司、收货人为环某实业、装货港为新加坡、目的港为青岛。货物 7 月 31 日自新加坡出港，8 月 15 日运抵青岛港。环某实业在 APLU057××××4 号提单背面盖章后，名为“聂某”的人办理了换单手续，货物最终被提走。

原告连云港某泰国际贸易有限公司向法院提出诉讼请求：（1）判令被告赔偿原告货款损失 69 820.49 美元，按照货物到达目的港之日 2015 年 7 月 4

日的美元对人民币汇率 1∶6.2058，折合人民币 433 292 元及该款项自 2015 年 8 月 1 日至本判决确定的支付之日按照中国人民银行同期贷款利率计算的利息；（2）判令被告承担本案诉讼费 7799 元、保全费 3120 元。

被告某物流辩称：某物流与原告不存在货运代理合同关系，其是接受环某实业的委托进行代收代付，原告以发票抬头认定双方存在货运代理合同关系无事实与法律依据，应依法驳回原告起诉。

被告某轮船辩称：（1）某轮船作为海运提单的承运人，根据托运人与环某实业的要求，变更涉案货物的目的地并将货物退运回青岛港后，已将货物交付环某实业，并已收回正本提单；（2）根据《最高人民法院关于审理海上货运代理纠纷案件若干问题的规定》第 9 条之规定，承运人按照记名提单托运人的要求，返还货物、变更目的地，已履行义务的不承担赔偿责任；（3）本案实际是原告与被告某物流、环某实业及中国某运输公司之间的货运代理合同纠纷，与某轮船无关。

## 【裁判说理】

争议焦点：（1）原告与某物流的货运代理合同关系是否成立；（2）两被告是否应向原告承担货款损失的赔偿责任；（3）如何认定原告的货款损失数额。

青岛海事法院认为：

一、原告与某物流的货运代理合同关系是否成立

第一，原告与某物流没有签订书面的货运代理合同，亦无相关的书面业务往来资料。原告主张，其委托某物流办理了包括案涉业务在内的多票货运出口事宜，直到 2017 年双方仍有业务往来，本案中双方成立了合法有效的货运代理合同关系。庭审中，原告陈述是由某物流工作人员聂某负责与其工作人员张某丽进行业务联系，某物流就本案货物向其交付了由 S 公司作为承运人签发的提单。某物流提出，涉案业务期间聂某系环某实业的员工、某物流仅代环某实业为聂某缴纳社会保险。另查明，2015 年 7 月 24 日，某物流向青岛海事法院起诉原告海上货运代理合同纠纷，要求原告向其偿还双方海上货运代理合同项下另 3 票货物的代垫海运费、运杂费。青岛海事法院经审理作出一审判决后，原告不服提起上诉，二审案号为（2016）鲁民终 1249 号（以下简称 1249 号案）。山东省高级人民法院审理该案时认定，原告系涉案货

运代理合同的委托人，应向某物流履行货运代理合同代垫的费用，并维持一审判决。根据1249号案查明的事实，某物流认可“某物流自成立之日起就与某泰国际存在海上货运代理关系”，且对原告在该案的一审庭审中认可曾自某物流处领取提单的事实无异议。其在该案中提交的证明双方货运代理合同关系的证据显示聂某系其员工。上述事实与本案中原告主张的双方货代业务的事实相符，虽然两案所涉的不是同票货物，但结合本案中某物流向原告开具代理海运费发票的事实以及本案所涉提单中聂某的签字办理换单业务的行为，某物流的员工聂某参与了涉案货物的相关货运代理工作，应系代表某物流的职务行为，且原告与某物流之间存在多年长期的货运代理业务惯例，据此可以认定某物流受托于原告为其代办了本案所涉货物的出口货运相关事宜。此外，本案货运代理业务与1249号案所涉的货代业务在时间上相差不足一个月，某物流在本案庭审中提出主张明显不具有可信性，故对某物流否定聂某系其员工身份的抗辩不予采信。

第二，《外国（地区）企业在中国境内从事生产经营活动登记管理办法》第2条规定，根据国家有关法律、法规的规定，经国务院及国务院授权的主管机关批准，在中国境内从事生产经营活动的外国企业，应向省级工商行政管理部门申请登记注册。外国企业经登记主管机关核准登记注册，领取营业执照后，方可开展生产经营活动。未经审批机关批准和登记主管机关核准登记注册，外国企业不得在中国境内从事生产经营活动。该办法第18条规定，我国香港特别行政区、澳门特别行政区、台湾地区的企业从事上述生产经营活动的，参照该办法执行。本案中，无证据表明环某实业作为在我国香港特别行政区注册的企业已在内地办理了登记注册或设立了办事机构，故环某实业并不具备在内地经营货运代理业务的资格，某物流所抗辩的原告与环某实业成立货运代理合同、某物流与环某实业仅仅是“朋友帮忙”的抗辩明显不符合事实，也不符合法律规定。

综上，法院认定，原告与某物流之间成立了合法有效的货运代理合同关系。

二、两被告是否应向原告承担货款损失的赔偿责任

某物流向原告交付了由S公司作为承运人签发的提单，该提单的性质应为无船承运人提单，但某物流并未证明S公司系合法有效存续的法人，亦未证明其具有合法的国际船舶运输业务经营资格。根据《国际海运条例》的规

定，经营无船承运业务，应当向国务院交通主管部门办理提单登记；在中国境内经营无船承运业务，应当在中国境内依法设立企业法人。S公司不是我国境内依法设立的企业法人，亦无证据表明其在我国境内办理了登记注册或设立了办事机构，更未在我国交通主管部门办理提单登记，无权在我国境内经营无船承运业务。而某轮船签发的海运提单载明的托运人是环某实业，在货物到达新加坡后，环某实业向某轮船发出指示再退运到青岛港的这一过程中，某轮船凭提单载明的托运人指示退运货物并无过错，而货物退运提单中载明的青岛港收货人是环某实业，最终货物亦不是由原告提走，因而导致原告对货物丧失了控制权。据此可以认定，某物流作为原告的代理人，在办理货运代理事宜的过程中未尽谨慎义务，存在明显过错。根据《合同法》第406条的规定："有偿的委托合同，因受托人的过错给委托人造成损失的，委托人可以要求赔偿损失……"根据《最高人民法院关于审理海上货运代理纠纷案件若干问题的规定》第10条的规定："委托人以货运代理企业处理海上货运代理事务给委托人造成损失为由，主张由货运代理企业承担相应赔偿责任的，人民法院应予支持，但货运代理企业证明其没有过错的除外。"本案中，某物流未能证明其没有过错，故由此给原告造成的损失应由其承担赔偿责任。

某轮船作为涉案货物的实际承运人，根据其签发的正本提单，其与环某实业之间成立合法有效的海上货物运输合同关系，其按照环某实业的指示签发提单，货物运至新加坡港后，又得到该公司的指示将货物回运至青岛港，且在货抵青岛后已收回环某实业背书的正本提单完成了交货义务。某轮船在货物运输的始终均不存在过错，亦无违约行为，其已完全履行了货物运输合同项下的义务。原告与某轮船之间不存在海上货物运输合同关系，其要求某轮船承担货物下落不明的责任的主张无事实与法律依据，法院不予支持。

三、如何认定原告的货款损失数额

涉案货物的发票货值为69 820.49美元，与报关单记载的出口价值相同。因此原告主张的其货款损失为69 820.49美元的诉讼请求应予支持。根据涉案集装箱流转记录显示，2015年7月4日货物到达目的港吉达港，即收货人最早可以在当日提取货物，但最终未能提货，且集装箱在2015年7月5日离开了吉达港，故原告主张按照2015年7月4日的美元兑换人民币汇率，将货款损失69 820.49美元折合为人民币属于合理请求。根据中国人民银行于2015

年 7 月 3 日公布的 1 美元对人民币汇率中间价 6.1160 元，法院认定被告某物流应向原告赔偿货物损失人民币 427 022 元。

原告于 2016 年 6 月 29 日提起本案诉讼主张权利，而其主张货款损失的利息自 2016 年 8 月 1 日起按照中国人民银行同期贷款利率计算至本判决确定的支付之日的请求系放弃了部分利息权利的行为，不违反法律规定，法院应予支持。

青岛海事法院以判决方式结案。

## 【法官后语】

《民法典》第 929 条第 1 款规定："有偿的委托合同，因受托人的过错给委托人造成损失的，委托人可以要求赔偿损失。无偿的委托合同，因受托人的故意或者重大过失造成委托人损失的，委托人可以请求赔偿损失。"《民法典》对委托合同规定的是过错责任原则，货运代理企业处理委托事务的行为属于商事活动，其与委托人签订的海上货运代理合同属于有偿的委托合同，在审判实践中一直也是按照该原则进行审判，将过错认定为海上货运代理合同纠纷合同责任的重要构成要件。按照该原则，在司法实践中一般采取"谁主张，谁举证"的原则，委托人提出货运代理企业违约责任的请求，须就违约当事人具有过错提出证明。但委托人一般只按照货运代理人的要求发出订舱委托书并确认提单内容，之后货物的订舱、报关、报验、报检、集装箱装拆箱等环节的证据都在受托人的控制范围内。特别是，实践中少数货运代理企业为追求自身利益，将委托人的货物交给不具有资质的无船承运人运送的情况，由此引起的法律纠纷也日渐增多。

针对该问题，《最高人民法院关于审理海上货运代理纠纷案件若干问题的规定》第 10 条规定："委托人以货运代理企业处理海上货运代理事务给委托人造成损失为由，主张由货运代理企业承担相应赔偿责任的，人民法院应予支持，但货运代理企业证明其没有过错的除外。"该规定确定了审理海上货运代理合同纠纷案件时应采取过错推定原则，由货运代理企业对其不具有过错承担举证责任。过错推定根据民商事案件的特点和规律，将加害事实和无过错事实的证明责任分配给最知情而又最能主动详尽地提供情况的各方当事人，便于弄清事实、明确责任。

该案件中，某物流并未证明 S 公司系合法有效存续的法人，亦未证明其具有合法的国际船舶运输业务经营资格，某物流作为原告的代理人，在办理货运代理事宜的过程中未尽谨慎义务，存在明显过错。某物流未能证明其没有过错，故由此给原告造成的损失应由其承担赔偿责任。

## 【相关法条】

1.《中华人民共和国合同法》(2021 年 1 月 1 日废止)

**第四百零六条** 有偿的委托合同，因受托人的过错给委托人造成损失的，委托人可以要求赔偿损失。无偿的委托合同，因受托人的故意或者重大过失给委托人造成损失的，委托人可以要求赔偿损失。

受托人超越权限给委托人造成损失的，应当赔偿损失。

**对应新法：**

《中华人民共和国民法典》(2021 年 1 月 1 日施行)

**第九百二十九条** 有偿的委托合同，因受托人的过错造成委托人损失的，委托人可以请求赔偿损失。无偿的委托合同，因受托人的故意或者重大过失造成委托人损失的，委托人可以请求赔偿损失。

受托人超越权限造成委托人损失的，应当赔偿损失。

2.《最高人民法院关于审理海上货运代理纠纷案件若干问题的规定》(2012 年 5 月 1 日施行)

**第十条** 委托人以货运代理企业处理海上货运代理事务给委托人造成损失为由，主张由货运代理企业承担相应赔偿责任的，人民法院应予支持，但货运代理企业证明其没有过错的除外。

**第十一条** 货运代理企业未尽谨慎义务，与未在我国交通主管部门办理提单登记的无船承运业务经营者订立海上货物运输合同，造成委托人损失的，应承担相应的赔偿责任。

**对应新法：**

《最高人民法院关于审理海上货运代理纠纷案件若干问题的规定》(2020 年 12 月 29 日修正)

**第十条** 委托人以货运代理企业处理海上货运代理事务给委托人造成损失为由，主张由货运代理企业承担相应赔偿责任的，人民法院应予支持，但货运代理企业证明其没有过错的除外。

**第十一条** 货运代理企业未尽谨慎义务，与未在我国交通主管部门办理提单登记的无船承运业务经营者订立海上货物运输合同，造成委托人损失的，应承担相应的赔偿责任。

承办人：王妍娥

编写人：王妍娥　孙学燕

## 27. 日照某州物流有限公司诉北欧某货柜航运有限公司海上货运代理合同纠纷案

——国际货运代理垫付滞箱费后要求返还问题的认定

### 【合规提示】

本案系原告作为货运代理人代其委托人向被告垫付滞箱费后又要求被告予以返还而产生的纠纷案件。由于货运代理公司与船公司交往更频繁、更紧密，故而货运代理公司往往为其委托人垫付滞箱费。在此种情形下，货运代理公司应当通过追偿权以及委托关系基础将滞箱费落实到最终义务人处。

### 【案件信息】

**1. 裁判文书字号**

（2014）青海法海商初字第976号

**2. 当事人**

原告：日照某州物流有限公司

被告：北欧某货柜航运有限公司

**3. 关键词**

民事　海上货运代理合同　滞箱费　权利主体　责任主体

### 【裁判要旨】

滞箱费的权利主体为承运人，其系海运合同或者提单载明的承运人，亦为契约承运人，有权向滞箱费的责任主体主张滞箱费。国际货运代理不是货运运输合同的当事人，也不是集装箱的所有人，当其为委托人支付了相应的滞箱费时，就通过垫付滞箱费的方式成为适格原告。国际货运代理有追偿的权利，追偿的对象应为滞箱费中的责任主体，即货方。根据《海商法》第86条、第70条的规定，一般情况下承担支付滞箱费的责任主体为收货人或者对滞箱费的产生负有过错责任的托运人。本案中，原告作为货运代理人代其委托人即收货人垫付滞箱费后，无事实与法律依据要求被告将其已支付的滞箱费予以返还。

## 【基本案情】

在原告日照某州物流有限公司诉被告北欧某货柜航运有限公司返还滞箱费纠纷一案中，青岛海事法院查明案情事实如下：2013年6月4日和10日，被告作为承运人分别签发了编号为NEOA698××和NEOA69F××的正本提单。提单载明卸货港的免费使用期为14天，且滞箱费规定构成该提单不可分割的一部分并视为并入该提单。收货人应将完好清洁的空箱返还至承运人或其当地代理指定地点。滞箱费时间从与船公司约定的免费使用期满之后开始直到集装箱归还至承运人或其代理指定地点。拆箱后产生的所有清洁费用，包括扫箱费、清洗费、蒸汽清洁费应由客户/收货人承担。佳某（香港）有限公司和日照市岚山某环木业有限公司（以下称某环木业）在提单背面签章背书。

涉案货物到港后，某环木业出示了业经背书转让的正本提单并提取货物，系上述两份提单项下的收货人。原告与某环木业之间存在货运代理合同关系，双方未签订书面合同，某环木业委托其办理涉案货物进口事宜，未明确约定是否委托原告垫付集装箱超期使用费。涉案集装箱超期使用费产生后通过青岛某代（被告合作伙伴）告知了某华物流（原告合作伙伴）。

青岛某代向某华物流告知滞箱费产生后，原告直接向青岛某代支付了滞箱费587 964.17元，由某华物流代为原告向青岛某代支付了滞箱费100 000元，剩余其他费用为涉案集装箱修洗箱费及案外货物费用。青岛某代于2013年10月21日连同案外货物的相关费用一起向原告开具了金额为754 467.87元的增值税发票。

原告认为被告收取上述滞期费没有依据，计算标准奇高，被告应返还其收取的不合理的滞期费。因此原告诉至法院，请求判令：（1）被告向原告返还集装箱滞期费人民币 687 964.17 元，并按中国人民银行同期贷款利率偿付自付款之日起至判决生效之日止的利息；（2）被告承担本案的诉讼费用。

被告辩称：（1）原告并非涉案提单下一方当事人，与被告之间不存在任何海上货物运输合同关系，无权向被告提出任何索赔。（2）收货人迟延提取货物、退还空箱，依法应承担由此产生的费用和风险。（3）被告向收货人收取滞箱费符合涉案海上货物运输合同约定，并考虑到具体情况给予特殊减免；而且收货人没有提出任何异议并已支付，原告所谓被告强行收取滞箱费没有任何依据。（4）原告作为收货人的货运代理人就其垫付的费用应要求其委托人（收货人）偿还，而非没有任何合同关系的被告。综上，请求驳回原告的诉讼请求。

## 【裁判说理】

争议焦点：原告作为货运代理人代其委托人某环木业向被告垫付滞箱费后，是否有事实和法律依据要求被告予以返还。

青岛海事法院认为：本案系原告作为货运代理人代其委托人某环木业向被告垫付滞箱费后又要求被告予以返还而产生的纠纷。原告、被告均选择适用中国法，依照《涉外民事关系法律适用法》第 3 条的规定，应适用中华人民共和国法律解决原告、被告之间的实体争议。

案外人某环木业经背书取得涉案提单，其与承运人即被告之间的权利义务关系依据提单的规定而确定。涉案提单已载明卸货港免费使用期为 14 天，且滞箱费规定构成该提单不可分割的一部分并视为并入该提单。因此，由于提单项下的货物占用集装箱产生的滞箱费应由某环木业承担。原告作为某环木业的货运代理人向被告支付滞箱费系其自愿代为履行债务的行为。原告主张其向被告支付滞箱费是由被告利用其优势地位致使双方权利义务明显违反公平、等价有偿原则，属于《民法通则》规定的显失公平的情形，请求本院对该民事行为予以变更。青岛海事法院认为，根据《最高人民法院关于贯彻执行〈中华人民共和国民法通则〉若干问题的意见》第 72 条的规定，一方当事人利用优势或者利用对方没有经验，致使双方的权利与义务明显违反公平、等价有偿原则的，可以认定为显失公平。原告认为“被告利用其行业优势地位强行要求原告的合作伙伴某华物流向其交了空白支票，如果原告不交滞箱费，被告则会在某华物流的空白支票上强行扣减，且日后其与被告的业务也会遇到障碍”，但原告并未提交任何证据证明该主张，原告的该项主张无事实依据，本院不予支持。从本案的有效证据来看，原告作为专业的货运代理企业，具有办理货运代理进出口事宜的经验，在被告通过其代理青岛某代向其收取滞箱费时自行向某华物流和被告汇付了款项，且原告对被告制作的集装箱费用清单中记载的箱型、数量、时间没有异议。虽然原告对被告收取滞箱费的计算标准与计算方法有异议，但原告并未提供证据证明其向被告汇款时曾提出异议，亦未举证证明被告向其收取的滞箱费存在不合理的情形。故原告要求被告将其已支付的滞箱费返还无事实与法律依据，法院不予支持。

关于原告向法院提出的鉴定申请，法院认为，原告所申请的鉴定内容与本案无关，其关于被告向其收取滞箱费标准过高及计算方式有误的主张无须通过鉴定程序予以证明，因此对原告的申请法院不予准许。综上判决驳回原告日照某州物流有限公司的诉讼请求。

青岛海事法院以判决方式结案。

## 【法官后语】

本案涉及滞箱费的权利主体、责任主体的问题。滞箱费是货到卸货港无人提货、收货人逾期提货或者提货后逾期还箱导致集装箱超期占用而产生的费用。通常情况下，主张滞箱费的权利主体为承运人，其系海运合同或者提单载明的承运人，亦为契约承运人。当存在实际承运人时，根据《海商法》第 42 条的规定，实际承运人并非托运人与契约承运人之间的海运合同或者提单的签约主体，不能以此向货方主张滞箱费。契约承运人在不同的海运合同中具有不同身份，即在其与货主签订的海运合同中，契约承运人是承运人，货主为托运人；在其与实际承运人签订的海运合同中，契约承运人是托运人，实际承运人为承运人。这两个法律关系的权利义务关系明确，当产生滞箱费时，实际承运人须向契约承运人主张支付，契约承运人在支付后有权向货方追偿。

关于滞箱费的责任主体。根据《海商法》第 86 条规定：“在卸货港无人提取货物或者收货人迟延、拒绝提取货物的，船长可以将货物卸在仓库或者其他适当场所，由此产生的费用和风险由收货人承担。”这里规定的费用包括滞箱费，该条也是收货人承担滞箱费的主要法律依据。需要注意的是，该条规定的“在卸货港无人提取货物”包括承运人联系不到收货人、收货人拒绝换取提货单提货、收货人不主张提货。关于收货人迟延、拒绝提货情形系的规定，明确了收货人承担责任的前提为负有提货义务。即收货人向承运人换取了提货单或者向承运人主张提货。同时，依照《海商法》第70条的规定，当托运人对滞箱费的产生负有过错责任时，在特定情形下托运人有支付滞箱费的责任。

在海上货物运输中，由于商业效率的需求、行业惯例等原因，国际货物代理办理货运事宜以及货运代理公司与船公司的交往更频繁、更紧密，货运代理公司亦在船公司处存有保证金，船公司向收发货人索赔的回款难度、诉讼时效、诉讼周期等多方面原因，船公司往往利用其优势地位，直接要求货运代理公司代垫清偿滞箱费。故而，滞箱费的另一请求权主体可能是追索链条中的某一级货代公司。货运代理公司在垫付滞箱费后可向委托人进行追偿，如此滞箱费能够通过追偿权以及委托关系基础落实到最终义务人处。

## 【相关法条】

**1.《中华人民共和国民法总则》**（2021年1月1日废止）

**第一百五十一条** 一方利用对方处于危困状态、缺乏判断能力等情形，致使民事法律行为成立时显失公平的，受损害方有权请求人民法院或者仲裁机构予以撤销。

**对应新法：**

**《中华人民共和国民法典》**（2021年1月1日施行）

**第一百五十一条** 一方利用对方处于危困状态、缺乏判断能力等情形，致使民事法律行为成立时显失公平的，受损害方有权请求人民法院或者仲裁机构予以撤销。

**2.《中华人民共和国民事诉讼法》**（2012年8月31日修正）

**第六十四条** 当事人对自己提出的主张，有责任提供证据。

当事人及其诉讼代理人因客观原因不能自行收集的证据，或者人民法院认为审理案件需要的证据，人民法院应当调查收集。

人民法院应当按照法定程序，全面地、客观地审查核实证据。

**对应新法：**

**《中华人民共和国民事诉讼法》**（2023 年 9 月 1 日修正）

**第六十七条** 当事人对自己提出的主张，有责任提供证据。

当事人及其诉讼代理人因客观原因不能自行收集的证据，或者人民法院认为审理案件需要的证据，人民法院应当调查收集。

人民法院应当按照法定程序，全面地、客观地审查核实证据。

承办人：王妍娥

编写人：孙学燕

# 28. 临沂裕某食品有限公司诉某宏航运（天津）有限公司等海上货运代理合同纠纷案

——货运代理纠纷的归责原则及转委托的认定

## 【合规提示】

本案系一起出口商与货运代理企业签订《租船订舱委托书》，出口商作为委托人诉受托人货运代理企业的海上货运代理合同纠纷案件，双方对委托事项的具体范围产生争议。出口商须注意：对于双方的委托范围法院会结合原告的委托书、退运保函、支付的费用、双方之间的往来邮件，以及货运代理在目的港支付费用的种类综合判断。货运代理企业则应特别注意：法院在审理该类合同下委托人主张受托人给其造成的损失时，适用过错推定原则，由受托人对其没有过错负举证责任，该举证责任的分配不同于普通商事合同。此外，还应注意，货运代理人层层转委托必须得到委托人的明示同意方为有效。

## 【案件信息】

**1. 裁判文书字号**

（2012）青海法海商初字第 313 号、（2013）鲁民四终字第 58 号

**2. 当事人**

原告：临沂裕某食品有限公司

被告：某宏航运（天津）有限公司青岛分公司、某宏航运（天津）有限公司

**3. 关键词**

民事　海上货运代理合同　归责原则　转委托

## 【裁判要旨】

法院在审理海上货运代理合同下委托人主张受托人给其造成损失时，适用过错推定原则，由作为受托人的货运代理企业对其没有过错负举证责任。转委托应严格以委托人明示同意为条件，知道而未表示反对的不认定为明示同意。

## 【基本案情】

2010年11月4日，原告临沂裕某食品有限公司（以下简称裕某食品公司）出运一批花生至哥伦比亚，该票货物由南美轮船承运，托运人为裕某食品公司，收货人为内贸公司。2010年12月，该批货物抵达目的港。因内贸公司拒付货款，放弃该批货物，裕某食品公司决定退运该批货物。

2011年1月17日，裕某食品公司向某宏航运（天津）有限公司青岛分公司（以下简称青岛某宏）发出一份《租船订舱委托书》，委托其办理上述货物的租船订舱及退运事宜，青岛某宏接受其委托后开始办理上述事宜。2011年1月18日，裕某食品公司向青岛某宏发出一份《退运保函》，载明其同意货物退运并委托青岛某宏代理安排退运事宜，保证退运货物到青岛后承担所有通关、码头、船公司产生的一切费用和责任。

青岛某宏接受裕某食品公司委托后，通过其上海公司、香港公司联系到哥伦比亚当地的代理福某内特有限公司（以下简称福某公司）租船订舱、办理退运，各方之间的业务往来均通过邮件进行。青岛某宏给其代理发送邮件介绍了货物详细情况，代理进行了报价，并于1月17日顺利申请海关延期1个月到2月18日。

2011年1月27日，福某公司称货物可以在2周内退运。2011年2月8日，福某公司收到正本单据。2月10日，福某公司通知青岛某宏打算订2月25日的南美轮船，同时提出需要立即收到正本合同、箱单、发票及提单。

2011 年 2 月 10 日晚，青岛某宏收到福某公司的邮件后，立即给裕某食品公司打电话。2011 年 2 月 11 日一早，裕某食品公司赶到青岛送单据给青岛某宏，当日，青岛某宏将正本合同、箱单、发票寄给福某公司。福某公司确认 2 月 15 日收到上述单据。

2011 年 2 月 16 日，青岛某宏通过福某公司向南美轮船租船订舱，并与裕某食品公司进行了提单内容的确认。同日，青岛某宏通过电子邮件要求裕某食品公司为办理退运需要付费先做押金使用。同时，青岛某宏向裕某食品公司传真一份《费用确认》，要求裕某食品公司预先付费 13 000 美元，以便及时安排订舱办理退运。裕某食品公司对此予以确认。同日，裕某食品公司的业务员于某伟通过 MSN 询问青岛某宏的业务员吴某“是不是拿到提单到海关可以办理退运”及单据情况，青岛某宏回复称“昨天应该就收到了”。

2011 年 2 月 17 日，裕某食品公司通过中国银行某支行营业部向青岛某宏支付了人民币 8 万元，注明用途系“付退运费用”。

2011 年 2 月 18 日，青岛某宏与福某公司通过邮件确认提单事宜，未提到货物不可以退运。

2011 年 2 月 21 日，福某公司通知青岛某宏货物不能退回了，原因是原收货人没有在 2011 年 2 月 18 日前提供保函，货物已经于 2011 年 2 月 18 日被海关宣布罚没。2011 年 2 月 21 日 10 时 4 分，青岛某宏通过电子邮件质问福某公司退运失败事宜，该邮件载明：“尽管我们认为这批货物能够在本周再出口，但是未想到在 2 月 18 日该批货物已被声明放弃。我们从未收到你方的任何事先通知，因此现在我们不知该如何向发货人解释。请向我们详细描述保函。你们什么时候了解到要向海关当局提供保函？你们什么时候通知收货人？为什么你们之前没有向我们提及？”2011 年 2 月 21 日 11 时 21 分，福某公司解释该票货物退运失败的原因为海关当局要求收货人必须提供保函，而收货人未能取得保函。2011 年 2 月 21 日 12 时 11 分青岛某宏继续询问退运失败的原因，邮件载明：“我们很惊讶。你们什么时候听到的消息？是你们通知收货人需要他们保险公司的授权吗？”2011 年 2 月 21 日 22 时 46 分，福某公司回复青岛某宏，自 2011 年 2 月 3 日起已经通知收货人内贸公司，也已通知内贸公司在 2011 年 2 月 17 日之前提供此单据。该保函是要求收货人必须提供的单据之一。

根据青岛某宏提交的福某公司办理退运事宜期间的邮件可以看出，2011

年2月2日、3日、4日，福某公司直接向涉案货物的收货人内贸公司发送邮件联系退运事宜，特别是2011年2月3日的邮件中明确载明向收货人索要办理退运所需的有关文件，其中包含导致退运失败的保函，该保函是由银行或者保险公司出具，其目的是向当地海关保证重新出口的货物离境不再回境，要求货物必须100%等值于到岸价。

裕某食品公司提交的经公证认证的结算清单显示，涉案货物在哥伦比亚产生了需支付给南美轮船的港口设施使用费、仓库费、集装箱堆存费、集装箱滞期费、授权装船申请表格费、操作费、需支付给海关和税务总局的检验区搬运费、人员费、反麻醉剂检验区搬运费、人员费、安检印章费等合计13 114美元。

裕某食品公司诉称：2010年10月，裕某食品公司从青岛出口一批货物至哥伦比亚，品名花生，装载在1个20尺小柜内，货值32 955美元。货物于2010年12月到达目的港，因原收货人拒付货款，裕某食品公司于2011年1月17日联系到青岛某宏，要求办理货物的退运事宜，并委托其租船订舱，青岛某宏接受委托并开始操作货物退运。后来货物未能退运，原因是青岛某宏在信息反馈环节上的失误，没有及时通知裕某食品公司及原收货人提交保险单据，而导致货物已被当地海关罚没，因此诉请两被告赔偿货值损失32 955美元、退还预交的运费人民币8万元；赔偿裕某食品公司的利息损失18 000元。

两被告共同辩称：涉案货物被罚没是由于裕某食品公司的收货人不提供相应材料所导致，原收货人是办理退运的最关键人物，被告的哥伦比亚代理要求其提供相应的手续以使货物顺利退运是符合交易习惯的，也是符合裕某食品公司利益的；涉案货物本身就处在被罚没的巨大风险中，裕某食品公司委托被告时，所托运的货物在目的港已经超过了30天，退运本身存在巨大风险；两被告收取的8万元费用完全是代收代付，是将涉案货物取出退运所必须支付的费用，并且实际花费已超出裕某食品公司支付的费用。综上所述，请求法院驳回裕某食品公司的诉讼请求。

## 【裁判说理】

争议焦点：（1）关于原告裕某食品公司与两被告之间的法律关系及委托范围；（2）青岛某宏是否应当承担赔偿责任。

青岛海事法院认为：

一、原告裕某食品公司与青岛某宏之间形成了海上货运代理合同关系

裕某食品公司为委托人，青岛某宏为受托人。争议的焦点是双方之间委托事项的具体范围。双方的委托范围应当根据原告的委托书、退运保函、支付的费用、双方之间的往来邮件、青岛某宏与其上海公司、香港公司及福某公司之间的邮件以及青岛某宏在哥伦比亚支付费用的种类进行综合判断。委托范围应为办理与从海关退运货物及租船订舱相关的事宜，包括通知原告提交与退运相关的单据文件。

青岛某宏作为受托人，应当按照约定，在委托人的授权范围内，依法妥善处理委托人交给的委托事务。青岛某宏接受原告委托后，立即申请海关延期到2021年2月18日，则其负有在此之前及时向裕某食品公司披露所需提交海关全部文件之义务，裕某食品公司应当按照其指示及时提供。但青岛某宏并未通知裕某食品公司需提交保函，青岛某宏抗辩福某公司已及时通知原收货人提交保函，但原收货人未能按期提供，认为原收货人是办理退运的最关键人物，福某公司要求其提供相应的手续以使货物顺利退运符合交易习惯，也符合裕某食品公司利益。对此，法院认为，2021年1月17日裕某食品公司委托青岛某宏办理退运事宜时已经告知其原收货人弃货的事实，青岛某宏在庭审中也明确认可原收货人弃货，而且明知与其建立货运代理合同关系的相对方是原告而非原收货人，其通知提交单据的相对方应当是原告而非原收货人。即使有些事务可以由原收货人协助办理，青岛某宏也应当通知裕某食品公司之后，由裕某食品公司再去联系原收货人予以协助。因此，通知原收货人予以协助是裕某食品公司负有的义务，而不是青岛某宏直接负有的义务。本案中青岛某宏未尽及时通知裕某食品公司提交相应文件的义务。

二、认定青岛某宏是否承担赔偿责任的关键在于其是否存在过错

按照《最高人民法院关于审理海上货运代理纠纷案件若干问题的规定》（以下简称《规定》）第10条的规定，青岛某宏对其没有过错负有举证责任。青岛某宏抗辩称货物本身处于被罚没的巨大风险中，因原收货人不配合提供保函被罚没与其无关。对此，法院认为，虽然货物由于被收货人拒收而导致被海关监管，但在申请延期之后，海关允许提供相应文件之后货物可以重新出口。如果青岛某宏能够证明即使其尽到通知义务，原告也不能在2021年2月18日之前提供海关所必需的保函，则其对损失的发生不具有过错，其不

负有赔偿责任。但青岛某宏未能提交相应证据证明该事实，则应当承担赔偿责任。

青岛某宏提供其与福某公司之间的电子邮件证明，福某公司仅通知原收货人提交保函，并未通知青岛某宏需要保函，其不存有过错。对此涉及青岛某宏转委托的福某公司的行为效力。原告裕某食品公司主张青岛某宏转委托福某公司未经其同意，因福某公司的行为导致退运失败，青岛某宏应当承担责任。青岛某宏抗辩原告裕某食品公司实际知道其将退运及租船订舱事宜转委托福某公司处理并直接与其有业务联系，应当视为认可转委托的效力。对此，法院认为，青岛某宏的转委托事宜未经原告裕某食品公司同意，其应当对转委托的福某公司的行为承担责任，福某公司在办理委托事务中的过错也应当视同为青岛某宏的过错。

一审宣判后，被告某宏航运（天津）有限公司和青岛某宏向山东省高级人民法院提起上诉，二审法院判决驳回上诉，维持原判。

## 【法官后语】

《规定》自2012年5月1日起施行，该规定主要调整货运代理企业接受委托办理与海上货物运输有关的货运代理事务时与委托人之间形成的权利义务关系。由于其中有关条款对传统的货运代理操作习惯作出了颠覆性的改变，所以，对货运代理实务操作和司法审判的影响极大。本案就是一个典型的经二审生效的适用《规定》审理的案例，对于案件中涉及受托人承担责任的归责原则、转委托的认定等热点和难点问题，《规定》都进行了调整和规范。

一、受托人承担责任的归责原则

《合同法》第406条第1款①规定："有偿的委托合同，因受托人的过错给委托人造成损失的，委托人可以要求赔偿损失。无偿的委托合同，因受托人的故意或者重大过失给委托人造成损失的，委托人可以要求赔偿损失。"因此，《合同法》对委托合同规定的是过错责任原则。货运代理企业处理委托事务的行为属于商事活动，其与委托人签订的海上货运代理合同属于有偿的委托合同，在审判实践中一直也是按照该原则进行审判，将过错认定为海上货

① 现对应《民法典》第929条。

运代理合同纠纷合同责任的重要构成要件。按照该原则，在司法实践中一般采取“谁主张，谁举证”的原则，委托人提出货运代理人违约责任的请求，须就违约当事人具有过错提出证明。但委托人一般只按照货运代理人的要求发出订舱委托书并确认提单内容，之后货物的订舱、报关、报验、报检、集装箱装拆箱、监装、监卸、分拨、中转、交付单证、与相关单位费用结算、仓储、陆路运输等环节的证据都在受托人控制范围内，在这些环节中出现纠纷委托人都难以举证。所以，在司法实践中，当货运代理人主张委托人欠付费用时，大多伴有委托人主张货运代理人处理货运代理事务不当给其造成损失的抗辩或反诉，但由于难以举证，一般都难以得到支持。

针对该问题，《规定》第10条规定：“委托人以货运代理企业处理海上货运代理事务给委托人造成损失为由，主张由货运代理企业承担相应赔偿责任的，人民法院应予支持，但货运代理企业证明其没有过错的除外。”该规定依照《合同法》委托合同的规定，确定审理海上货运代理合同纠纷案件应采取过错推定原则，由货运代理对其不具有过错承担举证责任。所谓过错推定，是指原告能够证明被告已构成违约，而被告不能证明自己对此种违约没有过错，则在法律上应推定被告具有过错，并应承担违约责任。也就是说，是否具有过错，应当由被告举出证据加以证明。可见，过错的举证实际上已转移至被告身上，即所谓“举证责任倒置”。

在我国，合同立法并没有对合同责任中的过错推定问题作出明确规定，《规定》作出的该规定具有重要意义，有利于及时解决合同纠纷。过错推定根据民事案件的特点和规律，将加害事实和无过错事实的证明责任分配给最知情而又最能主动详尽地提供情况的各方当事人，这有助于迅速全面地获取证据，弄清事实，明确责任。一般认为，货运代理人具体负责办理货运代理事宜，相比委托人当然更具有举证能力，因此应当让受托人承担较多的举证责任。

本案就是典型的要求受托人承担举证责任而查明案件事实的案例，在第一次庭审中，受托人只是抗辩在代理过程中没有过错，拒不提交任何业务文件。而委托人只知道货物在目的港被拍卖了，并不知晓退运失败的原因。如果按照以往的举证责任分配原则，委托人难以胜诉。一审法院按照《规定》分配了举证责任，要求受托人承担举证责任。受托人在第二次庭审中提交了与其目的港代理联系业务的多封邮件，使法院及时查明了退运失败以及委托人的过错原因。

二、转委托的认定

《合同法》第400条[①]规定："受托人应当亲自处理委托事务。经委托人同意，受托人可以转委托。转委托经同意的，委托人可以就委托事务直接指示转委托的第三人，受托人仅就第三人的选任及其对第三人的指示承担责任。转委托未经同意的，受托人应当对转委托的第三人的行为承担责任，但在紧急情况下受托人为维护委托人的利益需要转委托的除外。"该条规定要求转委托须经委托人同意。但如何理解"同意"？有人认为同意仅限于明示同意，有人则以《民法通则》的规定为依据主张货运代理行业的转委托可以通过默示同意而成立。对法律理解的分歧体现在裁判中，出现了明显的差别，主流观点认为转委托应当经委托人的明示同意，但也有判决基于"知道而未提出异议"认可默示同意的转委托可以约束委托人和第三人。另外，对于《合同法》第402条、第403条能否适用于货运代理合同纠纷，一直存在比较大的争议。有人认为没有明确的不适用该条的法律依据，只要符合该条的要件就应当适用。有人认为该条文是参考国际货物销售代理公约制定、主要调整进出口贸易合同。有人认为适用效果不好，因层层转委托中合同内容不一致，披露、介入后权利义务的确定缺乏依据等。因此，在司法实践中各海事法院以及上下级法院之间就如何适用该条存在不同的认识。

针对该问题，《规定》采取了严格控制转委托的司法政策，以禁止转委托为原则。《规定》第5条规定："委托人与货运代理企业约定了转委托权限，当事人就权限范围内的海上货运代理事务主张委托人同意转委托的，人民法院应予支持。没有约定转委托权限，货运代理企业或第三人以委托人知道货运代理企业将海上货运代理事务转委托或部分委托第三人处理而未表示反对为由，主张委托人同意转委托的，人民法院不予支持，但委托人的行为明确表明其接受转委托的除外。"

本案就是典型的委托人知道受托人转委托第三人福某公司处理退运业务而未表示反对的案例。因为跨国退运业务一般需要国外代理公司代为完成。按照《规定》，这种情形就应直接认定为转委托不成立，而不存在默示同意或者隐名代理下披露第三人、第三人介入后权利义务的如何确定等会导致裁判

① 现对应《民法典》第923条。

结果不一致的问题。

需要说明的是，本案经查明是青岛某宏的代理福某公司未尽通知青岛某宏需提供保函的义务而存在过错，那如何理解福某公司的过错呢？因为转委托不成立，福某公司从法律上看是青岛某宏的债务履行辅助人，其对青岛某宏的责任，是一种过错的认定，而不是一种推定。也就是说，一旦履行辅助人在履行过程中有过错，就可认定债务人具有过错且对债权人负责。它与过错推定的区别在于，过错推定具有不确定性，它能够被反证所推翻，而认定过错是不能被反证推翻的；一旦认定有过错，就应当承担责任。因此，两审法院均认定青岛某宏有过错，须对原告承担赔偿责任。

## 【相关法条】

**1.《中华人民共和国合同法》**（2021年1月1日废止）

**第一百一十三条第一款** 当事人一方不履行合同义务或者履行合同义务不符合约定，给对方造成损失的，损失赔偿额应当相当于因违约所造成的损失，包括合同履行后可以获得的利益，但不得超过违反合同一方订立合同时预见到或者应当预见到的因违反合同可能造成的损失。

**第三百九十七条** 委托人可以特别委托受托人处理一项或者数项事务，也可以概括委托受托人处理一切事务。

**第四百条** 受托人应当亲自处理委托事务。经委托人同意，受托人可以转委托。转委托经同意的，委托人可以就委托事务直接指示转委托的第三人，受托人仅就第三人的选任及其对第三人的指示承担责任。转委托未经同意的，受托人应当对转委托的第三人的行为承担责任，但在紧急情况下受托人为维护委托人的利益需要转委托的除外。

**对应新法：**

**《中华人民共和国民法典》**（2021年1月1日施行）

**第五百八十四条** 当事人一方不履行合同义务或者履行合同义务不符合约定，造成对方损失的，损失赔偿额应当相当于因违约所造成的损失，包括合同履行后可以获得的利益；但是，不得超过违约一方订立合同时预见到或者应当预见到的因违约可能造成的损失

**第九百二十条** 委托人可以特别委托受托人处理一项或者数项事务，也可以概括委托受托人处理一切事务。

**第九百二十三条** 受托人应当亲自处理委托事务。经委托人同意，受托人可以转委托。转委托经同意或者追认的，委托人可以就委托事务直接指示转委托的第三人，受托人仅就第三人的选任及其对第三人的指示承担责任。转委托未经同意或者追认的，受托人应当对转委托的第三人的行为承担责任；但是，在紧急情况下受托人为了维护委托人的利益需要转委托第三人的除外。

**2.《中华人民共和国公司法》**（2005 年 10 月 27 日修订）

**第十四条** 公司可以设立分公司。设立分公司，应当向公司登记机关申请登记，领取营业执照。分公司不具有法人资格，其民事责任由公司承担。

公司可以设立子公司，子公司具有法人资格，依法独立承担民事责任。

**对应新法：**

**《中华人民共和国公司法》**（2023 年 12 月 29 日修订）

**第十三条** 公司可以设立子公司。子公司具有法人资格，依法独立承担民事责任。

公司可以设立分公司。分公司不具有法人资格，其民事责任由公司承担。

承办人：王爱玲

编写人：王爱玲

# 29. 山东泛某国际货运代理有限公司诉威海远某进出口有限公司海上货运代理合同纠纷案

——通过非法留置达成的付款协议可撤销

## 【合规提示】

本案是一起海上货运代理合同受托方通过扣押货物胁迫委托方签订付款协议而被法院依法撤销的案件。货运代理企业和外贸代理企业在经营过程中存在着以委托方名义进行业务操作的直接代理行为，也存在以自己名义进行业务操作的间接代理行为，本案中即存在间接代理行为。在间接代理中，如果受托方在订立合同时已经向第三人披露了委托关系的存在并且第三人已经知道该关系的存在，则该合同直接约束委托方与第三人。本案中，原告作为第三人已经知道委托方王某某存在，并且还向公安机关报警，指控王某某欺诈。在报警后原告又以扣押其他业务涉及的货物为要挟，与被告签订付款协议，构成了典型的胁迫，因此导致付款协议被撤销。原告的不当操作，使其从债务违约的受害人变为加害人，最终导致付款协议被撤销。

## 【案件信息】

**1. 裁判文书字号**

（2003）青海法威海商初字第80号

**2. 当事人**

原告（反诉被告）：山东泛某国际货运代理有限公司

被告（反诉原告）：威海远某进出口有限公司

**3. 关键词**

民事　海上货运代理合同　非法留置　间接代理

## 【裁判要旨】

受托人以自己的名义，在委托人的授权范围内与第三人订立的合同，第三人在订立合同时知道受托人与委托人之间的代理关系的，该合同直接约束委托人和第三人，但有确切证据证明该合同只约束受托人和第三人的除外。

没有合法的留置权而留置系非法行为，在此情形下达成的协议，违背了相对方的真实意思表示，系可撤销的法律行为。

## 【基本案情】

2000年10月，原告山东泛某国际货运代理有限公司（以下简称泛某公司）业务人员孟某通过王某某的姐夫即原告泛某公司快件部司机辛某航联系为王某某做货运代理。从2000年12月至2001年7月，原告泛某公司为王某某做了15次货运代理，王某某分三次付款95 314元，尚欠620 724.80元。原告泛某公司为王某某做代理时，报关单据由被告威海远某进出口有限公司（以下简称远某公司）出具，核销单交远某公司，海运费由远某公司用支票方式支付泛某公司。但原告泛某公司业务人员知晓王某某并非被告远某公司工作人员，双方仅为代理关系。2001 年 10 月王某某失踪，原告泛某公司于 2001 年 11 月 6 日以王某某涉嫌欺诈向威海市公安局环翠区经济犯罪侦查大队报案。

2002 年 11 月 14 日，被告远某公司委托原告泛某公司进口集装箱货物，货物到达场站后，泛某公司拒绝放货，被告曾多方交涉，均无结果，于 2002 年 11 月 18 日与被告签订协议书一份，内容为：原告、被告双方经友好协商，就被告代理王某某出口货物，原告垫付海运费 62 万余元一事，达成如下协议：（1）被告同意向原告支付 19 万元作为出口代理的风险承担费，余款 43 万元由原告承担；被告于 2002 年 11 月 18 日首付 5 万元，余款 14 万元于 2003 年 5 月 1 日前付清；（2）如王某某有能力实际支付上述海运费，原告、被告双方可以按各自实际承担海运费的比例，分配王某某的偿付费；（3）原告、被告双方直接发生的海运费截至 2002 年 11 月 18 日为 44 819.08 元，被告同意于 2002 年年底前结清，原告同时将所有核销单一并返还被告。被告于协议签订当日支付 5 万元风险承担费，同日原告方放货。该协议第 3 项被告也已履行完毕。

原告诉称：2000 年 12 月，被告委托原告代理出口货物，截至 2002 年 11 月 18 日，被告累计欠原告海运费等费用共计 666 107.88 元人民币。2002 年 11 月 18 日，双方经协商，签订了付款协议，被告已按协议履行了首期付款 5 万元人民币和 2002 年年底前结清 44 819.08 元人民币的义务。2003 年 4 月，被告协商原告欲以车辆顶款，原告不同意。按协议约定，2003 年 5 月 1 日前被告应结清余款 14 万元人民币，但至今未付。请求判令被告支付 14 万元人民币海运费赔付款，同时承担本案诉讼费。

被告辩称：原告所述与事实不符，被告不欠原告运费；原告诉状中所称的协议，是在原告非法扣押被告货物时，胁迫被告签订的，应予撤销；王某某是原告介绍给被告的，以被告名义出口货物，海运费是王某某与原告协商；原告在找不到王某某的情况下，才要求被告支付。

被告反诉称：2002 年 11 月 18 日签订的协议，是被告受胁迫情况下被迫签订的。原告明知被告是代理王某某出口货物，被告没有义务向原告支付运费。请求判令撤销原告、被告双方于 2002 年 11 月 18 日签订的协议，判令原告返还被告已支付的 5 万元。

原告对反诉辩称：撤销 2002 年 11 月 18 日的协议的请求应予驳回；原告

是在找不到王某某之后才知道王某某与被告的代理关系；原告与被告业务人员王某某开展业务时不知道与被告的代理关系；在找不到王某某后，原告找到被告，双方一起报案，材料是被告起草的；被告从未否认运费与其无关；业务人员留置被告货物，并通知了被告，双方协商一致达成协议后放的货；协议虽写明代理，但是原告是在找不到王某某后，才被告知被告为王某某货运代理，之前原告一直把王某某当作被告业务人员。

## 【裁判说理】

争议焦点：（1）第三人在订立出口合同时明知对方存在委托合同关系，该出口合同应约束委托合同的委托人还是受托人；（2）没有合法留置权而留置货物，并在此后与对方达成协议，该协议可否撤销。

青岛海事法院认为：本案中被告远某公司在王某某出口货物的过程中，出借报关单据和支票等票据，并收取核销单，系以自己的名义代理王某某进行外贸出口活动。原告泛某公司自与被告远某公司及王某某合作办理海运业务之日起，就明知被告远某公司是王某某的代理人。根据《合同法》第402条的规定："受托人以自己的名义，在委托人的授权范围内与第三人订立的合同，第三人在订立合同时知道受托人与委托人之间的代理关系的，该合同直接约束委托人和第三人，但有确切证据证明该合同只约束受托人和第三人的除外。"因此，原告泛某公司与王某某之间成立货运委托合同关系，被告远某公司不承担支付海运费的责任。原告泛某公司也于2001年11月6日以王某某为相对方向公安机关报案，谋求公力救济。

在被告对2002年11月进口的集装箱货物所产生的费用未超过约定期限付款的情况下，原告泛某公司于2002年11月14日采取的扣押原告货物的行为，不属于《民法通则》第89条第1款第4项规定的合法留置权，其扣货行为没有法律依据，系非法行为。原告泛某公司非法扣押被告远某公司货物后，被告远某公司在与集装箱场站、原告泛某公司交涉均无效果的情况下，于2002年11月18日与原告泛某公司达成协议，而协议中的19万元出口代理风险承担费本属王某某欠付原告泛某公司的海运费，原告泛某公司要求被告远某公司承担没有法律依据。原告远某公司实施不法扣货行为，直接给被告远某公司的财产利益造成损害，迫使被告远某公司违背了自己的真实意思，签订含有缺少法律依据条款的合同，原告泛某公司的行为已构成了胁迫。被告远某公司已向青岛海事法院提出撤销合同的诉讼请求，《合同法》第 54 条第 2 款规定："一方以欺诈、胁迫的手段或者乘人之危，使对方在违背真实意思的情况下订立的合同，受损害方有权请求人民法院或者仲裁机构变更或者撤销。"本案所涉协议符合该款规定，且被告远某公司行使撤销权在法定期间内，因此青岛海事法院予以支持。该合同被撤销，则自始没有法律约束力，原告泛某公司请求被告远某公司依据该合同支付余款 14 万元，没有事实和法律依据，青岛海事法院不予支持。原告泛某公司因该合同取得的财产应当予以返还，被告请求返还其已支付的 5 万元。青岛海事法院予以支持。

根据《民法通则》第 106 条、第 111 条、《合同法》第 54 条、第 56 条、第 58 条、《民事诉讼法》第 64 条第 1 款的规定，判决如下：一、驳回原告泛某公司的诉讼请求。二、原告、被告双方于 2002 年 11 月 18 日签订的协议书予以撤销，该协议书自始没有法律约束力。三、反诉被告泛某公司返还反诉原告远某公司海运费 50 000 元。本诉案件受理费 4310 元，由原告（反诉被告）泛某公司承担。反诉案件受理费 6110 元，由原告（反诉被告）泛某公司承担，并迳付被告（反诉原告）远某公司。

## 【法官后语】

一、委托人介入权

本案中，远某公司系外贸进出口公司，在王某某出口货物的过程中，该公司出借报关单据和支票等票据，并收取核销单，以自己的名义代理王某某进行外贸出口活动，远某公司与王某某之间构成外贸代理关系，该公司以自己的名义代理货主进行出口活动，两者之间构成间接代理关系。

根据我国法律规定，受托人以自己的名义，在委托人的授权范围内与第三人订立的合同，第三人在订立合同时知道受托人与委托人之间的代理关系的，该合同直接约束委托人和第三人，但有确切证据证明该合同只约束受托人和第三人的除外。这明确了委托人介入权，对于规范外贸代理法律制度具有重要的意义。

本案中，泛某公司自与远某公司及王某某合作办理海运业务之日起，就明知远某公司是王某某的代理人。因此，泛某公司表面上与远某公司形成货运代理关系，实际上委托人王某某介入该合同关系，直接对该合同享有权利，承担义务，泛某公司与王某某之间形成了货运委托合同权利义务关系，远某公司不承担相应合同责任。

泛某公司于 2001 年 11 月 6 日，以王某某为相对方向公安机关报案，谋求公力救济。该行为不影响委托人介入权的产生。

二、货物留置权

依照我国法律规定，合法的留置权需要满足的条件包括如下两个：（1）债权人按照合同约定占有债务人的动产；（2）债务人不按照合同约定的期限履行债务。此外，留置时还应注意，留置财产的价值不应过高超过双方争议标的额。

本案中，在远某公司对 2002 年 11 月进口的集装箱货物所产生的费用未超过约定期限付款的情况下，泛某公司于 2002 年 11 月 14 日扣押远某公司货物，不属于合法行使留置权的行为，该扣货行为没有法律依据，系非法行为。

三、可撤销的法律行为

在货物被扣押后，远某公司经多次协商无果，于 2002 年 11 月 18 日与泛某公司达成协议，承诺支付本应由王某某支付泛某公司的海运费 19 万元，该费用没有法律依据。远某公司在货物被扣、其财产利益直接受到损害的情况下签订该合同，违背了其真实意思。泛某公司的行为已构成了胁迫。

根据我国法律规定，一方以欺诈、胁迫的手段或者乘人之危，使对方在违背真实意思的情况下订立的合同，受损害方有权请求人民法院变更或者撤销。本案所涉协议符合可撤销权的条件，且远某公司行使撤销权在法定期间内，因此法院应予以支持。

该合同被撤销，则自始没有法律约束力，泛某公司请求远某公司依据该合同支付余款 14 万元，没有事实和法律依据，法院应不予支持。泛某公司因该合同取得的财产应当予以返还，远某公司请求返还其已支付的 5 万元，法院应予以支持。

四、海事强制令

本案中泛某公司本是货运代理合同的受害者，但其非法留置他人财产的行为不受法律保护。远某公司在货物被扣情况下，签订违背真实意思的付款协议，符合受胁迫的特征。

双方当事人应该在法律规定的范围内运用法律武器保护自己的利益。当事人除通过诉讼外，还可以通过海事保全手段。远某公司在货物被扣押的情况下，最适合采用的方式应属海事强制令。我国《海事诉讼特别程序法》第

51 条规定："海事强制令是指海事法院根据海事请求人的申请，为使其合法权益免受侵害，责令被请求人作为或者不作为的强制措施。"本案中远某公司在货物被扣紧急情况下，可以立即申请海事强制令，由海事法院裁定泛某公司立即放货。

海事强制令是一种非常措施，程序要求较为严格，但是效率高，力度大。海事法院在接受申请后，48 小时内作出裁定，并立即执行。被请求人拒不执行的，根据情节轻重处以 1000 元至 10 万元罚款、15 日以下拘留；构成犯罪的，依法追究刑事责任。本案情形下，应用海事强制令足以迅捷高效地保护当事人的利益，并彰显法律的威严。

## 【相关法条】

1.《中华人民共和国民法总则》（2021 年 1 月 1 日废止）

**第一百五十条** 一方或者第三人以胁迫手段，使对方在违背真实意思的情况下实施的民事法律行为，受胁迫方有权请求人民法院或者仲裁机构予以撤销。

**第一百五十五条** 无效的或者被撤销的民事法律行为自始没有法律约束力。

**对应新法：**

《中华人民共和国民法典》（2021 年 1 月 1 日施行）

**第一百五十条** 一方或者第三人以胁迫手段，使对方在违背真实意思的情况下实施的民事法律行为，受胁迫方有权请求人民法院或者仲裁机构予以撤销。

**第一百五十五条** 无效的或者被撤销的民事法律行为自始没有法律约束力。

2.《中华人民共和国担保法》（2021 年 1 月 1 日废止）

**第八十二条** 本法所称留置，是指依照本法第八十四条的规定，债权人按照合同约定占有债务人的动产，债务人不按照合同约定的期限履行债务的，债权人有权依照本法规定留置该财产，以该财产折价或者以拍卖、变卖该财产的价款优先受偿。

**对应新法：**

《中华人民共和国民法典》（2021 年 1 月 1 日施行）

**第四百四十七条** 债务人不履行到期债务，债权人可以留置已经合法占有的债务人的动产，并有权就该动产优先受偿。

前款规定的债权人为留置权人，占有的动产为留置财产。

**3.《中华人民共和国合同法》**（2021年1月1日废止）

**第四百零三条第一款** 受托人以自己的名义与第三人订立合同时，第三人不知道受托人与委托人之间的代理关系的，受托人因第三人的原因对委托人不履行义务，受托人应当向委托人披露第三人，委托人因此可以行使受托人对第三人的权利，但第三人与受托人订立合同时如果知道该委托人就不会订立合同的除外。

**对应新法：**

**《中华人民共和国民法典》**（2021年1月1日施行）

**第九百二十五条** 受托人以自己的名义，在委托人的授权范围内与第三人订立的合同，第三人在订立合同时知道受托人与委托人之间的代理关系的，该合同直接约束委托人和第三人；但是，有确切证据证明该合同只约束受托人和第三人的除外。

承办人：李 军

编写人：李 军

# 30. 青岛嘉某船务咨询有限公司诉青岛丰某贸易有限公司、深圳市鑫某懋实业发展有限公司海上货运代理合同纠纷案

——海上货物运输中受托人垫付费用的认定与责任承担

## 【合规提示】

本案系海上货物运输中货运代理人诉承运人及转委托代理人的海上货运代理合同纠纷案件。案涉运输已经履行完毕，但各方因转委托代理人是否已向承运人支付运杂费产生争议，货运代理人遂诉请转委托代理人返还运杂费，或由托运人在未向承运人支付的情况下向其支付运杂费。我国《民法典》对委托人预付处理委托事务费用的义务作了明确规定。对于托运人而言，在委

托代理人向其主张相关费用时，即使其将相关费用已直接支付承运人，亦不免除其因委托代理合同关系而产生的向委托代理人给付处理委托事务费用的义务，因此其应及时将相关费用支付代理人，避免因给付不及时而引发诉讼。对于货运代理人而言，其可以要求托运人预付处理委托事务的费用，未要求预付的，其在完成委托事项后，应积极敦促托运人偿还其因委托事项支付的相关费用及利息，但应当注意的是，货运代理人又转委托的，若接受转委托的代理人已履行转委托的事务的，货运代理人无权请求其返还相应费用。

## 【案件信息】

**1. 裁判文书字号**

（2001）青海法石海商初字第250号

**2. 当事人**

原告：青岛嘉某船务咨询有限公司

被告：青岛丰某贸易有限公司、深圳市鑫某懋实业发展有限公司

**3. 关键词**

民事　海上货运代理合同　运杂费　海上货物运输　委托合同

## 【裁判要旨】

委托合同中，受托人完成委托人委托其处理的事务的，有权获得报酬及受偿其在处理委托事务中垫付的必要费用，委托人已支付相关费用的，无权要求返还。

## 【基本案情】

在原告青岛嘉某船务咨询有限公司（以下简称嘉某公司）诉被告青岛丰某贸易有限公司（以下简称丰某公司）、深圳市鑫某懋实业发展有限公司（以下简称鑫某懋公司）海上货运代理合同纠纷案中，青岛海事法院查明事实如下：2000年12月，鑫某懋公司委托嘉某公司办理海上货物运输事宜。其中一票货物系分别装载苹果和梨的40英尺超高冷藏集装箱各一个。嘉某公司根据鑫某懋公司的委托，通过丰某公司向日本某船（中国）有限公司青岛分公司（以下简称日某公司）订舱，日某公司接受订舱后签发NYKS45×××××61号正本提单三份，提单中记载托运人为鑫某懋公司，货物为40英尺超高冷藏

集装箱的苹果和40英尺超高冷藏集装箱的梨，运费预付。该正本提单已由丰某公司转交嘉某公司，并由嘉某公司转交被告鑫某懋公司。提单项下的运输已完毕。

原告为取得上述提单，向丰某公司支付人民币29 317元，被告丰某公司认可已收到上述费用，并称其中包括向日某公司支付的运费以及其应得的报酬。

本案一审庭审中，鑫某懋公司主张系由其向日某公司支付上述提单项下的运杂费共计29 985元人民币。并提交了如下证据：（1）带有“日某公司”抬头的纸笺，但该纸笺上未记载上述费用为何提单下运输的费用；（2）鑫某懋公司于2001年1月11日通过深圳市福田区某果店向日某公司支付29 985元人民币的电汇凭证一份；（3）日某公司出具的国际海运业运输专用发票一份，该发票上记载：付款单位为深圳市福田区鑫某懋公司，提单号为NYKS45×××××50，而非涉案提单NYKS45×××××61，费用总计29 985元人民币；（4）由日本某船（中国）有限公司深圳分公司代为签发的NYKS45×××××61号副本（不可转让）提单，该提单上关于货物的记载与NYKS45×××××61号正本提单上的有关记载相同，但托运人已非鑫某懋公司，鑫某懋公司以此说明该票货在深圳换提单；（5）有关电放NYKS45×××××61号提单项下货物的通知。

因原告、被告对涉案运杂费系由谁完成支付存在争议，青岛海事法院向日某公司调查NYKS45×××××61号提单项下货物运输费用的支付情况，日某公司向法院提交书面证明一份，证明2001年1月11日丰某公司通过嘉某公司支付了NYKS45×××××61号提单项下的货物运输的海运费3300美元。

嘉某公司提出诉讼请求：丰某公司返还29 317元人民币。后申请追加鑫某懋公司为被告，补充提出诉讼请求：鑫某懋公司在未向日某公司支付有关运杂费的情况下，向嘉某公司支付运杂费29 886元人民币。

丰某公司辩称：其接受嘉某公司的委托为鑫某懋公司向日某公司订舱，其收取原告的款项后已向日某公司支付海运费并因此取得提单，其已经完成了受托事务，没有义务向原告返还其请求的款项。

鑫某懋公司辩称：（1）鑫某懋公司已直接向日某公司支付运杂费，其不应成为本案的被告；（2）鑫某懋公司不欠丰某公司任何款项，相反，丰某公司欠鑫某懋公司相应款项，丰某公司无权以其与鑫某懋公司之间的纠纷对抗原告；（3）鑫某懋公司已直接将运杂费支付日某公司，丰某公司仍收取原告运杂费系同一海运行为的重复收费，应属不当得利，依法应予返还。

## 【裁判说理】

争议焦点：（1）被告鑫某懋公司是否应当偿还原告垫付费用；（2）被告丰某公司是否应当返还原告所支付的费用。

青岛海事法院认为：被告鑫某懋公司委托原告嘉某公司办理有关海上货物运输事宜，原告与被告鑫某懋公司之间成立委托合同关系。原告完成了受托事务，并在处理受托事务中垫付了有关必要费用（海运费以及其他合理杂费），被告鑫某懋公司未能证明其已直接向有关方支付了该费用，则其应当向原告偿还该费用。

原告与被告丰某公司之间亦是一种委托合同关系，被告丰某公司完成了原告委托其处理的事务，其有权获得约定的报酬以及受偿其在处理委托事务中垫付的必要费用；原告向其支付的有关费用，原告无权索还。原告未能证明被告鑫某懋公司除向其偿还有关垫付的必要费用外还需向其支付其余款项，所以青岛海事法院只支持原告诉讼请求中的一部分即29 317元人民币，对原告的其余诉讼请求不予支持。

青岛海事法院以判决方式结案。双方当事人均未上诉。但不久被告鑫某懋公司诉称有新的证据，足以证明其作为货主，已向日某公司支付了提单号NYKS45×××××61项下的海运费为由请求法院撤销原判决，依法再审。

青岛海事法院经再审审查认为，嘉某公司垫付的NYKS45×××××61号提单项下的海运费确实已经实际付给了日某公司，嘉某公司作为鑫某懋公司的货运代理人，在完成受托事务，并且在为鑫某懋公司的利益而垫付了必要费用之后，有权要求鑫某懋公司偿付该费用。嘉某公司作为原审中的原告，向鑫某懋公司索要海运费垫付款并无不当。至于鑫某懋公司就NYKS45×××××61号提单重复付给日某公司的海运费，应属不当得利，由其直接向日某公司索赔。因此，认定原审判决并无不当，驳回了鑫某懋公司的再审申请。

## 【法官后语】

海上货物运输中，货运代理人在履行货运代理实务过程中垫付相关费用后向委托人要求偿付的案件比较多见。此类案件的审理思路如下：（1）双方若对费用结算有约定，则按约定。（2）如无约定，若该费用与海上货物运输具有关联性，即该费用的支出系有利于委托人，或是客观上能促成、保障货运代理实务顺利进行的，则应由委托人承担。当然，在由委托人承担费用的前提下，还要考察该费用的合理性，即需判断该垫付费用是否系由货运代理人适当处理所产生，即是否出于货运代理人善良、谨慎处理事务所需。

本案中，嘉某公司作为鑫某懋公司的货运代理人为完成受托任务、基于受托人的利益而垫付了NYKS45×××××61号提单项下的海运费，该费用属于为处理委托事务垫付的必要费用，应由鑫某懋公司承担。嘉某公司与丰某公司之间也系委托关系，因此嘉某公司无权要求丰某公司偿还费用。虽然在因涉案纠纷引发的再审审查中查明鑫某懋公司将涉案海运费重复支付给日某公司，但并不因此免除鑫某懋公司偿付货运代理公司垫付的海运费的义务。而是就日某公司构成的不当得利，鑫某懋公司可向日某公司索赔。

## 【相关法条】

**《中华人民共和国合同法》**（2021年1月1日废止）

**第一百零九条**　当事人一方未支付价款或者报酬的，对方可以要求其支付价款或者报酬。

**第三百九十八条**　委托人应当预付处理委托事务的费用。受托人为处理委托事务垫付的必要费用，委托人应当偿还该费用及其利息。

**对应新法：**

**《中华人民共和国民法典》**（2021年1月1日施行）

**第五百七十九条**　当事人一方未支付价款、报酬、租金、利息，或者不履行其他金钱债务的，对方可以请求其支付。

**第九百二十一条**　委托人应当预付处理委托事务的费用。受托人为处理委托事务垫付的必要费用，委托人应当偿还该费用并支付利息。

承办人：崔方力

编写人：刘文文　段琪祺

# 31. 淄博力某贸易有限公司诉北京惠某国际货运代理有限责任公司及其山东分公司海上货物运输合同纠纷案

——海海联运退运不能的责任分析

## 【合规提示】

本案系海海联运中二程船因修船变更发生的货物在中转港退运货物不能，导致托运人向货运代理人主张权利的案件。对于货运代理人而言，联程运输过程中，如遇因船舶故障需更换二程船情况，货运代理人应及时、准确转达和处置相关信息，并尽职完成货方的委托事项，避免因信息转达延误或未完成相关委托事项而担责。对于货方而言，在接到换船通知后，应对是否换船、退运等事宜作出合理应对并发出相关指令；对已换上二程船的货物，若坚持退运，还要科学衡平是否能够接卸退运以及因此造成的船期延误、装卸费用、港口费用等。

## 【案件信息】

**1. 裁判文书字号**

（2001）青海法海商初字第 257 号

**2. 当事人**

原告：淄博力某贸易有限公司

被告：北京惠某国际货运代理有限责任公司、北京惠某国际货运代理有限责任公司山东分公司

**3. 关键词**

民事　海上货运代理合同　二程船变更　退运　代理义务

## 【裁判要旨】

本案中，因海海联运原定二程船修船而更换二程船，致使圣诞货品预抵目的港时间延误销售期，收货人表示不收货物，托运人申请中转港退运，但因接到退运单证的时间已迟于货物转乘二程船的时间，导致货物在中转港退运不能，托运人向货运代理人追索收货人拒付货款的损失。法律规定代理人按照被代理人的委托行使代理权，审查货运代理人是否尽职履责，就是解决本案问题的关键。

## 【基本案情】

1999年年底北京惠某国际货运代理有限责任公司（以下简称北京惠某）董事会决定在青岛设立办事处。2000年3月28日，北京惠某经工商局登记设立了青岛办事处。2001年3月青岛办停业整顿。2002年3月4日，青岛办在工商局办理了核准登记，继续营业。2001年3月28日，北京惠某国际货运代理有限责任公司山东分公司（以下简称山东惠某）经工商局登记成立。

2000年4月20日，淄博市某集团有限公司（以下简称淄博公司）作为淄博某贸易有限公司（以下简称淄博贸易公司）的外贸代理人，以自己的名义与P××× 签订了LR2×× 号价格条件为C&F莱城的瓷餐具的售货合同。

2000年9月，淄博贸易公司向北京惠某青岛办事处（以下简称青岛惠某）发送订船传真，列明货物名称、数量、收发货人等信息。青岛惠某按照淄博贸易公司传真要求，向日本大阪商船三某船舶株式会社（以下简称日本三某）在青岛的订舱代理进行了订舱。同日，青岛惠某传真给淄博贸易公司入货通知，该通知记载了提单号、入货场地、入货时间等内容。该票货物随后正常出运并完成交付。

10月24日，淄博贸易公司再次发给青岛惠某订舱要求传真，提出“请订10月29日（周日）船并出号”等要求。

10月29日，日本三某签发了2个20英尺集装箱粗陶咖啡杯1646箱的M××× 号运费预付已装船清洁记名联运提单。发货人淄博公司；收货人P×××；船舶M×××；装货港青岛；卸货港巴布亚新几内亚莱城。青岛惠某对该票货物在青岛进行了报关，货物价值16 469.40美元。

11月27日，青岛惠某传真淄博贸易公司说明：因二程船在莱城修船，由原定16日上二程船更改为11月30日上二程船，抵达莱城时间为12月11日。淄博贸易公司当即给青岛惠某传真回复：货物为圣诞咖啡杯，是为赶圣诞节的，因为船期延误，已错过销售季节，收货人拒绝收货，我司现通知贵司将货物退运到青岛，费用与责任由贵司承担，并且保留由于退运而造成的所有损失的追索权。

青岛惠某于11月27日通知日本三某和其订舱代理，要求将货物退运到青岛，费用和责任必须由他们承担，并保留由于退运而造成的所有损失的追索权。

11月29日，提单发货人淄博公司给青岛惠某发出了书面的退运通知，要求将货物退运到青岛，费用与责任由被告承担，并保留由于退运而造成的所有损失的追索权。11月30日，青岛惠某收到该退运通知。

11月29日，青岛惠某从订舱代理获悉由日本三某提供的二程船信息，该案所涉货物已于11月29日安排在名为P××× C×××的二程船上，预计到达莱城日期为2000年12月7日、8日。青岛惠某立即将上述信息告知淄博贸易公司。

淄博贸易公司12月4日将提单已寄出、二程船的船名航次和预抵达时间等告知了其莱城的客户。莱城客户于12月11日同意提货但称无法支付货款。本案货物已被收货人提走。淄博贸易公司至今未收回本案所涉货款。淄博贸易公司诉至法院请求二被告赔偿原告货物损失16 469.40美元及其他经济损失50 000元。

北京惠某辩称：（1）货运代理的订舱单是根据托运人的委托书拟制的，提单是承运人根据订舱单签发的，这三单内容是一致的；因为原告的委托书未注明“圣诞”二字，也从未提出过货物到达目的港具体时间要求，其至完成委托货物出运代理事宜并将已确认M×××号提单交付时，也不知该货为“圣诞节物品”。故诉其对没有在订单中明确注明货物系圣诞节物品的过错不能成立。（2）货物按时离港后，其对船期发生变化情况及时通知了原告。当原告提出货物退运要求时，其当日书面通知了承运人和承运人的订舱代理；并据承运人要求通知原告：退运必须由发货人提供正式退运通知、交回正本提单原件和承担退运费用等方可办理。11月30日其收到发货人正式退运通知时，货物已于29日随二程船离港。因此，没有退运成功的责任在原告，诉其未尽到合理的通知义务与事实不符。（3）海上运输，船期变化和收货人拒付发货人货款的贸易纠纷，不在货运代理的经营范围和责任范围之内。本案原告委托答辩人的代理事项只是订舱和报关，当原告拿到提单后，委托答辩人的代理事项即已完成。综上，其不应负任何责任。

山东惠某辩称:（1）山东惠某成立于2001年3月20日，隶属于北京惠某，本案发生于2000年10月，山东惠某没有与原告发生该项海上运输业务，不存在造成海上货物损失。（2）山东惠某是代理公司，而不是船运公司，对原告诉讼的事实与理由，与山东惠某无任何法律关系。请求驳回原告的诉讼请求。

## 【裁判说理】

争议焦点:（1）青岛惠某是否履行了货运代理义务;（2）青岛惠某的责任由谁承担。

青岛海事法院认为:

1. 淄博贸易公司与青岛惠某之间的委托关系成立，即青岛惠某接受淄博贸易公司的委托，代办与货物出运有关的订舱报关等事项。由于没有证据证明当事双方有其他约定，因此当事双方之间的权利义务将根据庭审所确定的事实确定。青岛惠某按照淄博贸易公司的要求办理了所委托的事项，使有关货物按时出运，其作为既未超出原告的委托，也没有漏办的事项。原告的委托函件中，没有要求在订舱单或提单上注明抵达目的港的具体时间，因而提单上没有注明具体的抵达日期，青岛惠某对此没有过错。原告认为，二程船抵达目的港时间过晚而要求退运时，按常规承运人应见到提单上的托运人的正式书面指令和收回提单时，才能根据具体情况决定是否退运，但青岛惠某接到淄博公司的退运通知时已是货物装上二程船并起运的第二天，即使及时通知承运人，客观上退运已不现实，何况退运已经发运且在承运人控制之下的货物并非由货运代理决定，所以退运没有成功的原因亦不在青岛惠某。

2. 青岛惠某不具有独立承担民事责任的能力，山东惠某已表明全权处理青岛惠某的债权债务，因此山东惠某应承担青岛惠某的债权债务，青岛惠某是北京惠某的一个部门，北京惠某理应承担青岛惠某民事行为的法律后果。综上，青岛惠某已完成原告的委托事项，原告没有收回货款，与青岛惠某没有因果关系，被告对此不承担责任。原告的诉讼请求，证据不足，理由不充分，应予驳回。

青岛海事法院以判决形式结案，双方当事人没有上诉，一审判决生效。

## 【法官后语】

委托代理人按照被代理人的委托行使代理权，是我国《民法通则》第64条明确的规定。国际货运代理人按照委托人的指示履行代理义务。本案原告委托青岛惠某办理货物在起运港的货运代理事宜。按照委托要求办理了海海联运的订舱出运的全部相关事宜；并在承运人通知二程船因修船更换二程船后，又及时办理了向托运人、船方及其代理的通知义务。但因接到退运单证的时间已迟于货物转乘二程船的时间，导致了托运人因转船迟延导致交付货物影响到了圣诞销售高峰，收货人拒付货款。对此，作为已经尽职履行受托职责国际货运代理人不应对托运人的损失担责。本案对处理外贸企业和其国际货运代理企业之间处理海海联运的纠纷具有指导意义。

## 【相关法条】

**1.《中华人民共和国民法通则》**（2021年1月1日废止）

**第六十四条**　代理包括委托代理、法定代理和指定代理。

委托代理人按照被代理人的委托行使代理权，法定代理人依照法律的规定行使代理权，指定代理人按照人民法院或者指定单位的指定行使代理权。

**对应新法：**

**《中华人民共和国民法典》**（2021年1月1日施行）

**第一百六十二条**　代理人在代理权限内，以被代理人名义实施的民事法律行为，对被代理人发生效力。

**第一百六十三条**　代理包括委托代理和法定代理。

委托代理人按照被代理人的委托行使代理权。法定代理人依照法律的规定行使代理权。

**2.《中华人民共和国民事诉讼法》**（1991年4月9日施行）

**第六十三条**　证据有下列几种：

（一）书证；

（二）物证；

（三）视听资料；

（四）证人证言；

（五）当事人的陈述；

（六）鉴定结论；

（七）勘验笔录。

以上证据必须查证属实，才能作为认定事实的根据。

**第六十四条** 当事人对自己提出的主张，有责任提供证据。

当事人及其诉讼代理人因客观原因不能自行收集的证据，或者人民法院认为审理案件需要的证据，人民法院应当调查收集。

人民法院应当按照法定程序，全面地、客观地审查核实证据。

**对应新法：**

**《中华人民共和国民事诉讼法》**（2023 年 9 月 1 日修正）

**第六十六条** 证据包括：

（一）当事人的陈述；

（二）书证；

（三）物证；

（四）视听资料；

（五）电子数据；

（六）证人证言；

（七）鉴定意见；

（八）勘验笔录。

证据必须查证属实，才能作为认定事实的根据。

**第六十七条** 当事人对自己提出的主张，有责任提供证据。

当事人及其诉讼代理人因客观原因不能自行收集的证据，或者人民法院认为审理案件需要的证据，人民法院应当调查收集。

人民法院应当按照法定程序，全面地、客观地审查核实证据。

承办人：李旭东

编写人：郭彦滨　宋　萍

# 32. 北京惠某国际货运代理有限责任公司诉淄博某进出口集团有限公司、淄博力某贸易有限公司海上货物运输合同纠纷案

——海运费垫付后的权利主张

## 【合规提示】

本案系国际货运代理人向出口贸易的外贸代理人（托运人）及其被代理人（实际托运人）追索出口货运的垫付海运费用纠纷案件。法院经审理判令实际托运人承担给付货运代理人垫付的海运费用，实际托运人的抗辩理由未得到支持。对于托运人而言，外贸代理制下外贸代理人与被代理人，属于代理民事关系。在运费预付的情况下，提单载明的托运人和实际交付货物的托运人可能都具有向承运人支付运费的义务。因此，在外贸操作实务中代理人与被代理人应注意释明其外贸代理关系，以免产生不必要的诉累。对于国际货运代理人而言，海上货物运输中有权收取海运费的主体为承运人，在国际货运代理人为了委托人利益先行垫付的情况下，有权主张垫付费用及代理费用。因此，实践中，货运代理人应要求对具体费用予以确认或在合同中明确约定，否则只能按照实际发生额确定，对实际支出及利息以外的相关利润难以获得法院的支持。

## 【案件信息】

**1. 裁判文书字号**

（2001）青海法海商初字第 288 号

**2. 当事人**

原告：北京惠某国际货运代理有限责任公司

被告：淄博某进出口集团有限公司、淄博力某贸易有限公司

**3. 关键词**

民事　海上货运代理合同　海运费垫付款　托运人　实际托运人　追索垫付运费

## 【裁判要旨】

1. 托运人与实际托运人责任的区分。运费预付的情况下，提单载明的托运人和实际交付货物的托运人可能都具有向承运人支付运费的义务。国际货运代理企业明知该种情况时，则最终承担费用的主体应为实际托运人。

2. 国际货运代理人对垫付海运费追索。海运费是承运人应当收取的费用，在货运代理人为委托人利益先行垫付的情况下，委托人实际享受了运费支付后货物得以妥善运输交付的利益，则货运代理人可以取得主张垫付费用的主体资格。

## 【基本案情】

北京惠某国际货运代理有限责任公司（以下简称北京惠某公司）成立于1996年，经营范围为承办海运、空运进出口货物的国际运输代理业务。1999年年底，公司董事会决定在青岛设立办事处。筹建期间，青岛办的业务人员私刻“北京惠某国际货运代理有限公司青岛分公司业务专用章（2）”对外开展业务，被北京惠某公司青岛办负责人发现后收回。2000年3月28日，北京惠某公司经工商局登记设立了青岛办事处。2001年3月青岛办停业整顿。2002年3月4日，青岛办在工商局办理了核准登记，继续营业。2001年3月28日，北京惠某国际货运代理有限责任公司山东分公司（以下简称惠某山东分公司）经工商局登记成立。淄博某进出口集团有限公司（以下简称某进出口公司）成立于1998年，经营出口机械设备、食品、纺织品等。淄博力某贸易有限公司（以下简称力某公司）成立于1999年，经营陶瓷制品、纺织品等。

2000年6月1日，力某公司与某进出口公司签订了《委托代理出口业务合同书（A）》，约定某进出口公司为力某公司的外贸代理人，为其代理长期综合性出口业务。2000年9月，力某公司向北京惠某公司青岛办发送传真，列明货物名称、数量、收发货人等信息，请其订船。北京惠某公司青岛办向日本某公司在青岛的订舱代理订舱后，通过传真告知了力某公司。该票货物随后正常出运并完成交付。2000年9月30日，北京惠某公司青岛办向日本某公司的青岛代理支付了60 201.40元运杂费并收到对应发票。

2000年10月24日，力某公司再次给北京惠某公司青岛办发送传真，请其订船，北京惠某公司青岛办订舱后传真通知了相关事宜。11月1日，北京惠某公司青岛办在收到发票的情况下向日本某公司的代理支付了40 137.60元运杂费。11月27日，北京惠某公司青岛办告知力某公司因二程船在莱城修船，货物上船和抵达时间均推迟，力某公司当即告知因错过销售季需安排退运。11月29日，北京惠某公司青岛办获悉货物已于当日装载在二程船上，预计12月初到达莱城，立即将该信息告知了力某公司。次日，北京惠某公司青岛办收到某进出口公司的书面退运通知，要求将货物退运至青岛。后经力某公司与莱城客户交涉，客户同意提货但无力支付货款。货物在目的港已被收货人提走。

就货物损失力某公司在青岛海事法院另行起诉了北京惠某公司及惠某山东分公司，但被判败诉，该（2001）青海法海商初字第257号判决已生效。

2001年6月4日，惠某山东分公司致函给力某公司，称北京惠某公司青岛办已关闭，其债权债务交至惠某山东分公司，请力某公司支付两票货物的海运费共计103 533元。因一直未收到垫款，北京惠某公司将某进出口公司和力某公司诉至法院。

被告某进出口公司辩称：（1）某进出口公司与北京惠某公司不存在运输合同关系；（2）北京惠某公司向某进出口公司主张权利证据不足，在北京惠某公司出示的提单中不能显示出北京惠某公司的身份；（3）北京惠某公司明知某进出口公司是力某公司的代理人，按照合同法规定，合同直接约束被代理人与相对人。故请求驳回对某进出口公司的诉请。

被告力某公司辩称：第一票货物的运费金额因人员变动无法查对账目，应由北京惠某公司承担举证责任。第二票货物因迟延交付造成贬值全损，故不应支付费用。

## 【裁判说理】

争议焦点：（1）案涉国际货运代理合同的委托方是谁；（2）北京惠某公司作为原告是否适格；（3）力某公司主张的货损能否对抗本案中的费用支付以及应当支付的费用金额。

青岛海事法院认为：

1. 力某公司以其外贸代理人某进出口公司的名义出运案涉货物，且接受了日本某公司的提单，力某公司为实际发货人，某进出口公司为托运人。力某公司在委托过程中是以某进出口公司的名义进行的，北京惠某公司青岛办作为长期从事国际货运代理业务的单位应当熟知外贸代理制规定下的代理人与被代理人的关系，其明知力某公司为案涉货物的实际托运人，故案涉国际货运代理合同的委托方是力某公司，某进出口公司不应承担责任。

2. 接受力某公司就案涉货物办理国际货运代理的是北京惠某公司青岛办，从业务往来函件中可以确认。力某公司没有证据证明北京惠某国际货运代理有限公司青岛分公司的实际存在，故以相关函件加盖青岛分公司印章主张青岛分公司是其国际货运代理人的抗辩理由不能成立。力某公司在接到惠某山东分公司的权利转让函件后未提出任何书面异议，应视为对权利转让的行为无异议。北京惠某公司青岛办与惠某山东分公司均不具有企业法人资格，权利义务的承担主体应为北京惠某公司，且北京惠某公司对青岛办的相关业务及惠某山东分公司的行为均予以了认可。故北京惠某公司作为本案原告主体适格。

3. 力某公司因货款损失另案起诉北京惠某公司，与本案不是同一法律关系，且其请求已被驳回，故其主张的损失不能予以认定，无法在本案中抵扣。惠某公司青岛办在接受力某公司的委托后，实际且已正确履行了其国际货运代理人的义务。案涉提单为运费预付已装船清洁记名联运提单，力某公司负有在换取已装船提单前向承运人支付海运费的义务。北京惠某公司青岛办在办理国际货运代理事宜之余，为力某公司垫付了相关海运费用，使其货物得以顺利出运，力某公司应当将相应费用支付给北京惠某公司。因双方对垫付金额有争议，案涉垫付海运费金额应以庭审查明为准，最终认定为 100 340 元。

青岛海事法院以判决结案。

## 【法官后语】

一、托运人与实际托运人责任的区分

在国际贸易中，有些企业有国外客户，但是没有外贸资质，故需要借助有资质的企业的资质，一般会以签订委托协议等方式通过具有国际贸易资质的企业开展进出口业务，此时会为国际货运代理合同关系中委托主体的识别带来一定困难。在运费预付的情况下，提单载明的托运人和实际交付货物的托运人可能都具有向承运人支付运费的义务。本案在确定承担责任的主体时，从业务操作的联络主体、专业国际货运代理企业对行业规则的了解程度等可以判断，如果外贸企业只是提供外贸资质，作为托运人列在提单上，而实际没有参与到委托业务过程中，国际货运代理企业又明知该种情况，则最终承担费用的主体应为实际托运人。

二、国际货运代理人对垫付海运费的追索

海运费虽然是承运人应当收取的费用，但在国际货运代理企业为了委托人利益先行垫付的情况下，委托人实际享受了运费支付后货物得以妥善运输交付的利益，则货运代理企业可以取得主张垫付费用的主体资格，并不是只有与托运人建立海上货物运输合同的承运人才能主张海运费相关费用。关于垫付费用的金额，除非有相对方确认或合同明确约定，否则只能按照实际发生额确定，货运代理企业此时无法取得其他相关费用。

## 【相关法条】

**1.《中华人民共和国合同法》**（2021年1月1日废止）

**第三百九十六条**　委托合同是委托人和受托人约定，由受托人处理委托人事务的合同。

**第三百九十八条**　委托人应当预付处理委托事务的费用。受托人为处理委托事务垫付的必要费用，委托人应当偿还该费用及其利息。

**第四百零二条**　受托人以自己的名义，在委托人的授权范围内与第三人订立的合同，第三人在订立合同时知道受托人与委托人之间的代理关系的，该合同直接约束委托人和第三人，但有确切证据证明该合同只约束受托人和第三人的除外。

**对应新法：**

**《中华人民共和国民法典》**（2021年1月1日施行）

**第九百一十九条**　委托合同是委托人和受托人约定，由受托人处理委托人事务的合同。

**第九百二十条**　委托人可以特别委托受托人处理一项或者数项事务，也可以概括委托受托人处理一切事务。

**第九百二十一条**　委托人应当预付处理委托事务的费用。受托人为处理委托事务垫付的必要费用，委托人应当偿还该费用并支付利息。

**第九百二十五条**　受托人以自己的名义，在委托人的授权范围内与第三人订立的合同，第三人在订立合同时知道受托人与委托人之间的代理关系的，该合同直接约束委托人和第三人；但是，有确切证据证明该合同只约束受托人和第三人的除外。

**2.《中华人民共和国民法通则》**（2021年1月1日废止）

**第九十三条**　没有法定的或者约定的义务，为避免他人利益受损失进行管理或者服务的，有权要求受益人偿付由此而支付的必要费用。

**第一百三十四条** 承担民事责任的方式主要有：

（一）停止侵害；

（二）排除妨碍；

（三）消除危险；

（四）返还财产；

（五）恢复原状；

（六）修理、重作、更换；

（七）赔偿损失；

（八）支付违约金；

（九）消除影响、恢复名誉；

（十）赔礼道歉。

以上承担民事责任的方式，可以单独适用，也可以合并适用。

人民法院审理民事案件，除适用上述规定外，还可以予以训诫、责令具结悔过、收缴进行非法活动的财物和非法所得，并可以依照法律规定处以罚款、拘留。

**对应新法：**

**《中华人民共和国民法典》**（2021年1月1日施行）

**第一百二十一条** 没有法定的或者约定的义务，为避免他人利益受损失而进行管理的人，有权请求受益人偿还由此支出的必要费用。

**第一百七十九条** 承担民事责任的方式主要有：

（一）停止侵害；

（二）排除妨碍；

（三）消除危险；

（四）返还财产；

（五）恢复原状；

（六）修理、重作、更换；

（七）继续履行；

（八）赔偿损失；

（九）支付违约金；

（十）消除影响、恢复名誉；

（十一）赔礼道歉。

法律规定惩罚性赔偿的，依照其规定。

本条规定的承担民事责任的方式，可以单独适用，也可以合并适用。

承办人：郭彦滨

编写人：郭彦滨　李亚男

# 33. 烟台某贸易有限公司诉韩国三某株式会社海上货运代理合同纠纷案

## ——电放指示不明确时，货运代理人是否承担错误放货责任

### 【合规提示】

本案系中国出口企业委托韩国某货运代理公司代为办理货物出运后发生的纠纷案件，焦点为原告发出的电放指示收货人不明确，货物被错误交付后货运代理人是否承担责任。对于出口企业而言，应审慎选择国外客户及其指定的货运代理公司；电放货物时要注意明确收货人名称，电放指示不明确时，货运代理人不承担错误放货责任，承运人是否承担责任依提单种类而有所不同；货物未收回货款时，不能办理外汇核销手续，否则难以证明货款损失。对于货运代理企业而言，为托运人代办出口货物的报关报验手续，并收取相关港杂费，双方构成海上货运代理合同关系，不存在海上货物运输合同关系，不承担放货环节的法律责任。

### 【案件信息】

**1. 裁判文书字号**

（2001）青海法海商初字第 332 号、（2003）鲁民四终字第 43 号

**2. 当事人**

原告：烟台某贸易有限公司

被告：韩国三某株式会社

3. 关键词

民事　海上货运代理合同　电放　错误放货

## 【裁判要旨】

1. 代办出口货物的报关报验手续，并收取相关港杂费，双方构成海上货运代理合同关系，而非海上货物运输合同关系。

2. 电放指示不明确时，货运代理人不承担错误放货责任，承运人是否承担责任依提单种类而有所不同。

3. 虽将涉案货物项下的货款在外汇管理局进行了外汇核销，但经审理查明该票货物项下的外汇核销是用其他出口货物项下的外汇收入核销的，应以事实为依据，不能认定原告已收到了涉案货物的货款。

4. 提单签发人是受提单抬头公司的委托代为签单，应认定提单抬头公司为承运人。

## 【基本案情】

2001 年 4 月 24 日，烟台某贸易有限公司（以下简称烟台某贸）与韩国民某公司签订了一份长期买卖协议，约定烟台某贸卖给民某公司女式服装，贸易方式为 FOB。本案所涉货物属于该买卖协议中的一部分。民某公司委托三某公司就本票货物开具信用证，受益人为烟台某贸，开证申请人为三某公司，信用证中规定该票货物需用正本提单议付。

之后，买方民某公司委托被告办理租船订舱事宜，对此烟台某贸在庭审中予以认可。2001 年 6 月 13 日，韩国三某株式会社（以下简称三某会社）传真给烟台某贸，称“关于民某公司出口货物：韩国客户要求此票出口货物最晚于本月 18 号或 19 号抵达韩国，烦请贵司予以安排，有问题请与我公司联系”。2001 年 6 月 21 日，三某会社传真要求烟台某贸将报关的有关单据寄给三某会社，以办理通关事宜。2001 年 7 月 3 日，三某会社传真给烟台某贸入货通知，要求烟台某贸在指定时间内办理入货事宜。2001 年 7 月 4 日，三某会社出具了一份提单给烟台某贸，提单号为 QBSN01×××17，该提单是三某会社职员金某爱签发的，提单中明确标注签发人作为承运人荣某公司的授权代表签发提单，托运人为烟台某贸，收货人为凭韩汇银行指示，通知人为三某公司，装货港为青岛，目的港为韩国釜山，运费目的港到付。庭审中荣某公司向法庭出具证明，证明其授权三某会社职员金某爱为其签发包括提单在内的运输单证，即确认金某爱签发的提单系依其授权所为。

同日，三某会社传真给烟台某贸办理该票货物出运所产生的费用明细，包括场站费、港杂费、单证费、签单费、保管费、拖车费、加急费等共计6740元。2001年7月9日，烟台某贸将该费用6740元电汇给三某会社职员金某爱，三某会社已收到。

2001年7月6日，民某公司传真烟台某贸，要求以副本提单议付，请烟台某贸给予配合。烟台某贸于2001年7月9日、10日传真被告，传真载明："我司发往烟台—釜山货物，品名：女士针织上衣，件数：979箱，请办理B/L电放，由此产生的后果由我司承担。"并加盖公司公章。荣某公司据此将货物电放给提单载明的通知人三某公司。开证行韩汇银行于2001年7月21日以单据存在不符点即提交的是副本提单而非正本提单为由拒付该款项。

荣某公司是依照韩国法律在韩国登记的具有独立法人资格的公司，1998年7月1日成立，经营范围为服务业、国际综合运输中介。三某会社于1976年7月3日依照韩国法律在韩国成立，1994年7月14日在中国设立三某会社青岛事务所，经营范围是为公司在青岛地区的货运代理业务提供咨询、联络、服务。

2001年10月17日，烟台某贸办理了涉案货物出口收汇核销手续，核销单号为37×××××99，共计分三笔收汇，第一笔收汇11 754美元，第二笔收汇19 869美元，第三笔收汇23 962美元。国家外汇管理局烟台市中心支局出具证明，说明烟台某贸在该核销单项下的外汇核销是用其他出口项下的外汇收入核销的。中信实业银行烟台分行也证明该票货物项下的信用证由于存在不符点并未收汇。上述三笔外汇分别来自另外两份贸易合同的收汇，有发票、报关单、核销单证明其核销经过。

原告烟台某贸诉称：原告于2001年7月3日在被告处订舱，要求托运两个40尺集装箱的货物从青岛发往韩国釜山。被告接受订舱后于同日向原告发出入货通知，并于7月4日签发副本提单。提单中的托运人为原告，收货人为"凭韩汇银行指示"。之后，被告一直拒签正本提单。后原告得知被告在无正本提单且无法确定收货人的情况下，在目的港将货物交付出去。原告认为，委托订舱及被告签发副本提单的行为使原告、被告之间形成海上货物运输合同关系，被告在无法得知收货人的情况下，擅自将货物交付，明显违反了双方的约定且构成对原告的侵权，直接致使原告产生货款损失，被告理应承担完全的赔偿责任。被告曾以荣某公司的英文名称与三某会社的中文名称联系业务，导致任何一个有正常判断能力的人均认为荣某公司与被告为同一公司。另外，虽然原告发给被告电放指示，但电放指示中收货人不明确，被告以此为由放货是错误的。有关外汇核销事宜，虽然原告已经进行了核销，但有证据证明该笔外汇并未收到，原告是用其他出口项下的外汇收入核销的。因此，原告特诉至法院，请求法院依法判令被告赔偿原告的货款损失 55 722 美元及利息，并承担本案诉讼费用。

被告三某会社辩称：第一，被告并不是本案提单中的承运人。本案中原告提单副本明确指明承运人是荣某公司，而不是被告三某会社。第二，原告于 2001 年 7 月 9 日传真被告，电放该票货物，注明“在客户没有收到正本 B/L（提单）以前，可以放货”。因此，承运人执行其指示，将货物电放给提单中的通知人三某公司，该通知人是发票、装箱单等单据上载明的相对人，是信用证的申请开证人，也是提单中明确载明的货物到港通知人，承运人接受原告指示将货物交付给三某公司，没有任何过错，原告应承担一切对其不利的后果。第三，原告所诉的该票货物已在国家外汇管理局烟台市中心支局进行了外汇核销，说明该票货物的货款原告已经收到，不存在损失。

## 【裁判说理】

争议焦点：（1）原告、被告之间是否存在海上货物运输合同关系；（2）原告、被告之间是否存在海上货运代理合同关系；（3）原告电放指示不明确，被告是否承担错误放货责任；（4）外汇核销能否证明原告已收到了货款。

青岛海事法院认为：

一、原告、被告之间是否存在海上货物运输合同关系

原告、被告之间并不存在海上货物运输合同关系。其一，海上货物运输合同，是指承运人收取运费，负责将托运人托运的货物经海路由一港运至另一港的合同。本案中依照原告与买方的约定，由买方负责租船订舱，运费到付。原告并未租船订舱也并未支付该票货物的海运费。其二，承运人，是指本人或者委托他人以本人名义与托运人订立海上货物运输合同的人。本案所

涉 QBSN01×××17 号提单中明确表明被告职员金某爱是受荣某公司的委托，作为其代理，以荣某公司的名义签发提单。荣某公司也明确确认授权金某爱签发其提单。该提单项下货物最终也是被荣某公司电放给了提单通知人。其三，三某公司应为荣某公司的船舶代理人，原告发给被告的电放指示中也明确认定其为船舶代理公司，可见原告在业务操作中一直认可三某公司是荣某公司的船舶代理人的法律地位。所以，本案所涉货物的承运人应是荣某公司，原告、被告之间不存在海上货物运输合同关系。

二、原告、被告之间是否存在海上货运代理合同关系

其一，被告为办理该票货物的出口事宜，与原告多次往来传真，要求原告向其提交相应单据以办理报关报验手续，原告也按其要求向其提交了单据，认可由被告为其代办货物报关报验等事宜。其二，在货物顺利出口后，原告及时向被告支付了场站费、港杂费、单证费、签单费、保管费、拖车费、加急费等费用。这些费用明细体现了原告、被告之间的业务内容为货运代理业务。所以，原告、被告之间已形成了事实上的海上货运代理合同关系。

三、原告电放指示不明确，被告是否承担错误放货责任

本案所涉 QBSN01×××17 号提单中载明收货人是凭韩汇银行指示，通知人为三某公司。原告电放指示中声明请办理 B/L 电放，由此产生的后果由其承担。在电放指示中未明确收货人，而荣某公司将该票货物放给了提单中的通知人。被告作为荣某公司的代理人，将原告的电放指示转达给了荣某公司，至于荣某公司是否承担错误放货的责任，法院不予评述。被告作为代理人在该业务过程中无过错，不应承担错误放货的责任。

四、外汇核销能否证明原告已收到了货款

本案所涉货物原告虽已进行了外汇核销，但国家外汇管理局烟台市中心支局及中信实业银行烟台分行均证明该票货物项下的外汇并未收到，是原告用其他出口项下的外汇收入核销的。并且原告也提供证据证明了用于核销的三笔外汇的相应的外贸合同、发票、报关单、核销单。据此可以认定卖方并未收到买方关于该票货物的货款。

综上所述，原告将货物托运，虽自被告处取得了其签发的提单，但该提单并不是以被告的名义，而是经过荣某公司的授权以荣某公司的名义签发的。被告应为荣某公司的船舶代理人，而不是承运人。原告、被告之间不存在海上货物运输合同关系。即使原告电放指示不明确，被告也不应承担放货不当

的赔偿责任。原告同意被告为其办理货物的报关报验等事宜并向其支付了有关费用，就原告、被告的法律关系而言，被告同时也是原告的货运代理人，二者之间为海上货运代理合同关系。被告作为海上货运代理合同的受托人，将原告的货物办理完毕报关报验手续并使货物顺利出运，已履行完毕其货运代理业务中的相应义务。原告主张被告错误交付货物并应承担货款损失的主张不能成立，法院对原告的诉讼请求不予支持。

一审宣判后，原告烟台某贸不服判决，上诉于山东省高级人民法院，二审法院判决驳回上诉，维持原判。

## 【法官后语】

本案主要涉及以下几个问题：

第一，承运人的认定。承运人，是指本人或者委托他人以本人名义与托运人订立海上货物运输合同的人。本案中虽没有签发正本提单，但已经签发了副本提单，副本提单中的内容为海上货物运输合同的内容。对于承运人的认定应结合提单抬头公司与提单签发人的身份确定。本案中提单的抬头公司为荣某公司，提单签发人为金某爱个人，金某爱虽为三某会社职员，但查明其签发提单的行为并非职务行为，而是接受荣某公司的委托所为，作为荣某公司的代理以其名义签发提单，金某爱签单行为的法律后果应由荣某公司而非三某会社承担。

再结合本案其他证据例如烟台某贸给三某会社的电放指示中称其为船舶代理公司、该票货物的放货人是三某公司、三某会社收取的费用明细都是报关报验等杂费等可以看出被告对原告而言是其货运代理人，对荣某公司而言是其船舶代理人。

原告一直认为三某会社在业务操作中故意将两个公司混为同一公司以致使原告认为三某会社就是承运人，则被告与荣某公司关系的认定至关重要。确实在双方业务过程中，被告发给原告的传真中部分抬头是荣某公司的英文名称和被告公司的中文名称，这是否会造成被告与荣某公司的身份混淆？经审理查明，业务往来中的传真信笺纸是荣某公司青岛办事处的，但落款均为被告。而在2007年7月9日，原告给被告的传真抬头为“三某船代公司”。可见，原告知道被告的身份。关于使用其他公司的信笺纸、落款为本公司的传真，能否导致相对人误认问题，我们认为，法人在经营业务时，确定相对人的主体身份，通常以法人身份证明、营业执照、介绍信或业务往来文件的落款为准，人们关注的是落款署名，并以落款为准。这是人们正常的认知能力。原告作为从事外贸经营的公司，在被告告知身份的情况下，将借用信笺纸、落款与信笺纸不同的公司混淆为信笺上的公司，不符合人们的认知水平。因此不能以此证明被告故意混淆其身份。被告与荣某公司的工商登记材料证明该两公司是均具有独立法人资格的不同公司。

第二，电放问题。电放指示中未写明收货人，错误放货的责任应由谁承担？本案被告作为货运代理人，不应承担错误放货的责任。但承运人是否应承担责任呢？本案未予以评述。目前有两种观点：一种认为既然发出了电放保函，虽然收货人不明确，但电放保函视同为对货物的处分，货物可以放给任何人。另一种认为虽然有电放保函，但未表明将货物放给何人，电放的关键部分未标明，这种不明确的意思表示视同为未作出处分，货物不能放给任何人。

笔者认为，这需从“电放”（telex release）的法律性质角度来分析。在目前有关的国际公约、各国的法律（如我国《海商法》）和法规中均无“电放”的定义。托运人与承运人之间的海上货物运输合同可以通过提单来证明，提单是承运人据以交付货物的单证，而电放是对托运人与承运人之间就货物交付方式的重新约定，即约定在收货人不出具正本提单的情形下可以交付货物。托运人发出的电放指示，构成了新的要约，承运人接受该指示意味着其作出承诺，双方协商一致，构成了对合同内容的变更。电放只是对交付货物的方式进行变更，其他合同内容以提单或订舱单记载的内容为准。

基于这种法律分析，笔者认为承运人的责任应根据不同种类的提单区别认定。在记名提单下，虽然电放指示未列明收货人，但记名提单不能转让，除非托运人行使中途停运权或明确地与承运人协商修改收货人名称，否则承运人只能将货物交付给提单记载的收货人。托运人在不变更收货人时发出电放指示，即使该指示中未指出收货人，承运人只要将货物交付给记名收货人，就意味着已经按照合同履行交付货物的义务，就不应承担错误放货的责任，因为记名提单下的收货人是确定的。

在指示提单或不记名提单项下，提单中对收货人的记载是不确定的，若托运人要求承运人以电放的方式交付货物，需作出明确的意思表示。电放指示作为要约，必须符合两个要件：（1）内容具体确定；（2）表明一经受要约人承诺，要约人即受该意思表示约束。收货人一栏的描述是电放保函的首要条款，在凭单放货的情形下，收货人通过持有提单来证明其合法身份，在电放的情形下，收货人通过电放保函的描述确认其合法性。托运人未指明收货人，该要约内容不确定，不符合要约的法律要件，是不完整的，视为托运人未发出有效的要约。承运人即使接受该电放保函，也不能构成合同的变更，因为没有指明收货人的电放指示意味着对运输合同的变更是不明确的，按照《合同法》第78条的规定，当事人对合同变更的内容约定不明确的，推定合同未变更。则承运人应凭单交货，而电放时正本提单一般已被承运人收回或承运人未签发正本提单，双方应就交付货物给谁重新协商一致，否则承运人无法确定谁为合法的收货人，不能交付货物。若交付货物，应承担错误放货的责任。当然，对货到目的港后承运人无法交付而产生的堆存费、滞箱费等费用，属于托运人未告知明确的收货人造成的，应由托运人承担。

第三，外汇核销问题。出口货物已到外汇管理部门进行了外汇核销，是否能够证明已经收回了货款。有观点认为已经进行外汇核销，这意味着该核销单下的款项已经由卖方收取，而且此节事实为国家行政机关确认，在该项行政行为未被撤销之前，不能作出其他推定。

笔者认为该观点失之偏颇。这种观点的法律依据是1998年6月22日国家外汇管理局发布的《出口收汇核销管理办法实施细则》的规定，首先，该规定已于2012年废止。其次，根据该实施细则所蕴含的法理，外汇核销后，即使存在违法情形，也不能再作出撤销的行政行为，而只是进行警告、通报批评、没收违法所得、罚款等。如果按该观点进行逻辑推理，则除非由外汇管理局作出撤销的行政行为，否则就推定核销单项下的外汇已经收取。但在客观上，外汇管理部门是不能也无法作出撤销核销的行政行为。因为根据《行政处罚法》第3条第2款规定，没有法定依据或者不遵守法定程序的，行政处罚无效。外汇管理部门要作出撤销核销的行政处罚行为，必须要有法律依据。但在实施细则中并没有赋予其撤销外汇核销的行政权力，即不具有法律依据。因此，这种要求撤销核销的行政行为的观点是无法实现的，也缺乏法律依据。

而实际业务操作中许多外汇管理部门将逐笔核销改为总量核销，因此笔者认为出口货物的收汇核销仅仅是收到贸易货款的初步证据，并非最终证据，具体须视实际情况认定。这票货物进行核销并非意味着该票货物已收回货款，法院在认定贸易款是否收到时，应综合具体情况和证据进行分析。本案中，虽然原告进行了外汇核销，但原告为证明该票货物并未收到货款，提供了一系列比较充分并具有关联性的证据来证明，该票货物核销单记载共分三笔收汇，原告证明了该三笔外汇分别源于另两份贸易合同，提交了该合同项下的发票、报关单、核销单等证据。同时，该票货物外汇核销的主管单位国家外汇管理局烟台市中心支局也出具证明，证明该票货物项下的外汇核销是用其他出口项下的外汇收入核销的。该票货物的议付行中信实业银行烟台分行也证明该票货物项下的信用证由于存在不符点而未收汇。可以得出结论，虽然进行了外汇核销，但这是为防止罚款所为，只要能查明不是该票货物项下的货款，就应以事实为依据，不应认定该票货物已收到了货款。

## 【相关法条】

**1.《中华人民共和国海商法》**（1993 年 7 月 1 日施行）

**第四十一条** 海上货物运输合同，是指承运人收取运费，负责将托运人托运的货物经海路由一港运至另一港的合同。

**第四十二条** 本章下列用语的含义：

（一）“承运人”，是指本人或者委托他人以本人名义与托运人订立海上货物运输合同的人。

（二）“实际承运人”，是指接受承运人委托，从事货物运输或者部分运输的人，包括接受转委托从事此项运输的其他人。

（三）“托运人”，是指：

1. 本人或者委托他人以本人名义或者委托他人为本人与承运人订立海上货物运输合同的人；

2. 本人或者委托他人以本人名义或者委托他人为本人将货物交给与海上货物运输合同有关的承运人的人。

（四）“收货人”，是指有权提取货物的人。

（五）“货物”，包括活动物和由托运人提供的用于集装货物的集装箱、货盘或者类似的装运器具。

**2.《中华人民共和国合同法》**（2021 年 1 月 1 日废止）

**第三百九十六条** 委托合同是委托人和受托人约定，由受托人处理委托人事务的合同。

**对应新法：**

《**中华人民共和国民法典**》(2021 年 1 月 1 日施行)

**第九百一十九条**　委托合同是委托人和受托人约定，由受托人处理委托人事务的合同。

承办人：王爱玲

编写人：王爱玲

# 34. 莱芜艾某迪生化有限公司诉海某邦达国际货运代理有限公司海上货物运输合同纠纷案

——承运人无单放货至记名提单收货人的违约责任承担

## 【合规提示】

本案系一起因承运人无单放货给正本提单持有人造成损失后，正本提单持有人向承运人主张赔偿损失的海上货运代理合同纠纷案。海上货物运输以正本提单作为唯一提货依据和物权凭证。承运人无单放货行为并不会改变正本提单作为物权凭证的效力。对于正本提单持有人来说，其持有正本提单表明其是案涉货物的所有人，若其因承运人无单放货行为而使其自身权益受损，则可就其损失向承运人主张赔偿。对于承运人来说，正本提单是海上货物运输领域提货的唯一凭证，承运人应当规范其提单的签发与见单放货的流程，避免出现未见单放货的情形，以避免自身损失。

## 【案件信息】

**1. 裁判文书字号**

（1999）青海法海商初字第 232 号、（2000）鲁经终字第 398 号

**2. 当事人**

原告：莱芜艾某迪生化有限公司

被告：海某邦达国际货运代理有限公司

**3. 关键词**

民事　海上货运代理合同　海上货物运输　无单放货　违约责任

## 【裁判要旨】

承运人未见正本提单即向收货人放货的，违反托运人与承运人之间的海上货物运输合同，承运人应当对托运人因其无单放货所导致的损失承担违约责任。嗣后收货人与承运人协商向托运人赔偿的，若托运人未参与协商过程且最终未获赔偿，则不能以此认定托运人认可无单放货行为。提单项下货物的所有权未发生转移，正本提单除了是海上货物运输合同和货物交付的凭证之外，仍未丧失物权凭证的功能，持有正本提单的当事人仍是合法有效的提单持有人，有权凭提单向承运人主张权利。

## 【基本案情】

原告莱芜艾某迪生化有限公司（以下简称艾某迪公司）诉称：1999 年 2 月 8 日，原告委托被告海某邦达国际货运代理有限公司（以下简称海某公司）北京分公司运送原告发往美国收货人的 160 吨无水柠檬酸。1999 年 2 月 21 日，被告承运了这批货物并签发了提单，提单中注明装船港为青岛港。1999 年 4 月 22 日，被告的美国代理人在未收回正本提单的情况下，仅凭 E 先生出具的保函便将这批货物交给了他，直接造成原告货款无法收回。被告违反海运规则，无单放货，侵害了原告作为提单持有人的合法权益。原告向法院提出诉讼请求：请求法院依法判令被告支付货款及利息。

被告海某公司辩称，审理本案的实体法应为美国法律。根据本案提单背面条款第 1 条的规定，如果货物运往美国的港口，或从美国的港口出运，本提单适用已并入本提单的《美国海上货物运输法》，既然提单的当事方已对运输合同所适用的法律作出了选择，而且法律也没有作出相反的规定，本案应适用美国法律作为审理本案的实体法。承运人根据提单的约定将货物发放给提单中明确载明的收货人的行为，即便根据中国《海商法》的规定，也不构成违约。在承运人交付货物后，原告和收货人已达成延期付款协议，原告手中的正本提单已不再是物权凭证，而仅仅是一项针对其贸易买方或收货人的债权凭证。造成原告货款未能收回的直接原因是收货人拒绝承兑远期支票，而不是无单放货。原告提出的货物价值并不真实。

经审理查明，1999 年 2 月 8 日，原告通过传真与美国的 L 公司签订了号码为 LM9××××8 的国际货物买卖合同。合同约定，由原告向美国 L 公司出口无水柠檬酸 160 吨，单价为 900 美元 / 吨，CIF 洛杉矶。总价值为 156 800 美元，付款方式为付款交单。

同日，原告向被告的北京分公司出具《进出口货运委托书》，该《进出口货运委托书》载明："托运人为原告，收货人为 L 公司，合同号码为 LM9××××8，起运港为中国青岛，目的港为美国洛杉矶，运费预付，装船期限为 1999 年 2 月 21 日，允许转运，货物品名为无水柠檬酸，重量为 160 吨。被告的北京分公司接受原告的委托后，办理了相应的出运手续，将原告的货物配载于中国某洋运输集团所属的"Y"轮 0015E 航次，并于 1999 年 2 月 21 日在北京签发了号码为 010-204-990××××59，以 A 公司为抬头的多式联运提单。该提单载明，托运人为原告，收货人与通知人均为 L 公司，装货港为中国青岛，卸货港为美国洛杉矶，0015E 航次，货物为无水柠檬酸，重量为 160 吨，分别装于 8 个 20 尺集装箱内，承运人责任期间为 CY-CY，运费预付，提单签发人记载为 A 公司。1999 年 3 月中旬，该提单项下货物运至目的港美国洛杉矶，随后由被告的洛杉矶分公司转运至芝加哥。1999 年 4 月，收货人 L 公司未凭正本提单将货物提走。1999 年 4 月 22 日，原告得知货物已被收货人提走，而此时全套正本提单仍在银行没有议付，遂向被告北京分公司发传真查询。同日，被告洛杉矶分公司给被告北京分公司发传真确认了"货主在没有出具正本提单的情况下将货物提走"一事，并解释称："由于当时货物在港口已产生滞留费用，且货主一再要求提货并表示会尽快交单，我们便放货给记名提单的收货人。"该传真随附了收货人的保函。在被告洛杉矶分公司的催促下，收货人 L 公司曾保证最迟在 1999 年 4 月 27 日解决此事，但未最终履行。1999 年 4 月 27 日，被告洛杉矶分公司给被告北京分公司发传真称："T 先生（收货人的代表）要求延期至 4 月 30 日，将正本提单交给我司，因为收货人目前在他的银行办理贷款，贷款将在 4 月 30 日可以生效；因为收货人将此货卖到芝加哥，由我司承运，经手人在货物到达芝加哥后，未留意就放货给了收货人，请向托运人解释，我们一定负责到底，于 30 日收回正本提单；万一有差错，我司也绝对与收货人周旋到底。”1999年4月27日，被告北京分公司给被告洛杉矶分公司发传真称：“因4月30日即收货人答应的最后的付款时间，但是托运人向其赎单的银行核查，收货人并没有付一分钱给银行，所以托运人担心该笔款项收不回来，所以我司发出索赔预告，金额为161 800美元。”1999年4月30日，被告北京分公司传真给原告，希望原告同意将解决此事的时间延长至北京时间5月11日，同时称其已让洛杉矶分公司派律师前往收货人公司，视情况对收货人采取法律措施。1999年5月，在被告洛杉矶分公司的一再努力下，收货人终于同意解决此事。在收货人同意支付货款的基础上，被告洛杉矶分公司又要求收货人加付2%的利息，经该双方协商，最终收货人同意支付4张支票共计159 936美元来了结此事；被告洛杉矶分公司亦同意由原告的代理人洛杉矶某工具有限公司经理朱某收取这4张支票。同时，被告洛杉矶分公司也表示：“这并不表示我们就此推脱此事，如果支票有问题，还会与朱某合作料理此事……我们会负责到底。”1999年5月11日，原告传真给被告洛杉矶分公司称：“贵公司给洛杉矶某工具有限公司由收货人开具的远期支票，我司认为是承运人对托运人的一种补偿，若不能按期收回全部货款及对我司损失的实际补偿，我司将保留对贵公司的索赔权利。”

还查明，原告的代理人洛杉矶某工具有限公司经理朱某将该4张远期支票存入银行时，因存款不足而遭银行退票。

## 【裁判说理】

争议焦点：（1）本案的法律适用问题；（2）记名提单下的无单放货问题。

青岛海事法院认为：本案被告虽然依据提单背面条款主张审理本案的准据法应为美国法律，但在本案审理过程中，被告并未提供相应的美国法律文本，青岛海事法院亦无法查明；因本案中提单签发地在中国，货物出运地在中国，双方当事人均在中国，依据最密切联系原则，审理本案应适用中国法律。

被告作为承运人，在核实记名提单收货人的身份后，应凭正本提单放货。即使承运人交货对象正确，但其未凭正本提单放货的行为导致原告失去了收回货款的保障，同时失去了对货物控制和处分的权利，是造成原告损失的直接原因。

关于收货人支付4张远期支票一事，实际是被告的洛杉矶分公司一再催促收货人，并与收货人协商的结果。原告未参与该结果的协商过程，只是负责收取支票，仅仅是这个结果的受益者。所以，原告收取支票的行为并不能说明原告与收货人已就国际货物买卖合同项下货款的支付达成协议，也不能说明是原告对被告无单放货行为的认可。该4张支票因银行退票未得到兑现，这时，提单项下货物的所有权没有发生转移，原告手中的提单除了是海上货物运输合同和货物交付的凭证之外，未丧失物权凭证的功能，原告仍是合法有效的提单持有人，有权以提单向承运人主张权利。

2000年5月20日，青岛海事法院作出（1999）青海法海商初字第232号民事判决书，判决：被告赔偿原告货款损失156 800美元及该款项自1999年4月23日起直至本判决生效之日止的同期银行利息。案件受理费及财产保全费由被告承担。

海某公司不服上述判决，向山东省高级人民法院提起上诉。山东省高级人民法院于2000年11月30日作出（2000）鲁经终字第398号民事判决书，判决：驳回上诉，维持原判。

## 【法官后语】

国际海上货物运输合同作为国际性合同，在法律适用上所遵循的原则为当事人意思自治原则以及最密切联系原则；本案被告虽然依据提单背面条款主张审理本案的准据法应为美国法律，但在本案审理过程中，被告并未提供相应的美国法律文本，法院亦无法查明；因本案中提单签发地在中国，货物出运地在中国，双方当事人均在中国，依据最密切联系原则，审理本案应适用中国法律。

受运输效率的不断提升与在途货物买卖发展等影响，海上船舶运输效率较以往具有显著提升，致使原有提单流转速度快于货物运输速度的情况得以扭转，也经常出现提单流转速度慢于海上货物运送速度的情况。在前述情形下，无单放货，是指承运人由于货物滞期、港口滞留等原因在未核实、验证提单真伪或未见正本提单的情况下向他人交付货物的行为。凭正本提单交货是国际海运的基本原则，对于记名提单亦须如此，反之则既违反法律，又违反其作为承运人的义务，使卖方失去收回货款的保障。故承运人无单放货的，对托运人构成违约，对托运人未能及时收回货款所导致的损失应承担赔偿责任。本案中，海某公司的无单放货行为是造成艾某迪公司货款损失的直接原因，艾某迪公司持有的提单并未丧失物权功能，海某公司应对其无单放货行为向托运人艾某迪公司承担货款及利息损失的赔偿责任。

## 【相关法条】

**《中华人民共和国海商法》**（1993年7月1日施行）

**第七十一条** 提单，是指用以证明海上货物运输合同和货物已经由承运人接收或者装船，以及承运人保证据以交付货物的单证。提单中载明的向记名人交付货物，或者按照指示人的指示交付货物，或者向提单持有人交付货物的条款，构成承运人据以交付货物的保证。

承办人：王永刚

编写人：郭郑超　赵忆雪　袁子丰

# 35. 连云港长某农业开发有限公司诉青岛义某货运代理有限公司等海上货物运输合同纠纷案

——借用他人格式提单情况下的相关法律适用问题

## 【合规提示】

本案核心是双方就借用他人格式提单情况下货运合同关系当事人的认定存在争议。借用格式提单往往是基于多年的交易习惯或者是操作的便利性，所以在贸易实务中经常出现，但是其中蕴含的风险也是显而易见的。当事人双方应尽量使提单内容与货物运输合同内容保持统一性，尽量避免借用提单的情况，以最大限度明晰责任，避免纠纷。另外，对于承运人来说，其负有向持有货物已装船正本提单的托运人或持有人交付货物的合同义务，若不能履行该义务，导致托运人出现损失的，需要承担赔偿责任，所以应避免无单放货的情况发生。

## 【案件信息】

**1. 裁判文书字号**

（1999）青海法海商初字第366号、（2001）鲁经终字第85号

**2. 当事人**

原告：连云港长某农业开发有限公司

被告：青岛义某货运代理有限公司、L公司

第三人：香港台某国际有限公司

**3. 关键词**

民事　海上货运代理合同　无正本提单交付　准据法确定　海上运输当事人借用他人提单

## 【裁判要旨】

1. 当事人双方在已经签订海上货物运输合同情况下，承运人借用他人格式提单，应当认定该他人为承运人的放货代理，不影响对于实际承运人的认定。

2. 借用他人格式提单情况下，提单所载明的准据法适用事项指向他人，该条款对于签订海上货物运输合同的双方当事人无效。

3. 提单是海上货物运输合同的证明，是承运人保证交付货物的单证。承运人负有向持有货物已装船正本提单的托运人或持有人交付货物的合同义务，未能履行该义务，导致托运人损失的，应当承担赔偿责任。

## 【基本案情】

1998年12月，原告连云港长某农业开发有限公司（以下简称长某公司）出口一批水果罐头（共计4150箱，CIF价48 675美元）到美国，委托被告青岛义某货运代理有限公司（以下简称义某货代公司）办理出口运输事宜。义某货代公司签发了编号为YMLH8××××3的正本提单一式三份，该提单记载：共三个集装箱，托运人为长某公司，收货人为V公司，到货通知人为L公司，承运船、航次为“H”轮850E航次，装货港为青岛，卸货港为纽约，提单签发地为青岛，签发时间为1998年12月17日。该提单抬头印制的公司名称为“L公司”，但其签单章载明“由义某货代公司法定代表人马某代表义

某货代公司”签发。其背面条款第1条规定：本提单中的“承运人”指L公司；第2条规定：本提单有关承运人的权利义务将适用1936年《美国海上货物运输法》。被告义某货代公司称：其又将原告交予其的同一货物委托第三人香港台某国际有限公司（以下简称台某公司）运输，其与台某公司形成海上货物运输合同关系，并提供相应证据。案涉四个集装箱的货物于1998年12月19日在青岛港装上“H”轮，于1999年1月31日到达纽约港，分别于1999年2月9日、19日被M公司分两次提走。长某公司则仍持有义某货代公司签发的编号为YMLH8××××3的正本提单三份，其未从国际货物买卖合同的买方处收回货款，也未指示任何一方可以不收回正本提单就放货。

原告长某公司起诉称：被告义某货代公司及被告L公司在客户未付款赎单的情况下，擅自让客户提走这批货，造成原告至起诉时无法收回货款并无法退税，造成损失52 330.49元人民币。请求法院判令两被告连带赔偿原告经济损失及其银行利息并承担本案诉讼费用及原告的律师费用。

被告义某货代公司辩称：根据本案中的YMLH8××××3号提单的背面条款，本案应适用1936年《美国海上货物运输法》，依据该美国法，承运人将货物交付给记名提单上记名的收货人即为合法交货，并不需要收回正本记名提单；即使根据中国法律，原告未收回货款也是由于其贸易上的原因，被告义某货代公司将货物交付记名提单上记名的收货人，已履行其义务，并未违约；即使是被告义某货代公司违约，但其将本案所涉货物交给第三人台某公司承运，是台某公司未按照其指示交付货物，才直接造成其不能向提单持有人——原告交付货物，所以台某公司应承担因违约给义某货代公司造成的赔偿提单持有人货物损失的赔偿责任；另外原告的所谓“出口退税损失”与被告无正本提单放货并无因果关系。

被告L公司在答辩期内未提交书面答辩状，经合法传唤亦无正当理由拒不到庭参加诉讼。

第三人台某公司述称：被告义某货代公司追加台某公司为第三人无法律依据，因为义某货代公司与台某公司并无海上货物运输合同关系，而是一种货运代理关系；台某公司同时又是U公司的代理，替它揽货，义某货代公司的这票货物运输业务即台某公司作为U公司的代理办理的。

## 【裁判说理】

争议焦点：（1）借用他方格式提单，提单运输关系当事人应如何认定；（2）准据法的确定是按照所借用提单载明的条款，还是按照实际运输关系当事人的实际情况确定；（3）承运人是否可以在无正本提单情况下交付货物。

青岛海事法院认为：编号为YMLH8××××3的提单可以证明原告长某公司与被告义某货代公司之间形成国际海上货物运输合同关系，被告义某货代公司为该合同的承运人。虽然该提单抬头为被告L公司，但系被告义某货代公司借用被告L公司的格式提单而签发，被告L公司在该海上货物运输中的地位只是被告义某货代公司在美国的放货代理。

由于编号为YMLH8××××3的提单的背面条款第1条即将该种格式提单的承运人定为L公司，而该提单所证明的海上货物运输合同的承运人是被告义某货代公司，所以其背面条款中第2条法律适用条款在本案中当然无效，本案不应适用该法律适用条款所指明的1936年《美国海上货物运输法》，而应当适用与本案有“最密切联系的”中华人民共和国法律。

根据《海商法》的规定，无论何种提单，承运人交付货物都必须凭正本提单，而承运人只有在见到、收回正本提单时才交付货物也早已成为国际航运惯例，若承运人在未收回正本提单情况下，即将运输货物交付非提单持有人，其应当承担违约责任。本案中被告义某货代公司作为海上货物运输合同的承运人，向原告签发了三份正本提单，当货物运输到目的港后，无论基于何种原因，当原告持有全部正本提单向其请求返还货物时，其已无法履行交付货物的义务，应对原告承担违约责任，按照原告出口货物的实际价值赔偿原告的损失。

青岛海事法院以判决方式结案，判决被告青岛义某货代公司赔偿原告出口货物的实际损失及利息。被告青岛义某货代公司不服青岛海事法院判决，上诉于山东省高级人民法院，山东省高级人民法院作出终审判决：驳回上诉，维持原判。

## 【法官后语】

本案涉及的三个争议焦点问题，在海上货物运输出现的各类纠纷中，其实是具有普遍性的，在此我们可以提炼出的共性部分对于相似案件审理无疑具有普遍意义。

首先，提单（运输）关系当事人亦即责任人的确定。借用格式提单的情况时有出现，很多是基于多年的交易习惯或者是操作的便利性，但是我们在具体案件的办理中，一定要直中根源，那就是在当事人双方已经签订海上货物运输合同的情况下，承运人借用他人格式提单，应当认定该他人为承运人的放货代理，不影响对于实际承运人的认定。

其次，在借用格式提单载明的承运人并非实际运输合同当事人的情况下，提单条款针对被借用人约定法律适用的，不对实际运输合同当事人发生效力，应以法院地法即我国法确定提单的准据法。而根据我国《海商法》第269条的规定，在合同当事人没有选择合同适用的法律的情况下，适用与合同有最密切联系的国家的法律。

最后，责任的确定。根据我国《海商法》的规定，提单是承运人保证据以交付货物的单证，提单中载明的向记名人交付货物，或者按照指示人的指示交付货物，或者向提单持有人交付货物的条款，构成承运人据以交付货物的保证。所以，在我国，无论何种提单，承运人交付货物都必须凭正本提单，这也是我国法律规定的提单本身所具有的性质。如果承运人违反了我国法律有关必须凭单交货的规定，未收回正本提单而将运输货物交付非提单持有人，则其应当承担由此而产生的法律责任。

## 【相关法条】

**《中华人民共和国海商法》**（1993年7月1日施行）

**第五十一条**　在责任期间货物发生的灭失或者损坏是由于下列原因之一造成的，承运人不负赔偿责任：

（一）船长、船员、引航员或者承运人的其他受雇人在驾驶船舶或者管理船舶中的过失；

（二）火灾，但是由于承运人本人的过失所造成的除外；

（三）天灾，海上或者其他可航水域的危险或者意外事故；

（四）战争或者武装冲突；

（五）政府或者主管部门的行为、检疫限制或者司法扣押；

（六）罢工、停工或者劳动受到限制；

（七）在海上救助或者企图救助人命或者财产；

（八）托运人、货物所有人或者他们的代理人的行为；

（九）货物的自然特性或者固有缺陷；

（十）货物包装不良或者标志欠缺、不清；

（十一）经谨慎处理仍未发现的船舶潜在缺陷；

（十二）非由于承运人或者承运人的受雇人、代理人的过失造成的其他原因。

承运人依照前款规定免除赔偿责任的，除第（二）项规定的原因外，应当负举证责任。

**第七十一条** 提单，是指用以证明海上货物运输合同和货物已经由承运人接收或者装船，以及承运人保证据以交付货物的单证。提单中载明的向记名人交付货物，或者按照指示人的指示交付货物，或者向提单持有人交付货物的条款，构成承运人据以交付货物的保证。

承办人：遇　峰

编写人：褚　茜　梁晓晓

## 36. 某市国际货运代理有限公司诉凯某集团淄博公司、青岛高科技工业园信某船务代理有限公司运杂费纠纷案

——委托人应就其委托代理人未超越代理权限的代理行为承担民事责任

### 【合规提示】

本案是一起海上运输中经转委托的货物运输代理人诉实际托运人和代理人的海上货运代理合同纠纷案件。对于代理人而言，应当注意要在代理权限的范围内实施代理行为，代理人的再次转委托也必须在其取得的代理权限内进行，其代理权限内代理行为的民事责任由委托人承担，应当注意留存证据

并及时就因代理行为产生的费用向实际托运人主张。对于实际托运人(委托人)而言，要注意审核委托代理人的行为是否在代理权限内进行，对代理人为完成委托事务垫付的费用应当及时予以支付，避免因拖延支付产生纠纷。

## 【案件基本信息】

**1. 裁判文书字号**

(1998) 青海法海商初字第 186 号

**2. 当事人**

原告：某市国际货运代理有限公司

被告：凯某集团淄博公司、青岛高科技工业园信某船务代理有限公司

**3. 关键词**

民事　海上货运代理合同　海运运杂费　委托代理

## 【裁判要旨】

委托人应就其委托代理人未超越代理权限的代理行为承担民事责任。

## 【基本案情】

1998 年 1 月，被告凯某集团淄博公司（以下简称淄博凯某）业务员尹某电话联系被告青岛高科技工业园信某船务代理有限公司（以下简称信某船代）业务员曾某，委托被告信某船代为被告淄博凯某出运两冻柜冻兔肉。尹某在电话中称，将该批货交给被告信某船代办理前先要经案外人袁某“过一下”。被告信某船代按照被告淄博凯某的委托要求在原告处租船订舱，托运 40 尺集装箱 2 个，从青岛运至鹿特丹，发货人是被告淄博凯某，收货人是凭指示，船名为“韩某纽约 081W”，提单号分别为 NO.HNY081D-403、NO.HNY081D-404。两冻柜共发生运杂费人民币 48 472 元，该项费用已由原告垫付。原告将货物运达后，被告淄博凯某经袁某之手，通过被告信某船代向原告支付了人民币 10 000 元，尚欠运杂费 38 472 元未付。此外，青岛世某国际运输代理有限公司曾授权青岛世某国际运输代理有限公司淄博开发区办事处(以下简称世某淄博办事处)全权处理办事处所有的海运业务，世某淄博办事处又授权袁某负责办理 1997 年 5 月至 1998 年 5 月该办事处与被告淄博凯某的所有业务，且袁某与被告淄博凯某签订了《出口货物代运合同》。但是

就案涉纠纷，袁某与被告淄博凯某、被告信某船代之间不存在任何口头或书面的约定。

原告提出诉讼请求：判令被告淄博凯某立即偿付所欠运杂费人民币40 195.5元及利息。

被告淄博凯某辩称：淄博凯某就案涉两个货柜的冻兔肉与世某淄博办事处签订《出口货物代理合同》，并将全部运杂费付给世某淄博办事处。因此，原告垫付的运杂费只能向被告信某船代追索。

被告信某船代辩称：作为淄博公司的货运代理公司，其已履行了全部代理义务，没有支付运费的责任。因此，请求法院免除其承担运费及利息的偿付责任，以及相关的诉讼费。

## 【裁判说理】

争议焦点：原告为货物出运垫付的运费，应由谁承担给付义务。

青岛海事法院认为：本案中的被告淄博凯某同被告信某船代虽然没有签订书面的委托代理合同或委托代理授权书，但被告淄博凯某由业务员尹某通过电话方式直接委托被告信某船代，要求租船订舱，出口两个集装箱冻兔肉，被告信某船代同意办理。因此可以认定，被告淄博凯某同被告信某船代的代理关系即已确立。被告淄博凯某对此确认无异。被告信某船代按照被告淄博凯某的委托要求在原告处租船订舱，至此，被告信某船代的订舱行为已达到被告淄博凯某的委托目的，被告信某船代履行了代理义务。

原告已接受作为被告淄博凯某代理人的被告信某船代的订舱委托，并按其委托将被告淄博凯某的两个集装箱冻兔肉的货物及时装船，签发了提单运至目的港，原告已履行了约定的委托义务，原告同被告淄博凯某之间的委托代理关系事实成立。原告为被告托运货物尽快出运，还为被告淄博凯某垫付了全部海运费，故原告取得索要海运费的诉权。据此，原告向托运人即被告淄博凯某主张权利，要求被告淄博凯某（货物托运人）付清全部海运费的主张，法院应当依法予以支持。

此外，被告淄博凯某辩称，其已经将全部运杂费付给世某淄博办事处，因此原告垫付的运杂费只能向被告信某船代追索的主张不成立。被告淄博凯某称，袁某是其代理人。被告淄博凯某在同被告信某船代电话委托时提出，该批货物在交给被告信某船代办理前先要通过袁某过一下，“过一下”要表达什么意思，要创设什么权利、义务关系，并不明确。被告淄博凯某提交了同世某淄博办事处签订的货物代理合同，该公司给其下属办事处的全权授权书及该办事处给袁某的授权书，以证明被告淄博凯某的委托代理人是世某淄博办事处。被告淄博凯某还提交了袁某收到运费的收款白条证据，证明运费款已给付其代理人。但是，被告淄博凯某既没证据证明袁某在其订舱过程中代理其完成了哪项委托事务，也没有举证证明为何其将全部运费付给世某淄博办事处，而不付给合同代理人或电话委托代理人被告信某船代。被告淄博凯某的主张，证据和事实不符，不足以认定。

综上所述，被告淄博凯某是货物的托运人，它和被告信某船代是委托代理关系，被告信某船代为出运货物，以被告淄博凯某的名义向原告订舱，其行为没有超越代理权限，被告淄博凯某应当对被告信某船代的代理行为后果承担民事责任。据此，原告主张被告淄博凯某支付所欠运杂费及利息损失的诉讼请求，事实清楚，证据属实，予以支持(利息按我国银行同期存款利率标准计算，计息时间从 1998 年 6 月 28 日起至本判决生效后实际付款期日止)。被告信某船代作为被告淄博凯某的代理人已履行了全部义务，因此不负有向原告支付海运费的责任。被告淄博凯某主张其委托世某淄博办事处代理运输的证据不足，不予认定。被告淄博凯某以全部海运费已交给袁某为由拒付，理由不当，不予支持。依照《民法通则》第 106 条第 1 款、第 111 条的规定，判决：

一、被告淄博凯某应付给原告某市国际货运代理有限公司运杂费 38 472 元及利息损失(利息按我国银行同期存款利率标准计算，计息时间从 1998 年 6 月 28 日起至本判决生效后实际付款期日止)；二、被告信某船代不承担付款责任。

## 【法官后语】

本案涉及国际货运代理行业中常见的货运代理公司之间就订舱业务层层转委托的情形。各方因经转委托的货物运输代理公司为货物出运垫付的运费，应由谁承担给付义务产生争议。本案中，原告与被告淄博凯某之间的租船订舱的约定是通过淄博凯某的代理人的代理行为实现的。原告已按淄博凯某的订舱要求将其货物装船出运，并为其垫付了运杂费，淄博凯某应当付清托运货物的运杂费用；而信某船代是淄博凯某的委托代理人，淄博凯某应对信某船代未超越代理权限的代理行为承担民事责任。

## 【相关法条】

**《中华人民共和国民法通则》**（2021 年 1 月 1 日废止）

**第一百零六条** 公民、法人违反合同或者不履行其他义务的，应当承担民事责任。公民、法人由于过错侵害国家的、集体的财产，侵害他人财产、人身的，应当承担民事责任。没有过错，但法律规定应当承担民事责任的，应当承担民事责任。

**第一百一十一条** 当事人一方不履行合同义务或者履行合同义务不符合约定条件的，另一方有权要求履行或者采取补救措施，并有权要求赔偿损失。

**对应新法：**

**《中华人民共和国民法典》**（2021 年 1 月 1 日施行）

**第一百七十六条** 民事主体依照法律规定或者按照当事人约定，履行民事义务，承担民事责任。

**第一百八十六条** 因当事人一方的违约行为，损害对方人身权益、财产权益的，受损害方有权选择请求其承担违约责任或者侵权责任。

承办人：薛九江

编写人：樊羽萌　刘文文

# 37. 中国北方工业某公司诉中国外运某公司海上货运代理合同纠纷案

——提单载明的托运人与实际托运人不同时货运纠纷当事人的认定

## 【合规提示】

本案系一起海上货运代理合同纠纷案件，双方对提单载明的托运人与实际托运人不同情况下货运纠纷当事人的认定问题存在争议。在贸易实践中，有可能是基于贸易习惯抑或操作便利，提单载明的托运人与实际托运人不同的情况并不鲜见，若在这种情况下，再复合 FOB 价格条件下的买卖合同的双方的运输义务问题，问题会更加复杂。对于 FOB 价格条件下的卖方来说，其在没有取得货款的情况下即将货物交予买方，由买方自行委托货运代理人办理货运手续，这种操作程序本身就存在商业风险，因为对于货运代理合同来说，承运人出具的正本提单就可以由实际托运人支配，不会因为提单载明是卖方为托运人就必然认定其为货运代理合同的当事人，继而获得合法的提货权。基于此，我国企业在作为卖方时一定要注意。对于货运代理机构来说，提单作为海上运输的单证凭据，其载明的托运人一定要与自己实际签署的货运代理合同委托方保持一致，以免后续出现卷入货物买卖纠纷困境的情况。

## 【案件信息】

**1. 裁判文书字号**

（1996）青海法海商初字第 87 号

**2. 当事人**

原告：中国北方工业某公司

被告：中国外运某公司

**3. 关键词**

民事　海上货运代理合同　托运人　清洁提单　FOB

## 【裁判要旨】

提单载明的托运人与实际托运人不同的情况下，如果存在货运代理关系，则应按照实际形成该代理关系的双方来认定实际托运人，即货运纠纷当事人。进而应按照实际形成的货运合同关系的双方来界定提单给付义务，即提单正本应给付实际托运人。

## 【基本案情】

1994 年年底，原告作为卖方与买方瑞典某联有限公司签订出口 T 恤衫的销售合同，该合同的价格条件 FOB。根据合同，买方瑞典某联有限公司上海办事处委托被告租船订舱。被告依委托将货物发出，并按照委托方要求，将承运人签发的四份全套正本提单直接寄给原告。1995 年 1 月 17 日，瑞典某联有限公司上海办事处的陆某某传真被告，称其中三份提单需修改，并附修改内容。同时，陆某某电话通知原告的业务人员赵某，让其将需修改的提单寄给被告的业务人员朱某。赵某即将三份提单用特快专递寄出，并附信朱某提单修改后，仍将三份提单寄给自己。朱某在未收到退回的提单的情况下，依陆某某指示将提单重新修改编制，并将重修后的正本提单于1995年1月18日交给他人带至瑞典某联有限公司上海办事处。前述提单项下之货物，均以“上海某联”的名义在青岛港入库待运，且均由各收货人在目的港凭正本提单或保函提走。原告未提供其与被告间存在委托代理关系的相关证据。

原告诉称：被告管理提单不善，直接将正本提单交给买方，致使原告不能回收货款，请求法院判令被告赔偿其货款损失117 897.96美元及利息损失144 307.10美元。

被告辩称：（1）被告与瑞典某联有限公司上海办事处之间存在合法有效的货运代理关系；（2）本案中不存在被告管理提单不善的事实；（3）原告对被告提起的诉讼是错告行为，被告不应承担赔偿责任。

## 【裁判说理】

争议焦点：提单载明的托运人与托运代理关系之实际委托人不同时如何认定。

青岛海事法院认为：本案所涉提单上记载的托运人虽然是原告，但实际办理托运手续及租船订舱的是瑞典某联有限公司上海办事处，货物的入库手续也是以“上海某联”的名义办理，可以认定被告与瑞典某联有限公司上海办事处存在货运代理关系，而原告提到的付给被告的包干费，系原告按照买卖合同约定的FOB条件下应承担的货物装船前的费用，不能代表着原告、被告之间已建立委托代理关系。因此，被告将已签发的全套正本提单交给瑞典某联有限公司上海办事处并无过失。

被告在未收到原告寄交的需修改的正本提单的情况下，按照瑞典某联有限公司上海办事处的要求另行制作了全套正本提单，行为虽属不当，但是根据委托人的指示所为。

原告所受的损失是由于原告与瑞典某联有限公司之间的业务操作程序不当，以及原告既未与被告建立委托代理关系，也未办理实际托运手续的原因所致，故青岛海事法院依照《民事诉讼法》第64条第1款之规定，判决驳回原告的诉讼请求。

## 【法官后语】

在处理海上货物运输案件时，涉及托运人概念的相关问题是经常会遇到的，在《海商法》中“托运人”的概念如下：（1）本人或者委托他人以本人名义或者委托他人为本人与承运人订立海上货物运输合同的人；（2）本人或者委托他人以本人名义或者委托他人为本人将货物交给与海上货物运输合同有关的承运人的人。根据这项定义，“托运人”的判断标准：即订立运输合同或交付货物，符合条件之一就是托运人。既然有了客观标准，法院在处理具体案件时，就应该应按照实际形成货运合同关系的双方来确定托运人身份，进而界定提单给付义务，即提单正本应给付实际托运人。如果存在货运代理关系，则应按照实际形成该代理关系的双方来认定实际托运人。

另外需要再进行强调的一点，实践中经常会出现提单载明的托运人与实际托运人不同的情况，特别是复合 FOB 价格条件下的买卖合同的双方的运输义务问题，往往会使问题变得更加复杂。按照航运惯例，FOB 价格条件下，买方负责租船订舱，选择合适的船舶，但是货物装船前的报关、入港等手续仍应由卖方操作。因为在一般 FOB 价格条件下，货物在起运港有效地越过船舷后其风险才发生转移，货物在装船前理应在卖方的控制中，有关货运代理业务也应由卖方办理。本案原告违反贸易常规，在没有取得货款的情况下，即将货物交予买方，由买方自行委托货运代理人办理货运手续，这种业务操作程序本身就存在商业风险。虽然本案原告在前几批货物出口过程中一直采取此种做法，并顺利结汇，但我们需强调一点的是，被告中国外运某公司并没有法定的义务或者合同上的义务将提单交予原告。

## 【相关法条】

**《中华人民共和国民事诉讼法》**（1991 年 4 月 9 日施行）

**第六十四条** 当事人对自己提出的主张，有责任提供证据。

当事人及其诉讼代理人因客观原因不能自行收集的证据，或者人民法院认为审理案件需要的证据，人民法院应当调查收集。

人民法院应当按照法定程序，全面地、客观地审查核实证据。

**对应新法：**

**《中华人民共和国民事诉讼法》**（2023年9月1日修正）

**第六十七条** 当事人对自己提出的主张，有责任提供证据。

当事人及其诉讼代理人因客观原因不能自行收集的证据，或者人民法院认为审理案件需要的证据，人民法院应当调查收集。

人民法院应当按照法定程序，全面地、客观地审查核实证据。

承办人：孙立国

编写人：褚 茜 匡普宇

# 执 行

## 38. 青岛北某工基础工程有限公司申请追加第三人青岛城达某通建设工程有限公司、涂某某为被执行人执行异议之诉案

——执行异议之追加被执行人的认定

### 【合规提示】

本案是一起申请执行人因被执行人的财产不足以清偿债务时申请追加股东作为被执行人的执行异议之诉案件。案件焦点为现有证据能否证明第三人在确未足额出资及未向被追加人有效送达的情况下能否追加其为被执行人。申请执行人应当依照《最高人民法院关于民事执行中变更、追加当事人若干问题的规定》积极提交股东、出资人或依公司法规定对该出资承担连带责任的发起人未缴纳或未足额缴纳出资的证据，同时应当积极提交被申请追加人的送达地址线索，避免因法律文书无法送达致使无法追加被执行人。

### 【案件信息】

**1. 裁判文书字号**

（2023）鲁72执异15号

**2. 当事人**

异议人（申请执行人）：青岛北某工基础工程有限公司

被执行人：青岛某恩建设管理有限公司

第三人：青岛城达某通建设工程有限公司、涂某某

3. 关键词

执行　执行异议　实体法适用　追加被执行人

## 【裁判要旨】

公司作为被执行人的案件中，若申请执行人以公司财产不足以清偿债务、股东未足额出资为由申请追加股东作为被执行人，此时考虑到追加股东为被执行人对其实体权利义务的重大影响，应当在程序上充分保障其举证、言辞辩论等诉讼权利，在未能向该股东送达追加被执行人申请书等材料且现有证据亦不足以证明该股东确未足额出资的情形下，不宜直接追加其为被执行人。

## 【基本案情】

在申请执行人青岛北某工基础工程有限公司（以下简称青岛北某公司）与被执行人青岛某恩建设管理有限公司（以下简称青岛某恩公司）、第三人青岛城达某通建设工程有限公司（以下简称青岛城达某通公司）、第三人涂某某执行异议之诉案中，青岛海事法院查明案件事实如下：

对于青岛北某公司与青岛某恩公司船坞、码头建造合同纠纷一案，青岛海事法院作出（2021）鲁72民初518号一审民事判决，山东省高级人民法院作出（2022）鲁民终789号二审民事判决予以维持。后申请执行人申请强制执行，青岛海事法院以（2022）鲁72执保387号立案执行。在执行过程中，青岛海事法院经对青岛某恩公司的财产进行网络查控，发现其无可供执行财产。

青岛北某公司依据《最高人民法院关于民事执行中变更、追加当事人若干问题的规定》第17条“作为被执行人的营利法人，财产不足以清偿生效法律文书确定的债务，申请执行人申请变更、追加未缴纳或未足额缴纳出资的股东、出资人或依公司法规定对该出资承担连带责任的发起人为被执行人，在尚未缴纳出资的范围内依法承担责任的，人民法院应予支持”的规定，向青岛海事法院提出追加青岛诚达某通公司与涂某某为本案被执行人的申请。

本案审查过程中，青岛海事法院向青岛城达某通公司及涂某某寄送追加被执行人申请书等法律文书，但未能有效送达。

## 【裁判说理】

争议焦点:(1)现有证据是否足以证明第三人确未足额出资;(2)在未向被追加人有效送达的情况下能否追加其为被执行人。

青岛海事法院认为:依照《最高人民法院关于民事执行中变更、追加当事人若干问题的规定》第19条的规定,作为被执行人的公司,财产不足以清偿生效法律文书确定的债务,其股东未依法履行出资义务即转让股权,申请执行人申请变更、追加该原股东或依公司法规定对该出资承担连带责任的发起人为被执行人,在其未依法出资的范围内承担责任的,人民法院应予支持。根据该条规定,公司股东有义务证明其是否已足额出资,考虑到追加原股东为被执行人对其实体权利义务将产生重大影响,应当在程序上充分保障股东进行举证、辩论等诉讼权利,故在本案未能向第三人青岛城达某通公司、涂某某送达追加被执行人申请书等材料,且现有证据尚不足以证明青岛城达某通公司、涂某某未足额出资的情形下,不宜直接追加青岛城达某通公司、涂某某为被执行人。裁定驳回青岛北某公司的追加申请。

本案以裁定方式结案。

## 【法官后语】

案件执行程序中追加被执行人,能够节省申请执行人对第三人提起诉讼取得执行依据的诉讼成本,减少当事人的诉累并及时兑现债权人利益。但案件执行中,追加被执行人应当遵循严格的实体和程序要求,并注意保障被追加人的利益。因为追加被执行人是将生效裁判文书所确定的义务通过法定程序转移由其他民事主体承担。而且变更后的被执行人如果对裁定不服,通常没有有效的救济途径,会在执行过程中导致许多困难。

本案中法院未能向第三人有效送达法律文书,无法保证第三人在案件中的抗辩权,如果进入执行程序更会让执行难上加难,胜诉当事人的权益也就无法得到及时、有效的保障。因此,虽然法律明确规定了执行过程中可以追加被执行人,但法院在追加被执行人时要慎之又慎,遵循程序,对于未能向第三人送达法律文书且现有证据不足以证明申请人的主张的案件,不宜追加第三人为被执行人,以切实保障好被追加人的各项权利。

## 【相关法条】

**1.《中华人民共和国民事诉讼法》**（2017年6月27日修正）

**第六十四条** 当事人对自己提出的主张，有责任提供证据。

当事人及其诉讼代理人因客观原因不能自行收集的证据，或者人民法院认为审理案件需要的证据，人民法院应当调查收集。

人民法院应当按照法定程序，全面地、客观地审查核实证据。

**对应新法：**

**《中华人民共和国民事诉讼法》**（2023年9月1日修正）

**第六十七条** 当事人对自己提出的主张，有责任提供证据。

当事人及其诉讼代理人因客观原因不能自行收集的证据，或者人民法院认为审理案件需要的证据，人民法院应当调查收集。

人民法院应当按照法定程序，全面地、客观地审查核实证据。

**2.《最高人民法院关于民事执行中变更、追加当事人若干问题的规定》**（2020年12月29日修正）

**第十七条** 作为被执行人的营利法人，财产不足以清偿生效法律文书确定的债务，申请执行人申请变更、追加未缴纳或未足额缴纳出资的股东、出资人或依公司法规定对该出资承担连带责任的发起人为被执行人，在尚未缴纳出资的范围内依法承担责任的，人民法院应予支持。

**第十九条** 作为被执行人的公司，财产不足以清偿生效法律文书确定的债务，其股东未依法履行出资义务即转让股权，申请执行人申请变更、追加该原股东或依公司法规定对该出资承担连带责任的发起人为被执行人，在未依法出资的范围内承担责任的，人民法院应予支持。

**第二十八条** 申请人申请变更、追加执行当事人，应当向执行法院提交书面申请及相关证据材料。

除事实清楚、权利义务关系明确、争议不大的案件外，执行法院应当组成合议庭审查并公开听证。经审查，理由成立的，裁定变更、追加；理由不成立的，裁定驳回。

执行法院应当自收到书面申请之日起六十日内作出裁定。有特殊情况需要延长的，由本院院长批准。

**第三十二条** 被申请人或申请人对执行法院依据本规定第十四条第二款、

第十七条至第二十一条规定作出的变更、追加裁定或驳回申请裁定不服的，可以自裁定书送达之日起十五日内，向执行法院提起执行异议之诉。

被申请人提起执行异议之诉的，以申请人为被告。申请人提起执行异议之诉的，以被申请人为被告。

承办人：孙　鹏

编写人：孙　鹏　刘文文

# 39. 陆某凯与田横岛省级旅游度假区某山村村民委员会、田横岛省级旅游度假区管理委员会执行异议之诉案

——执行主体异议纠纷的处理

## 【案件信息】

**1. 裁判文书字号**

（2023）鲁72执异10号

**2. 当事人**

异议人（申请执行人）：陆某凯

被执行人：田横岛省级旅游度假区某子村村民委员会（已撤销）

第三人：田横岛省级旅游度假村某山村村民委员会、田横岛省级旅游度假区某子村经济合作社

**3. 关键词**

执行　执行异议　变更被执行人　适格主体

## 【裁判要旨】

因异议人在起诉时将主体混淆，诉讼中被告主体已经发生变化，即被告已不存在的事实是在诉讼中发生，申请人现提出的变更被执行人申请实际上

是对诉讼主体的变更。本案中，被撤销的田横岛旅游度假区某子村村民委员会等5个村委会设立成为田横岛省级旅游度假区某山村村民委员会，如果准许变更田横岛省级旅游度假区某山村村民委员会为本案被执行人，将剥夺田横岛省级旅游度假区某山村村委会的实体抗辩权，涉及合并前其他案外人4个村委会的权益。变更后的某山村村委会农村集体财务委托代理制度不变，泊子村经济合作社是某子村村民委员会权利义务的继承者。人民法院通过法律释明，引导当事人选择正确适格的被执行人。

## 【基本案情】

对于陆某凯与田横岛省级旅游度假区某子村村民委员会、田横岛省级旅游度假区管理委员会海域租赁合同纠纷案，青岛海事法院于2021年11月9日作出（2021）鲁72民初650号民事判决，其中查明“某子村村委会在第二次庭审中称某子村村委会已经不存在，承继主体为田横岛省级旅游度假区某子村经济合作社，对于公章是否继续使用未明确答复，也未提交其他证据予以证明”。民事判决书认定，某子村村委会作为主张其名称变更的当事人，完全有能力提供相应证据证明其变更后的主体身份信息。在其未提交相关证据的情况下，仍应当认为其为适格主体。故判令田横岛省级旅游度假区某子村村委会在本判决生效之日起10日内向陆某凯支付收回海域使用权补偿金451 200元；驳回陆某凯对田横岛省级旅游度假区管理委员会的全部诉讼请求。田横岛省级旅游度假区某子村经济合作社不服一审判决提起上诉。山东省高级人民法院于2022年2月9日作出（2021）鲁民终2452号裁定书，裁定田横岛省级旅游度假区某子村经济合作社并非本案当事人，无权以自己的名义提起上诉，其上诉请求应当予以驳回。

青岛海事法院依据已经发生法律效力的（2021）鲁72民初650号民事判决书，于2022年3月3日立案（2022）鲁72执167号案件执行。在执行过程中，查明田横岛省级旅游度假区某子村村民委员会已于2020年12月14日被撤销，与其他另4个村委合并成立田横岛省级旅游度假区某山村村民委员会，因被执行主体已不存在，案件终结执行。2023年1月16日，陆某凯申请变更田横岛省级旅游度假区某山村村民委员会为被执行人，并申请追加田横岛省级旅游度假区管理委员会为被执行人。

## 【裁判说理】

争议焦点：被执行人变更后被执行主体资格确定问题。

青岛海事法院认为：田横岛省级旅游度假区某子村村民委员会的民事主体资格在诉讼中已经发生变化，陆某凯在起诉时将被告主体混淆直至执行、执行异议阶段。《民法典》第96条明确了农村集体经济组织的民事主体资格。本案中，根据青岛市即墨区人民政府发布的《青岛市即墨区人民政府办公室关于即墨区村庄结构优化调整的通知》（政办发〔2020〕62号），田横岛省级旅游度假区某子村村民委员会被撤销后设立成为田横岛省级旅游度假区某山村村民委员会。根据《民法典》第101条的规定，村民委员会只有在农村集体经济组织不健全的情况下，才能代为行使集体经济组织的职能，即村民委员会处于后补地位。被撤销的田横岛省级旅游度假区某子村村民委员会与其他4个村委会设立成为田横岛省级旅游度假区某山村村民委员会，农村集体财务委托代理制度不变，某子村经济合作社是某子村村民委员会权利义务的继承者。

关于申请人追加田横岛省级旅游度假区管理委员会为被执行人，因执行依据的生效裁判文书已经驳回陆某凯对田横岛省级旅游度假区管理委员会的全部诉讼请求，执行程序对该申请不再予以审查。

案涉诉讼主体问题应当属于诉讼程序中解决当事人之间争议确定的民事责任承担的裁判规则，不属于执行程序中执行权的授权性规定。在民事诉讼中，虽然当事人主张主体不适格的抗辩和表述，但如何审查当事人的主体资格不适格在《民事诉讼法》中没有直接的规定。尤其是金钱给付之诉案件中，适格的被告应当是对于给付请求权有偿付义务的主体，否则案件进入执行阶段将无法得到高效公正的执行。

青岛海事法院依法向申请人陆某凯释明法律关系和后果。申请人撤回变更申请，以田横岛省级旅游度假区某子村经济合作社为被执行人重新提出变更申请。

## 【法官后语】

在司法实践中，在村委会与集体经济组织并存的情况下，二者的设立、变更、终止有许多的特殊性，准确识别二者的权利与义务关系，才能有效保护当事人的合法权益。在本案诉讼阶段，田横岛省级旅游度假区某子村村民委员会已经被撤销并设立新的田横岛省级旅游度假区某山村村民委员会，但田横岛省级旅游度假区某子村经济合作社是适格的民事主体，陆某凯应将田横岛省级旅游度假区某子村村民委员会和田横岛省级旅游度假区某子村经济合作社列为共同被告。案件执行阶段，如果依据《最高人民法院关于民事执行中变更、追加当事人若干问题的规定》第 11 条规定，作为被执行人的法人或非法人组织因合并而终止，申请执行人申请变更合并后存续或新设的法人、非法人组织为被执行人的，人民法院应予支持。准许申请人变更新设立的田横岛省级旅游度假区某山村村民委员会为被执行人，将会导致与本案无关的 4 个村委会成员的合法权益受到侵害；如果驳回申请人的异议申请，将意味着法院的生效裁判文书变成一纸空文。案件的执行不是机械地执行生效裁判文书，更需要在执行过程中查明相关事实，通过法律释明，引导当事人选择正确适格的被执行人，有利于减少当事人的诉累、节约司法成本。

## 【相关法条】

**《中华人民共和国民事诉讼法》**（2021 年 12 月 24 日修正）

**第二百三十九条** 作为被执行人的公民死亡的，以其遗产偿还债务。作为被执行人的法人或者其他组织终止的，由其权利义务承受人履行义务。

**对应新法：**

**《中华人民共和国民事诉讼法》**（2023 年 9 月 1 日修正）

**第二百四十三条** 作为被执行人的公民死亡的，以其遗产偿还债务。作为被执行人的法人或者其他组织终止的，由其权利义务承受人履行义务。

承办人：孙　鹏

编写人：孙　鹏　孙学燕

# 40. 申请执行人沧州渤海新区某达机械租赁有限公司与被执行人福建某荣建筑工程有限公司船舶租用合同纠纷执行异议之诉案

——涉嫌拒执犯罪之预防性法律措施

## 【合规提示】

本案系一起船舶租用合同纠纷引起的执行异议之诉案件，案件焦点为拒不执行判决、裁定罪的认定及对涉嫌拒执犯罪行为人预防性法律措施的采取。我国《刑法》第313条规定了对人民法院的判决、裁定有能力执行而拒不执行时应当承担刑事责任的情形。对于申请执行人来说，若被执行人存在抗拒、逃避执行，转移、隐匿财产等行为，申请人直接向公安机关报案或者申请法院将该线索材料移送公安机关侦查，追究被执行人相关人员的刑事责任。对于被执行人来说，要对拒执行为的法律后果有充分的认识，主动履行法院生效法律文书，避免因拒不履行法院判决、裁定而承担更为严厉的法律制裁；若已经收到法院《涉嫌拒执犯罪移送预告书》，一定要认识到自身行为已涉嫌犯罪，及时自觉履行法定义务，避免承担刑事责任。

## 【案件信息】

**1. 裁判文书字号**

（2022）鲁72执保330号

**2. 当事人**

申请执行人：沧州渤海新区某达机械租赁有限公司

被执行人：福建某荣建筑工程有限公司

**3. 关键词**

执行　执行异议　拒执犯罪　预防性法律措施

## 【裁判要旨】

法院对负有执行法院判决、裁定义务的人就法院依法作出的具有执行内容并已发生法律效力的民事判决，有能力执行而拒不执行，进而致判决无法执行的案件被执行人，在情节严重已构成拒不执行判决、裁定罪的情形下，应对其升级执行措施，告知其行为已经涉嫌拒不执行判决、裁定罪，责令其立即履行生效法律文书所确定的义务，以此敦促当事人履行相关判决、裁定所确定的义务。

## 【基本案情】

在申请执行人沧州渤海新区某达机械租赁有限公司（以下简称沧州某达公司）与被执行人福建某荣建筑工程有限公司（以下简称福建某荣公司）执行异议之诉案中，青岛海事法院查明事实如下：对于沧州某达公司与福建某荣公司船舶租用合同纠纷一案，青岛海事法院作出（2021）鲁72民初1916号民事判决，该判决目前已生效。沧州某达公司向青岛海事法院申请执行该判决。在案件执行过程中，青岛海事法院发现福建某荣公司名下财产不足以清偿到期债务。民事判决生效后，福建某荣公司的银行账户有大笔资金转账记录，但到执行阶段该公司账户的资金寥寥无几，不足以清偿到期债务，并以各种理由迟迟拖延履行。执行法官多次督促被执行人福建某荣公司履行生效法律文书所确定义务无果后，向其送达了《涉嫌拒执犯罪移送预告书》。

## 【裁判说理】

争议焦点：（1）拒不执行判决、裁定罪的认定问题；（2）对涉嫌拒执犯罪行为人能否采取预防性法律措施。

青岛海事法院认为：本案在执行程序中，经查询未发现被执行人福建某荣公司有财产可供执行，被执行人在青岛海事法院作出民事判决后，其银行账户有大笔资金转账记录，但到执行阶段该公司账户的资金寥寥无几，不足以清偿到期债务。民事判决书生效1年，立案执行3个月，一拖再拖，始终拒不履行法律义务，在生效判决作出后，福建某荣公司有能力履行判决所确定的清偿义务而未履行，涉嫌转移财产致使判决无法执行。

《涉嫌拒执犯罪移送预告书》向福建某荣公司送达后，福建某荣公司主动联系执行法官，在法院的主持下，其与申请执行人达成执行和解，本案顺利执结完毕。

## 【法官后语】

本案是青岛海事法院利用涉嫌拒执犯罪移送预告书执结的首个执行案件。本案执行法官在掌握案件基本事实后，多次约谈被执行人督促其履行生效法律文书所确定的义务，并严正告知其不履行清偿债务的法律后果，但被执行人以各种理由拖延履行。执行法官果断决定对被执行人升级执行措施，向被执行人出具《涉嫌拒执犯罪移送预告书》。被执行人终于知道事态严重后，主动联系执行法官，并在法院主持下，与申请执行人达成执行和解，案件顺利执结完毕。

涉嫌拒执犯罪预告制度推行以来，对具有履行能力而长期躲避拒不履行法律文书确定义务的被执行人，在对被执行人形成强大的执行威慑力、强制力的同时坚持人性化执法，努力构建和谐司法环境，取得了良好的政治效果、法律效果、社会效果。青岛海事法院推行涉嫌拒执犯罪预告制度，是切实破解“执行难”，对执行工作采取强制性措施的探索和创新。通过这种预防性法律措施，让被执行人认识到自身行为已涉嫌犯罪，从而遏制被执行人存有侥幸心理，促使其及时履行义务，不仅体现了司法的威严，也强化善意文明执行理念，彰显了司法温度，有利于营造公平正义的法治环境和诚信守约的社会风尚。

## 【相关法条】

**1.《中华人民共和国民事诉讼法》**（2023 年 9 月 1 日修正）

**第一百一十四条** 诉讼参与人或者其他人有下列行为之一的，人民法院可以根据情节轻重予以罚款、拘留；构成犯罪的，依法追究刑事责任：

（一）伪造、毁灭重要证据，妨碍人民法院审理案件的；

（二）以暴力、威胁、贿买方法阻止证人作证或者指使、贿买、胁迫他人作伪证的；

（三）隐藏、转移、变卖、毁损已被查封、扣押的财产，或者已被清点并责令其保管的财产，转移已被冻结的财产的；

（四）对司法工作人员、诉讼参加人、证人、翻译人员、鉴定人、勘验人、协助执行的人，进行侮辱、诽谤、诬陷、殴打或者打击报复的；

（五）以暴力、威胁或者其他方法阻碍司法工作人员执行职务的；

（六）拒不履行人民法院已经发生法律效力的判决、裁定的。

人民法院对有前款规定的行为之一的单位，可以对其主要负责人或者直接责任人员予以罚款、拘留；构成犯罪的，依法追究刑事责任。

**2.《中华人民共和国刑法》**（2020年12月26日修正）

**第三百一十三条** 对人民法院的判决、裁定有能力执行而拒不执行，情节严重的，处三年以下有期徒刑、拘役或者罚金；情节特别严重的，处三年以上七年以下有期徒刑，并处罚金。

单位犯前款罪的，对单位判处罚金，并对其直接负责的主管人员和其他直接责任人员，依照前款的规定处罚。

**对应新法：**

**《中华人民共和国刑法》**（2023年12月29日修正）

**第三百一十三条** 对人民法院的判决、裁定有能力执行而拒不执行，情节严重的，处三年以下有期徒刑、拘役或者罚金；情节特别严重的，处三年以上七年以下有期徒刑，并处罚金。

单位犯前款罪的，对单位判处罚金，并对其直接负责的主管人员和其他直接责任人员，依照前款的规定处罚。

承办人：孙　鹏

编写人：孙　鹏　刘文文

# 41. 山东省潍坊市中级人民法院委托青岛海事法院对已没收上缴国库的原泰王国籍“诺某”轮财产刑执行案

——海事法院在刑事财产刑委托执行中的管辖权和法律适用

## 【案件信息】

**1. 裁判文书字号**

（2022）鲁72执246号

**2. 委托法院**

山东省潍坊市中级人民法院

**3. 委托事项**

对已没收上缴国库的泰王国籍“诺某”轮进行拍卖

**4. 关键词**

委托执行　刑事财产刑　刑事案件管辖权

## 【裁判要旨】

地方人民法院为执行生效法律文书需要扣押和拍卖船舶的，应当依据《海事诉讼特别程序法》第22条、第33条等相关规定，委托船籍港所在地或者船舶所在地的海事法院执行对涉案的刑事犯罪工具的扣押和拍卖。

## 【基本案情】

山东省潍坊市中级人民法院于2022年7月13日委托青岛海事法院对已没收上缴国库的原泰王国籍“诺某”轮予以扣押、拍卖，青岛海事法院接受委托并于2022年7月14日立案。已经发生法律效力的山东省潍坊市中级人民法院作出的（2021）鲁07刑初10号刑事判决书第4项判决内容如下：“扣押在案的‘诺某’货轮一艘……依法没收，上缴国库。”受执行法院山东省潍坊市中级人民法院委托，青岛海事法院于2022年7月14日作出（2022）鲁72执保267号执行裁定书、扣押船舶命令对原泰王国籍“诺某”轮在潍坊市森达美港予以扣押，于2022年8月12日作出（2022）鲁72执246号执行裁定书，裁定拍卖该轮。2022年8月28日至8月29日，“诺某”轮在京东网司法拍卖平台予以公开拍卖。

## 【裁判说理】

争议焦点：海事法院如何处理刑事财产刑执行案件？

青岛海事法院认为：青岛海事法院受山东省潍坊市中级人民法院委托，依据已经发生法律效力的（2021）鲁07刑初10号刑事判决书，对依法扣押在案的走私犯罪工具、没收上缴国库的泰王国籍“诺某”轮，予以执行拍卖。经青岛海事法院审委会研究，请示山东省高级人民法院后，按照分工协作、集约化、规范化的工作模式，执行局多次召开局务会议研究执行方案，依据《海事诉讼特别程序法》的有关规定对该轮进行扣押，并于2022年11月24日10时至11月25日10时29分在京东网网络司法拍卖平台以起拍价960万元予以公开拍卖，经过207次激烈竞价，最终以19 536 000.00元成交，溢价率高达103.5%。拍卖价款在扣除扣押、拍卖产生的司法费用后，进行债权登记、债权分配后余款全部转付山东省潍坊市中级人民法院上缴国库。

## 【法官后语】

山东省潍坊市中级人民法院委托青岛海事法院对已没收上缴国库的原泰王国籍“诺某”轮刑事财产刑执行案是青岛海事法院的首次刑事涉财产执行案件。接受委托后，为提高刑事涉财产刑案件的执结率和执行到位率，维护司法权威，保障刑事财产刑执行工作有序开展。经青岛海事法院研究，请示山东省高级人民法院后，决定依据《海事诉讼特别程序法》的有关规定对涉案的刑事犯罪工具“诺某”轮进行扣押和拍卖。

海事法院本无刑事案件的管辖权，但是地方人民法院为执行生效法律文书需要扣押和拍卖船舶的，应当委托船籍港所在地或者船舶所在地的海事法院执行。新修正的《刑事诉讼法》第27条规定，专门人民法院案件的管辖另行规定。该条是对专门法院审理刑事案件的赋权性规定，海事法院试点管辖海事刑事案件，是落实深化人民法院司法体制改革要求的重要内容和具体措施。该案的顺利执行是海事审判民事、行政、刑事“三合一”机制建设中刑事财产刑执行程序的有效探索。实践表明，海事法院管辖海事刑事案件，不仅具有可行性，而且更能发挥海事法院的专业优势，更有利于海事刑事、海事行政、海事及民商事相关案件的协调处理，同时也更有利于涉海法律法规的统一实施。该财产刑案件的公正执行，进一步提高了刑事财产刑案件执行工作质效，有效地维护了刑事判决的效力和司法权威。

## 【相关法条】

**1.《中华人民共和国刑事诉讼法》**（2018 年 10 月 26 日修正）

**第二十八条**　专门人民法院案件的管辖另行规定。

**2.《中华人民共和国海事诉讼特别程序法》**（2000 年 7 月 1 日施行）

**第二十二条**　非因本法第二十一条规定的海事请求不得申请扣押船舶，但为执行判决、仲裁裁决以及其他法律文书的除外。

**第三十三条**　海事法院应当在拍卖船舶三十日前，向被拍卖船舶登记国的登记机关和已知的船舶优先权人、抵押权人和船舶所有人发出通知。

通知内容包括被拍卖船舶的名称、拍卖船舶的时间和地点、拍卖船舶的理由和依据以及债权登记等。

通知方式包括书面方式和能够确认收悉的其他适当方式。

**3.《最高人民法院关于扣押与拍卖船舶适用法律若干问题的规定》**（2015 年 3 月 1 日施行）

**第十五条**　船舶经海事法院拍卖、变卖后，对该船舶已采取的其他保全措施效力消灭。

承办人：孙　鹏

编写人：孙　鹏　孙学燕

# 42. 天津某国际贸易有限公司与威海市某盛水产有限公司、慈某 1、连某某、慈某 2 船舶物料和备品供应合同纠纷执行异议之诉案

——名为减资实为抽逃出资的认定

## 【合规提示】

本案是一起债权人诉债务人合同纠纷立案后，作为债务人的公司法人非法减资，因此债权人在申请执行阶段追加公司股东作为被执行人的执行异议之诉案件。双方因公司股东是否构成抽逃出资、是否因此就公司债务承担责任产生争议。《最高人民法院关于适用〈中华人民共和国公司法〉若干问题的规定（三）》第 12 条、第 14 条规定了股东抽逃出资的情形以及应当承担的责任。应当予以明确的是，债务人在未通知债权人亦未提供担保的情况下减资的，亦构成抽逃出资。作为债权人的执行人在执行中应将公司股东一并作为执行人，以保障其对债务人的债权能够实现。债务人在对债权人有债务的情况下，公司减资应向债权人清偿债务或提供相应担保，否则即使减资，公司股东亦会就公司债务在违法减资范围内与公司向债权人承担共同还款责任。

## 【案件信息】

**1. 裁判文书字号**

（2021）鲁 72 执异 33 号

**2. 当事人**

申请执行人：天津某国际贸易有限公司

被执行人：威海市某盛水产有限公司

被申请追加人：慈某 1、连某某、慈某 2

**3. 关键词**

执行　执行异议　减资　抽逃出资　股东责任

## 【裁判要旨】

公司及其股东在明知对债权人负有债务的情况下，减资既不通知债权人，也不向债权人清偿债务或提供相应担保，致公司财产不足以清偿债务的，名为减资实为抽逃出资，公司股东应就公司债务在违法减资范围内与公司向债权人承担共同还款责任。

## 【基本案情】

在申请执行人天津某国际贸易有限公司诉被执行人威海市某盛水产有限公司，第三人慈某1、连某某、慈某2执行异议之诉案中，青岛海事法院查明案件事实如下：

威海市某盛水产有限公司系2014年9月1日注册成立的有限责任公司，注册资本5000万元，由股东慈某1认缴2500万元、股东连某某认缴2000万元、股东慈某2认缴500万元。

2020年1月8日，天津某国际贸易有限公司作为原告，以与威海市某盛水产有限公司之间存在船舶物料和备品供应合同纠纷为由，向青岛海事法院提起诉讼。

2020年1月10日，威海市某盛水产有限公司召开股东会并发布股东会决议：同意注册资本由5000万元减少到50万元，同意减少的4950万元注册资本包括慈某1应缴但未实缴的2475万元、连某某应缴但未实缴的1975万元、慈某2应缴但未实缴的500万元，减资后股东变更为慈某1、连某某。

2020年3月5日，威海市某盛水产有限公司向威海市文登区行政审批服务局出具《债务清偿或债务担保的说明》，载明：根据威海市某盛水产有限公司于2020年1月10日召开的股东会决议，决定对公司进行减资，已按《公司法》的规定，于2020年1月10日通知了所有债权人。

无证据证明威海市某盛水产有限公司已将上述股东会决议按照《公司法》的相关规定通知了天津某国际贸易有限公司。

2020年4月22日，青岛海事法院就上述纠纷作出一审判决，判令威海市某盛水产有限公司向天津某国际贸易有限公司支付船舶燃油款275 242.8美元及利息。

威海市某盛水产有限公司不服上述民事判决书，向山东省高级人民法院提起上诉。2020 年 6 月 19 日，山东省高级人民法院驳回威海市某盛水产有限公司上诉，维持原判。

2021 年 3 月 23 日，天津某国际贸易有限公司依据上述民事判决向青岛海事法院申请强制执行。执行过程中，被执行人威海市某盛水产有限公司未履行相应债务，其财产不足以清偿相应债务。

2021 年 6 月 22 日，天津某国际贸易有限公司以威海市某盛水产有限公司的股东慈某 1、连某某、慈某 2 违法减资、逃避债务为由，向青岛海事法院申请追加慈某 1、连某某、慈某 2 为被执行人，并要求上述三人在其违法减资范围内与被执行人承担共同还款责任。

## 【裁判说理】

争议焦点：是否应追加减资股东慈某 1、连某某、慈某 2 为该案的被执行人。

青岛海事法院认为：《公司法》在明确公司股东的有限责任制的同时，也明确了应依法保护公司债权人的合法权益。一方面，公司以其全部财产对公司的债务承担责任，股东以其认缴的出资额为限对公司承担责任。另一方面，公司减少注册资本时，应当及时通知债权人。公司注册资本既是股东承担有限责任的基础，也是公司交易相对方判断公司财产责任能力的重要依据，本身具有一定的担保作用，直接影响债权人的合法权益。公司股东负有诚信出资以保障公司债权人交易安全的责任，公司减资时对其债权人负有根据债权人的要求进行清偿或提供担保的义务。而在涉案船舶物料和备品供应合同的签订及履行过程中，威海市某盛水产有限公司的注册资本为 5000 万元；后，其注册资本减少为 50 万元，减少的 4500 万元系股东慈某 1、连某某、慈某 2 认缴的出资额。如果该公司在减资时依法通知了其债权人天津某国际贸易有限公司，并清偿了相关债务或提供相应担保，其减资行为不会损害天津某国际贸易有限公司作为债权人的合法权益，其减资行为则在法律允许范围内。但，威海市某盛水产有限公司及其股东慈某 1、连某某、慈某 2 在明知该公司对天津某国际贸易有限公司负有债务的情况下，在减资时既未依法通知对方，也未向对方清偿债务或提供相应担保，其减资行为致使威海市某盛水产有限公司的财产不足以清偿债务，其上述行为违反“公司股东以其认缴出资额为限对公司承担责任”的规定，名为减资实为抽逃出资，损害了债权人合法权益。故，应追加慈某 1、连某某、慈某2为该案的被执行人，并责令上述三人在抽逃出资范围内就威海市某盛水产有限公司所负债务承担连带清偿责任。

青岛海事法院以裁定方式结案。

## 【法官后语】

公司注册资本认缴制在一定程度上激发了市场活力，公司数量显著上升，充实了市场主体。但与此同时，公司作为被执行人的案件数量也在持续增加。公司注册资本既是股东承担有限责任的基础，也是公司交易相对方判断公司财产责任能力的重要依据，本身具有一定的担保作用。有些公司股东为了逃避债务，会采取在认缴期限届满前通过减资以达到“金蝉脱壳”的目的，此种做法必将严重损害债权人的合法权益。

显然，在《最高人民法院关于适用〈中华人民共和国公司法〉若干问题的规定（三）》第12条以“列举+概括”的方式对股东抽逃出资的情形予以规定的情形下，一般的抽逃出资行为更好识别。需要明确的是，在明知对公司有债务的情况下，仍然非法减资的，亦构成抽逃出资，公司股东亦需依据《最高人民法院关于适用〈中华人民共和国公司法〉若干问题的规定（三）》第14条之规定承担责任。对由此引发的申请执行人申请追加违法减资股东为被执行人的案件，法院应当遵循如下的审查逻辑：一方面要审查股东的减资行为是否符合《公司法》规定的程序、是否存在程序瑕疵；另一方面则要分析减资行为的发生时间与债务产生时间的先后顺序。如果债务产生时间在前，甚至已经进入诉讼程序，即使对该债务是否成立以及债务数额存有异议，亦应在实施减资行为的同时及时通知对方，并提供相应担保，以保证公司的偿债能力。

## 【相关法条】

**1.《中华人民共和国公司法》**（2018年10月26日修正）

**第三条** 公司是企业法人，有独立的法人财产，享有法人财产权。公司以其全部财产对公司的债务承担责任。

有限责任公司的股东以其认缴的出资额为限对公司承担责任；股份有限公司的股东以其认购的股份为限对公司承担责任。

**第一百七十七条** 公司需要减少注册资本时，必须编制资产负债表及财产清单。

公司应当自作出减少注册资本决议之日起十日内通知债权人，并于三十日内在报纸上公告。债权人自接到通知书之日起三十日内，未接到通知书的自公告之日起四十五日内，有权要求公司清偿债务或者提供相应的担保。

**对应新法：**

**《中华人民共和国公司法》**（2023 年 12 月 29 日修订）

**第三条** 公司是企业法人，有独立的法人财产，享有法人财产权。公司以其全部财产对公司的债务承担责任。

公司的合法权益受法律保护，不受侵犯。

**第二百二十四条** 公司减少注册资本，应当编制资产负债表及财产清单。

公司应当自股东会作出减少注册资本决议之日起十日内通知债权人，并于三十日内在报纸上或者国家企业信用信息公示系统公告。债权人自接到通知之日起三十日内，未接到通知的自公告之日起四十五日内，有权要求公司清偿债务或者提供相应的担保。

公司减少注册资本，应当按照股东出资或者持有股份的比例相应减少出资额或者股份，法律另有规定、有限责任公司全体股东另有约定或者股份有限公司章程另有规定的除外。

**2.《中华人民共和国民事诉讼法》**（2017 年 6 月 27 日修正）

**第一百五十四条** 裁定适用于下列范围：

（一）不予受理；

（二）对管辖权有异议的；

（三）驳回起诉；

（四）保全和先予执行；

（五）准许或者不准许撤诉；

（六）中止或者终结诉讼；

（七）补正判决书中的笔误；

（八）中止或者终结执行；

（九）撤销或者不予执行仲裁裁决；

（十）不予执行公证机关赋予强制执行效力的债权文书；

（十一）其他需要裁定解决的事项。

对前款第一项至第三项裁定，可以上诉。

裁定书应当写明裁定结果和作出该裁定的理由。裁定书由审判人员、书记员署名，加盖人民法院印章。口头裁定的，记入笔录。

**对应新法：**

**《中华人民共和国民事诉讼法》**（2023 年 9 月 1 日修正）

**第一百五十七条** 裁定适用于下列范围：

（一）不予受理；

（二）对管辖权有异议的；

（三）驳回起诉；

（四）保全和先予执行；

（五）准许或者不准许撤诉；

（六）中止或者终结诉讼；

（七）补正判决书中的笔误；

（八）中止或者终结执行；

（九）撤销或者不予执行仲裁裁决；

（十）不予执行公证机关赋予强制执行效力的债权文书；

（十一）其他需要裁定解决的事项。

对前款第一项至第三项裁定，可以上诉。

裁定书应当写明裁定结果和作出该裁定的理由。裁定书由审判人员、书记员署名，加盖人民法院印章。口头裁定的，记入笔录。

**3.《最高人民法院关于民事执行中变更、追加当事人若干问题的规定》**（2020 年 12 月 29 日修正）

**第十八条** 作为被执行人的营利法人，财产不足以清偿生效法律文书确定的债务，申请执行人申请变更、追加抽逃出资的股东、出资人为被执行人，在抽逃出资的范围内承担责任的，人民法院应予支持。

**第三十二条** 被申请人或申请人对执行法院依据本规定第十四条第二款、第十七条至第二十一条规定作出的变更、追加裁定或驳回申请裁定不服的，可以自裁定书送达之日起十五日内，向执行法院提起执行异议之诉。

被申请人提起执行异议之诉的，以申请人为被告。申请人提起执行异议之诉的，以被申请人为被告。

承办人：秦 涛

编写人：秦 涛 刘文文

# 43. 太某轻便极限型散货有限公司申请认可和执行香港特别行政区仲裁裁决案

——注册非香港公司进行清盘的依据

## 【合规提示】

本案系一起申请认可和执行我国香港特别行政区仲裁裁决案件。申请人申请青岛海事法院依法对案涉仲裁裁决予以认可和执行。法院认为被申请公司的清盘属股东自动清盘，且未向香港特别行政区法院提交清盘申请，其并非依据香港特别行政区《公司（清盘及杂项条文）条例》进行清盘，故该条例第Ⅴ部第183条及第186条、第Ⅸ部第325条、第Ⅹ部第327条第1项及第330条规定不适用于本案。对于从事商事交易的当事人而言，在进行商事交易过程中需要对涉及的不同地区的相关法律进行查明和学习。

## 【案件信息】

**1. 裁判文书字号**

（2021）鲁72认港1号

**2. 当事人**

申请人：太某轻便极限型散货有限公司

被申请人：宾某矿业公司

**3. 关键词**

申请认可和执行香港特别行政区仲裁裁决　注册非香港公司　股东自动清盘

## 【裁判要旨】

被申请公司的清盘属股东自动清盘，且未向香港特别行政区法院提交清盘申请，其并非依据香港特别行政区《公司（清盘及杂项条文）条例》

进行清盘，故该条例有关注册非香港公司的相关清算规范不适用于本案。

## 【基本案情】

太某轻便极限型散货有限公司（以下简称太某公司）与宾某矿业公司（以下简称宾某公司）于2020年1月14日签订《租船合同》，约定由太某公司向宾某公司提供船舶M× E× 及M× P×，装运散装铝土矿，从所罗门群岛伦内尔岛拉瓦古海湾的一个安全锚地运至中国山东的一个安全港口，由宾某公司支付约定的运费。《租船合同》第17条约定：合同纠纷在香港仲裁，适用英国法。

后因宾某公司在《租船合同》履行过程中违约，太某公司在我国香港特别行政区对宾某公司提起了仲裁。太某公司指定了Clive Aston作为其仲裁员，宾某公司指定了Robert Gaisford作为其仲裁员，两名仲裁员指定MokSai Kit作为第三名仲裁员，共同组成了仲裁庭。

2020年7月3日，法院根据太某公司的申请作出（2020）鲁72财保251号民事裁定书，在日照港扣押宾某公司所有的“P× E×”轮BMC×××航次卸载的79 440公吨铝矾土货物。2020年11月26日，法院根据太某公司的申请作出（2020）鲁72财保327号民事裁定书，在青岛港扣押宾某公司所有的“S× W×”轮200×××航次卸载的44 089公吨铝矾土货物。

2021年5月17日，仲裁庭就船舶M× E× 及M× P× 2020年1月14日《租船合同》争议作出《部分最终仲裁裁决》，主要内容为：（1）宾某公司应就M× E× 向太某公司支付1 003 285美元及利息、就M× P× 支付1 081 258美元及利息，利息按5%的年利率计算（按三个月的月息计算复利），M× E× 相关赔偿金的利息起算日为2020年3月6日，M× P× 相关赔偿金的利息起算日为2020年3月18日，利息均计算至宾某公司最终付款之日；（2）宾某公司应当承担仲裁费用80 000港元及7615英镑及相应利息，利息按5%的年利率计算（按三个月的月息计算复利），计算至前述款项偿还日期为止。

2021年5月31日，香港特别行政区高等法院原讼法庭哈里斯法官根据宾某公司的申请，经阅读英属维尔京群岛高等法院东加勒比海最高法院2021年5月18日发出的请求函以及相关文件，作出杂项案件2021年第730号命令：一、认可宾某公司的股东根据《2003年英属维尔京群岛破产法》第159

（2）条的规定通过一致书面决议于2021年3月25日在英属维尔京群岛申请公司清盘，以及为此委任清盘人南某·汉某·米某和袁某某……四、若因本命令对清盘人的委任作出认可，从而清盘人希望申请中止在高等法院进行的程序和/或在香港特别行政区进行的仲裁程序或申请与之相关的其他指令，该等申请应呈交哈里斯法官或其指令的其他法官。另查明，宾某公司系成立于英属维尔京群岛的公司，2019年2月21日注册为注册非香港公司。

太某公司申请称：请求依法对案涉仲裁裁决予以认可和执行。

宾某公司陈述意见称：（1）宾某公司已进入清盘程序，依据英属维尔京群岛法律以及中国香港特别行政区法律，在清盘开始后针对公司进行或展开的任何诉讼或法律程序均属无效，所以本案仲裁裁决属于中国《最高人民法院关于内地与香港特别行政区相互执行仲裁裁决的安排》第7条第1款第5项所规定的不予认可和执行的情形；（2）在明知宾某公司相关的清盘程序的情况下，太某公司仍然单独在内地发起货物扣押/拍卖、认可/执行香港特别行政区仲裁裁决等申请，试图将宾某公司的财产用于对其自身债权的单独清偿，损害其他债权人利益，违背了公平、诚信、公序良俗，属于《最高人民法院关于内地与香港特别行政区相互执行仲裁裁决的安排》第7条所规定的“违反内地社会公共利益”，应不予认可和执行的情形。

## 【裁判说理】

争议焦点：（1）宾某公司作为注册非香港公司是否依据香港特别行政区《公司（清盘及杂项条文）条例》进行清盘；（2）在内地执行案涉《部分最终仲裁裁决》是否违反内地社会公共利益。

青岛海事法院认为：太某公司申请认可和执行香港特别行政区仲裁裁决，因宾某公司可供执行的财产位于本院辖区，根据《最高人民法院关于内地与香港特别行政区相互执行仲裁裁决的安排》第1条的规定，青岛海事法院对本案具有管辖权。

《最高人民法院关于内地与香港特别行政区相互执行仲裁裁决的安排》第7条第1款规定：“在内地或者香港特区申请执行的仲裁裁决，被申请人接到通知后，提出证据证明有下列情形之一的，经审查核实，有关法院可裁定不予执行……（五）裁决对当事人尚无约束力，或者业经仲裁地的法院或者按仲裁地的法律撤销或者停止执行的……”宾某公司据此主张案涉《部分最终仲裁裁决》按照香港特别行政区《公司（清盘及杂项条文）条例》第Ⅴ部第183条及第186条、第Ⅸ部第325条、第Ⅹ部第327条第1项及第330条规定被停止执行，不应予以认可和执行。太某公司则认为宾某公司并未依据香港特别行政区《公司（清盘及杂项条文）条例》的程序进行清盘，因此宾某公司主张适用的法律均不符合适用前提。

一、宾某公司作为注册非香港公司是否依据香港特别行政区《公司（清盘及杂项条文）条例》进行清盘

香港特别行政区《公司（清盘及杂项条文）条例》第Ⅹ部第326条第2项规定："非注册公司包括注册非香港公司"。第Ⅹ部第327条第1项规定："在本部条文的规限下，任何非注册公司均可根据本条例清盘，而除本条所述的例外及增补规定外，本条例中所有关于清盘的条文均适用于非注册公司。"第Ⅴ部第169条第1项规定："公司清盘可—（a）由法院作出；或（b）属于自动清盘。"第Ⅹ部第327条第2项规定："任何非注册公司不得根据本条例进行自动清盘。"第Ⅴ部第179条第1项规定："向法院提出将公司清盘的申请，须以呈请方式提出……"依据以上规定，注册非香港公司清盘时应当向法院提交清盘申请，并由法院作出清盘令，而不得自动清盘。

首先，宾某公司的股东根据《2003年英属维尔京群岛破产法》第159（2）条规定在英属维尔京群岛申请公司清盘，后由英属维尔京群岛高等法院东加勒比海最高法院向香港特别行政区高等法院发出认可请求函。宾某公司并未依据香港特别行政区《公司（清盘及杂项条文）条例》直接向香港特别行政区法院提交清盘申请，不符合前述规定的程序要求。

其次，宾某公司的清盘系由其股东自动清盘，不符合香港特别行政区《公司（清盘及杂项条文）条例》第Ⅹ部第327条第2项"任何非注册公司不得根据本条例进行自动清盘"的规定。

最后，根据香港特别行政区高等法院杂项案件2021年第730号命令第4项，若宾某公司希望中止香港仲裁程序或申请相关的指令，应当向法官提出申请，而并未赋予宾某公司直接援引香港特别行政区《公司（清盘及杂项条文）条例》相关规定的权利。

因此，宾某公司的清盘属股东自动清盘，且未向香港特别行政区法院提交清盘申请，其并非依据香港特别行政区《公司（清盘及杂项条文）条例》进行清盘，故该条例第Ⅴ部第183条及第186条、第Ⅸ部第325条、第Ⅹ部

第 327 条第 1 项及第 330 条规定不适用于本案。

二、在内地执行案涉《部分最终仲裁裁决》是否违反内地社会公共利益

宾某公司主张在内地执行案涉《部分最终仲裁裁决》违反内地社会公共利益，并无事实与法律依据，法院不予支持。

综上所述，太某公司为申请认可和执行案涉《部分最终仲裁裁决》，已向法院提交了执行申请书、经公证的《部分最终仲裁裁决》及包含仲裁协议的《租船合同》，符合《最高人民法院关于内地与香港特别行政区相互执行仲裁裁决的安排》第 3 条的规定。宾某公司的现有证据及抗辩理由不能表明该裁决存在《最高人民法院关于内地与香港特别行政区相互执行仲裁裁决的安排》第 7 条第 1 款第 5 项及第 7 条第 3 款规定的可不予认可和执行的情形，太某公司关于认可和执行该裁决的申请，证据充分、理由正当，法院予以支持。

青岛海事法院以裁定方式结案。

## 【法官后语】

本案事实庞杂，法律适用复杂，涉及仲裁司法审查、英属维尔京群岛跨境破产、香港特别行政区法律的查明与适用等问题。被申请人根据《最高人民法院关于内地与香港特别行政区相互执行仲裁裁决的安排》第 7 条第 1 款第 5 项的规定，试图证明案涉最终裁决被香港特别行政区法律停止执行，从而阻止最终裁决在内地的认可和执行。按照香港特别行政区《公司（清盘及杂项条文）条例》第Ⅴ部第 183 条及第 186 条、第Ⅸ部第 325 条、第Ⅹ部第 327 条第 1 项及第 330 条的规定，如被申请人按照该条例申请清盘，则最终裁决应停止执行。本案中，被申请人虽然已在我国香港特别行政区注册为非香港公司，但其系依据英属维尔京群岛法律自动清盘，而并未依据香港特别行政区法律向香港特别行政区法院申请清盘，因此其援引香港特别行政区《公司（清盘及杂项条文）条例》相关规定主张最终裁决被香港特别行政区法律停止执行的抗辩不能成立。

本案中青岛海事法院正确查明并适用香港特别行政区成文法，准确认定注册非香港公司依据本国法律申请清盘，不产生仲裁裁决依香港特别行政区法律停止执行的后果，最终裁定仲裁裁决在内地的认可和执行，切实维护了香港特别行政区仲裁庭的司法权威，有力保障了申请人的合法权益，

为进一步加强两地司法协助、回应民众司法关切作出了有益的探索。本案的裁判展现了中国法院的公正、公平、高效、权威，为营造诚信的营商环境提供了坚实的司法保障，对促进两地司法交流与合作具有十分重要的意义。

本案宣判后，太某公司依据（2021）鲁72认港1号民事裁定书向青岛海事法院提起执行申请。

2022年1月，青岛海事法院向宾某公司送达（2022）鲁72执30号执行通知书。后宾某公司对通知书提出执行异议，再次以宾某公司清盘程序为由要求停止执行香港仲裁裁决。同时，宾某公司向青岛市中级人民法院申请承认和执行英属维尔京群岛高等法院东加勒比海最高法院于2021年5月11日作出的命令，并以此作为申请停止执行本案香港仲裁裁决的理由。

青岛海事法院受理宾某公司对该案执行通知书的异议后，依法组成合议庭进行审查，并举行了听证。关于宾某公司在青岛市中级人民法院申请承认和执行英属维尔京群岛关于破产清盘程序的法院命令，虽已立案，但宾某公司未提交已生效的承认和执行外国法院民事判决、裁定的生效裁定书，故宾某公司申请停止执行香港仲裁裁决缺乏法律依据。2022年4月22日，青岛海事法院作出（2022）鲁72执异17号裁定，驳回宾某公司的异议请求。

2022年6月17日，青岛海事法院作出（2022）鲁72执30号之一民事裁定，以第二次流拍价格交太某公司抵债。2022年6月22日，宾某公司对该裁定提出异议。青岛海事法院于2022年7月15日作出（2021）鲁72执异39号裁定，驳回宾某公司异议请求。2022年7月29日，宾某公司不服（2021）鲁72执异39号裁定，向山东省高级人民法院申请复议。2022年12月12日，山东省高级人民法院作出（2022）鲁执复470号民事裁定，驳回宾某公司的复议申请。

本案执行阶段，被执行人几乎穷尽了全部执行异议和诉讼程序，为执行程序设置重重阻碍。案涉保全货物长期堆存码头，仓储费日益增加甚至可能超过货物价值。青岛海事法院充分考虑案件实际情况，全力以赴，加班加点，及时、高效推进执行工作，案件最终顺利执结，充分保护了申请执行人的合法权利，展现了中国法院公正、公平、高效、权威的国际形象，同时也为营造诚实信用的国际营商环境提供了坚实的司法保障，对促进两地司法交流与合作具有十分重要的意义。

**【相关法条】**

**1.《中华人民共和国民事诉讼法》**（2023年9月1日修正）

**第三百零四条** 在中华人民共和国领域外作出的发生法律效力的仲裁裁决，需要人民法院承认和执行的，当事人可以直接向被执行人住所地或者其财产所在地的中级人民法院申请。被执行人住所地或者其财产不在中华人民共和国领域内的，当事人可以向申请人住所地或者与裁决的纠纷有适当联系的地点的中级人民法院申请。人民法院应当依照中华人民共和国缔结或者参加的国际条约，或者按照互惠原则办理。

**2.《最高人民法院关于适用〈中华人民共和国民事诉讼法〉的解释》**（2022年4月1日修正）

**第五百四十九条** 人民法院审理涉及香港、澳门特别行政区和台湾地区的民事诉讼案件，可以参照适用涉外民事诉讼程序的特别规定。

**3.《最高人民法院关于内地与香港特别行政区相互执行仲裁裁决的安排》**（2000年2月1日施行）

一、在内地或者香港特区作出的仲裁裁决，一方当事人不履行仲裁裁决的，另一方当事人可以向被申请人住所地或者财产所在地的有关法院申请执行。

三、申请人向有关法院申请执行在内地或者香港特区作出的仲裁裁决的，应当提交以下文书：

（一）执行申请书；

（二）仲裁裁决书；

（三）仲裁协议。

六、有关法院接到申请人申请后，应当按执行地法律程序处理及执行。

七、在内地或者香港特区申请执行的仲裁裁决，被申请人接到通知后，提出证据证明有下列情形之一的，经审查核实，有关法院可裁定不予执行：

（一）仲裁协议当事人依对其适用的法律属于某种无行为能力的情形；或者该项仲裁协议依约定的准据法无效；或者未指明以何种法律为准时，依仲裁裁决地的法律是无效的；

（二）被申请人未接到指派仲裁员的适当通知，或者因他故未能陈述意见的；

（三）裁决所处理的争议不是交付仲裁的标的或者不在仲裁协议条款之内，或者裁决载有关于交付仲裁范围以外事项的决定的；但交付仲裁事项的决定可与未交付仲裁的事项划分时，裁决中关于交付仲裁事项的决定部分应当予以执行；

（四）仲裁庭的组成或者仲裁庭程序与当事人之间的协议不符，或者在有关当事人没有这种协议时与仲裁地的法律不符的；

（五）裁决对当事人尚无约束力，或者业经仲裁地的法院或者按仲裁地的法律撤销或者停止执行的。

有关法院认定依执行地法律，争议事项不能以仲裁解决的，则可不予执行该裁决。

内地法院认定在内地执行该仲裁裁决违反内地社会公共利益，或者香港特区法院决定在香港特区执行该仲裁裁决违反香港特区的公共政策，则可不予执行该裁决。

**4.《最高人民法院关于内地与香港特别行政区相互执行仲裁裁决的补充安排》**（2020 年 11 月 27 日施行）

**第一条** 《安排》所指执行内地或者香港特别行政区仲裁裁决的程序，应解释为包括认可和执行内地或者香港特别行政区仲裁裁决的程序。

承办人：李 华

编写人：李 华 韩 军 陈 超

# 44. 某港（集团）有限公司与法国 SAS 公司执行异议案

——外国公司解散后适格执行主体与时效中断事由的认定

## 【合规提示】

本案是一起执行异议案件，发生了外国公司解散但其委托代理人仍用诉讼初期该外国公司签发的授权参与案件，且以其个人与被执行人的代理人联系为由主张时效中断。任意一方诉讼参与人都需要认真核实对方委托代理人的授权是否真实有效，特别是有外国公司授权且经历诉讼、执行等多个司法程序之后授权是否仍然真实有效；在公司不复存在时，该授权自动失效，委托代理人的行为不能代表该公司。

## 【案件信息】

**1. 裁判文书字号**

（2018）鲁 72 执异 7 号

**2. 当事人**

异议人（被执行人）：某港（集团）有限公司

申请执行人：法国 SAS 公司

**3. 关键词**

执行　执行异议　外国公司解散　适格执行主体　执行时效

## 【裁判要旨】

1. 对外国公司解散后的权利义务承继人或债权债务受让人的审查，属于实体问题，应当在诉讼程序中解决，在执行程序和执行异议程序中原则上不予审查。

2. 外国公司更名、解散、权利转移后，新公司仍以原公司名义参加全部诉讼程序，而对此新公司无法提交相关生效文书或证明材料，可初步判断原公司未将案涉权利转移给新公司。

3. 申请再审系对生效判决不服，在性质上不属于向被执行人主张权利的行为，不构成执行时效中断的事由。

4. 外国公司主体变化后，原公司授权国内律师主张债权的行为，不能构成执行申请的时效中断。

## 【基本案情】

原告某港务局油港公司诉被告康某公司、特某公司、普某公司码头输油臂损害赔偿纠纷及反诉损害赔偿纠纷一案，青岛海事法院于 2001 年 12 月 14 日作出（2000）青海法海事初字第 48 号民事判决书，判决：普某公司赔偿某港务局油港公司人民币 57 244 378.53 元、康某公司承担连带责任。该判决送达后，康某公司、普某公司不服向山东省高级人民法院提起上诉。该院经审理于 2002 年 9 月 25 日作出（2002）鲁民四终字第 31 号民事判决书，判决普某公司赔偿原告人民币 50 745 816.73 元、康某公司承担连带责任。

判决生效后，某港务局油港公司于 2002 年 10 月 10 日向青岛海事法院申请执行，青岛海事法院于 2002 年 10 月 12 日扣划了"普某"轮船东（普某公司）担保人中国人民保险公司青岛分公司银行账户款项人民币 51 080 615.13 元（包括执行本金及利息），所有款项执行到位。

后普某公司向最高人民法院申请再审，该案发回重审，青岛海事法院于 2012 年 12 月 21 日作出（2004）青海法海事重字第 3 号民事判决书，判决普某公司赔偿某港务局油港公司人民币 49 315 006.30 元、康某公司承担连带责任。该判决送达后，康某公司、普某公司不服向山东省高级人民法院提起上诉。山东省高级人民法院于 2014 年 12 月 24 日作出（2013）鲁民四再重终字第 1 号民事判决书，维持一审判决；在审判期间，山东省高级人民法院查明原某港务局油港公司更名为某港（集团）有限公司（以下简称某港公司），民事判决书的原告主体由某港务局油港公司变更为某港公司；该判决于 2014 年 12 月 26 日送达双方当事人后生效。生效判决书确定的履行期限为判决生效后 10 日内，即 2015 年 1 月 5 日前。

2015 年 10 月 19 日，康某公司、普某公司不服该判决，向最高人民法院申请再审。2016 年 9 月 28 日，最高人民法院作出（2015）民申字第 2630 号民事裁定书，驳回两公司的再审申请。

法国SAS公司（以下简称SAS公司）依据生效的（2013）鲁民四再重终字第1号民事判决书，于2018年2月8日向青岛海事法院申请执行，请求被执行人某港公司及青岛某原油码头有限公司（后因青岛某原油码头有限公司提出异议，申请执行人撤回了对该公司的执行申请）返还原二审判决被执行的部分款项1 534 543.69元及相应利息。

青岛海事法院于2018年2月14日作出（2018）鲁72执181号通知书，通知被执行人某港公司向申请执行人返还被执行的部分款项人民币1 534 543.69元及该款自2002年10月12日起至实际返还之日止的银行同期贷款利息。

某港公司为此提出执行异议，认为：SAS公司不是适格的申请执行人；并且，即使SAS公司是适格的申请执行人，其向法院申请强制执行也超过申请期限，失去法律保护。

SAS公司辩称：（1）SAS公司是普某公司权利义务的承继人，具有中国《民事诉讼法》规定的诉讼主体资格；（2）SAS公司申请执行没有超过执行时效。

经查：SAS公司提交的证据显示，2003年10月，普某公司通过特别股东大会决议，变更公司名称为油某公司，并在南特商业法庭书记处登记。2006年11月，油某公司作出董事会决议，将公司控股股东持有的全部股票转让给SAS公司，转让后SAS公司将持有油某公司100%的股份。同月，油某公司作出未清算解散声明：SAS公司是合并公司，油某公司是被解散公司；SAS公司持有油某公司全部股票，宣布解散油某公司；油某公司法人资格丧失，其全部权利、财产和债务向SAS公司转移。2007年1月，南特商业法庭签署就油某公司《解散的反对情况》，称“至此日，没有收到任何的反对”。同月，油某公司向南特商业法庭作未清算解散登记。

在SAS公司提交的材料中均未提及本案诉讼情况以及普某公司与某港公司等之间的债权债务承继、转移问题；亦未提交已将案件诉讼情况披露给被执行人和南特商业法庭的有关资料说明及其取得普某公司在再审民事判决书中权利的生效法律文书或相关材料。且在整个诉讼过程中，普某公司亦未将名称变更及解散事实告知被执行人和一审、二审及再审法院。

本案SAS公司于2017年6月1日授予原普某公司的代理人杨某委托代理权限。2017年1月，杨某向江某发出主题为“关于Provence轮退款事宜”

的电子邮件，提出应当返还部分款项的要求。同日，江某回复，“邮件已收悉，下午我把你们的意见转给港方，如有回复立即告知”。异议人某港公司委托代理人江某提交的2013年6月9日授权委托书显示其代理权限为二审诉讼代理人、无执行阶段的授权。

## 【裁判说理】

争议焦点:（1）申请执行人是否为适格的申请执行主体、是否享有生效判决的权利义务。（2）申请执行人申请执行是否超出法定期限。

青岛海事法院认为:

一、关于申请执行人是否为适格的申请执行主体的问题

在本案的执行依据（2013）鲁民四再重终字第1号民事判决中，当事人一方为普某公司，而对于SAS公司是否为普某公司的权利义务承继人抑或债权债务受让人，该实体问题应在诉讼程序中予以解决，在执行程序及执行异议程序中不予审查。但考虑到本案中SAS公司主张普某公司在更名、解散、权力转移的期间，普某公司以其自己名义于2004年至2014年参加了重一审、重二审的全部诉讼程序，并于2015年又以自己名义申请再审并签收最高人民法院裁定，可初步判断普某公司并未将本案所涉诉讼案件中的权利转移至SAS公司。并且SAS公司也未提交其取得本案所依据生效法律文书中权利的生效法律文书、相关材料或事实证明。因此，可以认定SAS公司不能作为本案适格的申请执行主体。

二、关于申请执行人申请执行是否超出法定期限的问题

生效判决送达双方当事人的时间均为2014年12月26日。根据《民事诉讼法》第239条关于“申请执行的期间为二年。申请执行时效的中止、中断，适用法律有关诉讼时效中止、中断的规定。前款规定的期间，从法律文书规定履行期间的最后一日起计算……”的规定，本案生效民事判决书确定的履行期限的最后一日为2015年1月5日，本案的申请执行之日应当从2015年1月6日起算，二年的执行期间应当至2017年1月5日止。虽然普某公司在判决生效后提起再审，但根据《民事诉讼法》第199条关于“……当事人申请再审的，不停止判决、裁定的执行”的规定，该行为并不构成时效的中止或中断；且该申请再审行为，只是表明其对生效判决不服，并不是一种向被执行人主张权利的行为，从该行为的性质来看，也构不成时效中断的事由。

SAS公司主张律师杨某通过电子邮件向律师江某主张过权利，但因江某的代理权限仅限于二审期间，江某此后的行为不能及于某港公司，且该邮件的发出时间也已超出2017年1月6日，当时杨某没有申请人的授权，也不是以申请人的名义发送的。并且根据《民法通则》第69条有关“作为被代理人或者代理人的法人终止”的规定，普某公司在2003年更名、2007年解散后，其签署的授权委托书效力应当随之终止，律师的代理人行为应当归于无效。杨某在无合法有效授权的情况下向最高人民法院申请再审的行为以及通过邮件向江某主张权利的行为法律效力不能及于SAS公司，不能构成申请执行时效中断的事由。故SAS公司的申请执行行为不应予以支持。

青岛海事法院于2018年8月1日作出（2018）鲁72执异7号执行裁定，裁定（2018）鲁72执181号案件不予执行。

## 【法官后语】

某港公司执行异议之诉案经青岛海事法院审慎审理，依法认定外方申请执行人主体不适格并超出诉讼时效后，裁定不予执行，体现了坚定的依法裁判立场。法国籍某股份有限公司申请执行青岛海事法院一审、山东省高级人民法院二审和重审、后经最高人民法院再审生效的、2003年社会广泛关注的青岛港输油臂受损案民事判决。申请执行人与判决原告名称不符、申请人主张系公司更迭权利受让时主体的认定及执行申请是否超出诉讼时效都是案件的审理难点。

其中，对外国公司解散后的权利义务承继人或债权债务受让人的审查，属实体问题，应在诉讼程序中解决，在执行程序和执行异议程序中原则上不予审查。但本案中因有证据显示在外国公司更名、解散、权力转移后，该外国公司仍以原公司名义参加全部诉讼程序，可初步判断原公司未将案涉权利转移给新公司。因此，虽然外国公司更迭，但因作为申请执行人的新公司未受让权利，因此其主体不适格。

对于执行时效中断问题，《民事诉讼法》明确规定适用法律有关诉讼时效中断的规定。实践中具体包括：（1）申请执行；（2）当事人双方达成和解协议；（3）当事人一方提出履行要求；（4）当事人一方同意履行义务；（5）当事人一方申请破产；（6）当事人一方申报破产债权；（7）当事人一方申请执行前财产保全或行为保全；（8）当事人一方在另案中主张抵销；（9）当事人一方提起代位权诉讼；（10）当事人一方转让债权；（11）其他与申请执行具有同等申请执行时效中断效力的事项等。本案中当事人申请再审的情形，系对生效判决不服，在性质上不属于向被执行人主张权利的行为，不构成时效中断事由。故法院最终裁定该案不予执行。

在裁定作出后，外方申请执行人未提出复议，认可裁定认定的事实及裁判结果。

## 【相关法条】

**《最高人民法院关于适用〈中华人民共和国民事诉讼法〉的解释》**（2015年2月4日施行）

**第四百八十三条** 申请执行人超过申请执行时效期间向人民法院申请强制执行的，人民法院应予受理。被执行人对申请执行时效期间提出异议，人民法院经审查异议成立的，裁定不予执行。

被执行人履行全部或者部分义务后，又以不知道申请执行时效期间届满为由请求执行回转的，人民法院不予支持。

**对应新法：**

**《最高人民法院关于适用〈中华人民共和国民事诉讼法〉的解释》**（2022年4月1日修正）

**第四百八十一条** 申请执行人超过申请执行时效期间向人民法院申请强制执行的，人民法院应予受理。被执行人对申请执行时效期间提出异议，人民法院经审查异议成立的，裁定不予执行。

被执行人履行全部或者部分义务后，又以不知道申请执行时效期间届满为由请求执行回转的，人民法院不予支持。

承办人：郭俊莉

编写人：郭俊莉　刘振华

# 45. 某航运公司与大某造船海洋（山东）有限公司、威海新某源船业有限责任公司执行异议案

——驳船分段是否为《海商法》意义上的船舶及其执行程序认定

## 【合规提示】

本案系一起执行异议案件，案外人对执行标的主张所有权，同时对拍卖程序提出异议。案外人对标的所有权提出异议的，如对裁定不服则应提起执行异议之诉；对拍卖程序等执行行为提出异议的，如对裁定不服则应向上级法院提出复议。作为异议人，应注意裁后救济权利的行使。驳船分段作为海上移动式装置，无论有无动力，都可以认定为《海商法》意义上的船舶，按照船舶拍卖程序进行拍卖，程序合法；执行标的额还在计算过程中时，不能中途判定超标的额执行。

## 【案件信息】

**1. 裁判文书字号**

（2014）青海法执异字第 8-1 号、（2014）青海法执异字第 8-2 号

**2. 当事人**

异议人：某航运公司

被异议人（申请执行人）：大某造船海洋（山东）有限公司

被异议人（被执行人）：威海新某源船业有限责任公司

**3. 关键词**

执行　执行异议　船舶建造合同　驳船分段　执行行为　执行标的所有权

## 【裁判要旨】

1. 执行异议人对法院执行行为及执行标的物的所有权同时提出异议的，

因对应救济途径不同，应当依法分别作出裁定，以告知异议人不同的裁后权利。

2. 驳船分段是我国《海商法》意义上的船舶，应适用船舶而非普通财产的司法拍卖程序进行处理。

3. 生效判决中有按日增加金额的内容，不能简单以某一时间节点判断执行中的财产是否超出执行标的额。

4. 异议人关于执行标的物所有权的主张不能对抗法院就生效判决中留置权的执行。

## 【基本案情】

青岛海事法院就大某造船海洋（山东）有限公司（以下简称大某公司）与威海新某源船业有限责任公司（以下简称新某源公司）船舶建造合同纠纷一案于2012年3月31日作出（2011）青海法海商初字第554号民事判决，判令：一、新某源公司向大某公司支付追加资材、作业费用人民币2 687 191元；二、支付该款项自2010年12月1日起至2011年2月28日止的利息人民币53 008元及自2011年3月1日起至本判决确定的应付之日止按年利率8%计算的利息；三、支付利息人民币8266元；四、支付场地租赁费人民币1 995 000元；五、支付该租赁费的相应利息；六、按照人民币22 166.67元/日的标准支付从2011年3月1日起至返还租赁场地时止的场地租金；七、大某公司有权就上述第一项至第六项确定的款项在其留置的16艘驳船分段的拍卖、变卖价款中优先受偿；八、驳回大某公司其他诉讼请求。

2012年12月21日，大某公司向青岛海事法院申请强制执行上述判决，执行标的人民币19 111 115.1元。法院依据生效的民事判决书，于2013年8月13日作出（2013）青海法执字第16–1号执行裁定，依法扣押了大某公司留置的16艘驳船分段，并于同日发出扣押船舶命令。因被执行人没有履行债务，法院于2013年9月17日作出（2013）青海法执字第16–2号执行裁定书，准予申请执行人的拍卖申请，依法评估拍卖申请执行人留置的16艘驳船，用于清偿债务。

2014年3月27日，青岛大某保险公估有限公司出具《船舶价值评估报告》：16艘驳船市场价值为人民币4195.2622万元，每艘价值约为人民币262.2039万元。2014年6月10日，青岛海事法院在《人民法院报》发布拍卖公告，定于2014年7月15日对16艘驳船进行公开拍卖，凡与16艘驳船有关的债权人，应自公告之日起30日内向法院申请债权登记。

在公告期间，异议人某航运公司于2014年7月9日提出执行异议，认为：（1）法院执行行为超出执行标的额，且案涉驳船分段非《海商法》意义上的海船，法院依据《海商法》《海事诉讼特别程序法》拍卖船舶属于适用法律错误；（2）异议人是16艘驳船的所有权人，而且该标的属于国家资产，应当予以执行豁免。

大某公司辩称：（1）在执行行为方面，案涉的是驳船并非驳船分段；拍卖过程中必然发生鉴定、评估、拍卖费用，所以留置的船舶价值可能已经低于债权金额。（2）在执行标的所有权方面，驳船所有人不影响生效民事判决书的执行，大某公司留置船舶符合法律规定；异议人主张主权豁免无事实和法律依据。

关于驳船分段的实际状态，评估报告已确认该驳船为整船，并附有驳船分段名称的整船照片，均证明其为整条驳船，并非分段未拼接；异议人在异议书中也确认新某源公司向其交付了16艘驳船。

## 【裁判说理】

争议焦点：（1）异议人同时对执行标的所有权及法院执行行为提出异议时，法院裁判思路的确定；（2）案涉驳船分段是否为《海商法》规定的船舶并适用《海事诉讼特别程序法》有关规定进行拍卖，扣押、拍卖的驳船分段是否超出执行标的额；（3）异议人是否为案涉驳船分段所有人是否影响生效判决的执行。

青岛海事法院经审理认为：本案争议焦点包括执行行为异议及执行标的所有权异议两方面，应分别作出裁定。

一、就执行行为异议部分

1. 案涉驳船分段是《海商法》规定的船舶。《海商法》第3条规定："本法所称船舶，是指海船和其他海上移动式装置，但是用于军事的、政府公务的船舶和20总吨以下的小型船艇除外。"执行案件所依据的生效判决虽称执行标的物为驳船分段，但实际上其是整条驳船，对此异议人也予以确认。驳船用于海上航行，由海事部门管理并颁发证书；《海商法》只是排除了军事、公务船舶和20总吨以下的船艇，对船舶动力未作特别规定，因此，案涉驳船分段应当视为《海商法》规定的船舶。法院依照《海事诉讼特别程序法》及相关规定扣押、拍卖案涉驳船分段，法律适用正确。

2. 案涉扣押、拍卖财产价值不能认定为超出执行标的额。《最高人民法院关于人民法院执行工作若干问题的规定（试行）》(以下简称《执行规定》)第 39 条规定："查封、扣押财产的价值应当与被执行人履行债务的价值相当。"其"价值相当"的判断前提是，被执行人应当履行的债务已有固定数额。而案涉执行标的额中，场地租金每日增加人民币 22 166.67 元，执行标的额不能最终确定。因此，目前不能确定扣押、拍卖驳船分段价值超出债权数额。综上，法院执行行为没有违反法律规定，异议人的异议不成立，应当予以驳回。

二、就执行标的所有权异议部分

在执行阶段，生效判决应当予以执行。青岛海事法院执行该案的执行依据（2011）青海法海商初字第 554 号民事判决主文第七项，确认大某公司对该 16 艘驳船分段享有留置权，并且有权在其留置的 16 艘驳船分段的拍卖、变卖价款中优先受偿。故法院执行该生效判决，裁定拍卖 16 艘驳船分段并无不当。异议人的异议理由不能对抗法院的生效判决。因此，异议人的异议不成立，应当予以驳回。

青岛海事法院于 2014 年 8 月 20 日就执行行为异议和执行标的所有权异议部分分别作出（2014）青海法执异字第 8-1 号、第 8-2 号执行裁定，均裁定驳回了某航运公司的异议申请。如当事人不服涉执行行为异议的裁定，依照《民事诉讼法》第 225 条的规定，可自裁定送达之日起十日内，向上级人民法院申请复议；如当事人不服涉执行标的所有权异议的裁定，依照《民事诉讼法》第 227 条的规定，可以自裁定送达之日起十五日内向本院提起诉讼，或依照审判监督程序办理。

## 【法官后语】

一、关于本案的处理程序

本案中，异议人对执行行为和执行标的均提出异议，而依据我国《民事诉讼法》的规定，对执行行为的异议，应当适用《民事诉讼法》第 225 条，不服裁定的，在裁定送达之日起十日内向上一级人民法院申请复议；对执行标的所有权的异议，应当适用《民事诉讼法》第 227 条，不服裁定的，分两种情况，认为原判决错误的依照审判监督程序办理，与原判决无关的在裁定送达之日起十五日内向人民法院提起诉讼。可见，对两种异议的处理，适用法条不同，裁定后的救济途径不同。本案应分别作出两个裁定，还是把本案分成两案予以分别处理？对此，为了裁判后当事人的权利救济和卷宗移送的方便，分别作出裁定处理为宜。

二、关于判决主文的内容分析

法院执行阶段扣押、拍卖案涉驳船分段，主要依据的是判决主文的第七项，即“原告有权就上述第一项至第六项确定的款项在其留置的 16 艘驳船分段的拍卖、变卖价款中优先受偿”。该判项确认的事项有二：（1）原告的留置行为成立；（2）原告可以在 16 艘驳船分段的拍卖、变卖价款中优先受偿。也就是说，如果 16 艘驳船分段被拍卖或变卖，原告可以在价款中优先受偿。该判项并没有当然地确认原告在本执行案件中申请扣押、拍卖案涉驳船的权利。则在本案执行过程中，原告申请扣押、拍卖其留置的案涉驳船，对其扣押、拍卖申请应当予以审查。不符合法律规定的，驳船不应在本执行案件中拍卖。

三、关于对执行行为的异议

1. 案涉驳船分段是否为《海商法》意义上的船舶，依据《海事诉讼特别程序法》拍卖驳船分段是否错误？船舶司法拍卖与普通财产的司法拍卖在拍卖主体、适用的拍卖程序（包括发布公告次数、公告期间、是否债权登记等）等方面存在明显不同。关于案涉驳船分段是否为《海商法》意义上的船舶，合议庭多数意见认为，生效判决虽称驳船分段，但其实际上是整条驳船。驳船是用于海上航行的，本身是船，驳船造好下水后经过检验，海事局会颁发驳船证书，且《海商法》只是排除了军事、公务船舶和 20 总吨以下的船艇，因此，驳船应当被作为《海商法》意义上的船舶对待。少数意见则认为，经查阅权威的《海商法专论》，“海船和其他海上移动式装置”都应当是有动力的船或装置，驳船没有动力，无论是否下海，无论海事局是否管理并颁发证书，都不能成为《海商法》意义上的船舶。本案最终按照合议庭多数意见，认定案涉驳船是《海商法》意义上的船舶，适用《海事诉讼特别程序法》予以扣押和拍卖，适用法律没有错误。

2. 扣押、拍卖财产价值是否超出执行标的额。《执行规定》第 39 条规定：“查封、扣押财产的价值应当与被执行人履行债务的价值相当。”“价值相当”的判断前提是，被执行人应当履行的债务已有固定数额。而（2011）青海法海商初字第554号案件判决主文第六项确定场地租金按日支付22 166.67元，该数额在案件执结之前都在增加中，现在尚不能确定最终的执行数额，也就不能确定扣押、拍卖驳船价值是否超出债权数额。听证会上，大某公司提出的执行标的额为33 805 545.90元，已经接近13艘驳船的价值（34 086 507元），剩余的8 147 076元，如果只支付场地租金，则只需要367天即可用完；此外，还要考虑利息、拍卖的各种费用。合议庭一致认为，暂时来看，扣押、拍卖财产标的不能确认为超出执行标的，暂时不宜作出变更。

四、关于对执行标的的异议

在执行阶段，应当依据生效判决予以执行，在生效判决没有被撤销之前，该判决应当继续执行。

案涉驳船定性为《海商法》意义上的船舶，拍卖适用《海事诉讼特别程序法》，依据《海事诉讼特别程序法》第33条第1款的规定，“海事法院应当在拍卖船舶三十日前，向被拍卖船舶登记国的登记机关和已知的船舶优先权人、抵押权人和船舶所有人发出通知”。虽然只有先确定案涉驳船的所有人，拍卖时才可以完成法院对船舶所有人的通知义务；但是本案中船舶所有人并非“已知的”，所以该项义务在本案中不适用。因此，合议庭多数意见认为，驳船所有人是否确定，不影响驳船的拍卖。

涉案驳船如果定性为普通财产，则该财产所有权的确定影响拍卖的法律适用。如果确认为被执行人所有（原判决曾表述为“被告所属”），则适用《最高人民法院关于人民法院民事执行中拍卖、变卖财产的规定》。如果确认为其他人（包括异议人）所有，则应当适用《拍卖法》。又因《拍卖法》第6条规定“拍卖标的应当是委托人所有或者依法可以处分的物品或者财产权利”，因此，当法院作为委托人时，应当考虑是否有权处分案涉驳船。

## 【相关法条】

**1.《中华人民共和国民事诉讼法》**（2012年8月31日修正）

**第二百二十五条**　当事人、利害关系人认为执行行为违反法律规定的，可以向负责执行的人民法院提出书面异议。当事人、利害关系人提出书面异议的，人民法院应当自收到书面异议之日起十五日内审查，理由成立的，裁定撤销或者改正；理由不成立的，裁定驳回。当事人、利害关系人对裁定不服的，可以自裁定送达之日起十日内向上一级人民法院申请复议。

**第二百二十七条** 执行过程中，案外人对执行标的提出书面异议的，人民法院应当自收到书面异议之日起十五日内审查，理由成立的，裁定中止对该标的的执行；理由不成立的，裁定驳回。案外人、当事人对裁定不服，认为原判决、裁定错误的，依照审判监督程序办理；与原判决、裁定无关的，可以自裁定送达之日起十五日内向人民法院提起诉讼。

**对应新法：**

**《中华人民共和国民事诉讼法》**（2023年9月1日修正）

**第二百三十六条** 当事人、利害关系人认为执行行为违反法律规定的，可以向负责执行的人民法院提出书面异议。当事人、利害关系人提出书面异议的，人民法院应当自收到书面异议之日起十五日内审查，理由成立的，裁定撤销或者改正；理由不成立的，裁定驳回。当事人、利害关系人对裁定不服的，可以自裁定送达之日起十日内向上一级人民法院申请复议。

**第二百三十八条** 执行过程中，案外人对执行标的提出书面异议的，人民法院应当自收到书面异议之日起十五日内审查，理由成立的，裁定中止对该标的的执行；理由不成立的，裁定驳回。案外人、当事人对裁定不服，认为原判决、裁定错误的，依照审判监督程序办理；与原判决、裁定无关的，可以自裁定送达之日起十五日内向人民法院提起诉讼。

**2.《最高人民法院关于适用〈中华人民共和国民事诉讼法〉执行程序若干问题的解释》**（2009年1月1日施行）

**第五条** 执行过程中，当事人、利害关系人认为执行法院的执行行为违反法律规定的，可以依照民事诉讼法第二百零二条的规定提出异议。

执行法院审查处理执行异议，应当自收到书面异议之日起十五日内作出裁定。

**对应新法：**

**《最高人民法院关于适用〈中华人民共和国民事诉讼法〉执行程序若干问题的解释》**（2020年12月29日修正）

**第五条** 执行过程中，当事人、利害关系人认为执行法院的执行行为违反法律规定的，可以依照民事诉讼法第二百二十五条的规定提出异议。

执行法院审查处理执行异议，应当自收到书面异议之日起十五日内作出裁定。

承办人：郭俊莉

编写人：郭俊莉　刘振华

# 46. 威海市某华贸易有限公司申请确认某执行案件违法国家赔偿确认案

——民事裁定书未送达全部应送达人时的效力判定和国家赔偿确认案件申请人不适格时的裁判方式探索

## 【合规提示】

本案是一起案外人申请确认法院执行违法的国家赔偿确认案件。在本案中，申请人以其因另案裁定取得本案执行过程中拍卖涉房产的所有权主张拍卖侵害了其合法权益。本案认定：载明“送达生效”的民事裁定书未送达全部应送达人时不生效。因此，以法院裁定取得房产所有权的当事人应当及时与作出裁定的法院确定裁定是否送达所有案件当事人，只有全部送达之后，裁定才生效，其取得房产所有权的事实才正式成立。

## 【案件信息】

**1. 裁判文书字号**

（2009）青海法确字第 1 号

**2. 当事人**

确认申请人：威海市某华贸易有限公司

**3. 关键词**

执行　国家赔偿　确认送达效力认定　申请人不适格　裁判方式探索

## 【裁判要旨】

1. 载明“送达生效”的民事裁定书未送达全部应送达人时，该民事裁定的效力不生效。

2. 国家赔偿确认申请人对主张财产不具有所有权，致使主体不适格时，应制作裁定书，程序上裁定驳回申请。

## 【基本案情】

确认申请人威海市某华贸易有限公司（以下简称某华公司）称：2002年8～9月，威海金某制衣有限公司（以下简称金某公司）经威海市高新技术开发区经济发展局、建设局批准在威海市高新技术开发区火炬路×××号即该公司厂房的西侧扩建一办公楼596平方米，但一直未能取得房屋所有权证。2005年12月1日，金某公司向申请人借款130万元并签订《借款协议》。2006年10月1日，金某公司与申请人签订《还款协议》约定：金某公司将前述596平方米的办公楼及设备、办公用品抵给申请人以偿还前述借款，对该事实威海市环翠区人民法院于2008年3月26日以（2008）威环执证字第3-1号民事裁定书予以确认。

后申请人发现拍卖公司接受青岛海事法院的委托，准备拍卖包括前述596平方米办公楼在内的整栋楼房，便立即依据法律程序向青岛海事法院提出书面执行异议，同时将该情况及时向威海市环翠区人民法院反映。威海市环翠区人民法院为此随后专门向青岛海事法院去函提出异议，并要求立即停止拍卖。青岛海事法院在既未就申请人提出的异议进行审查、作出裁定，也未对威海市环翠区人民法院的异议作出任何答复的情况下，径行将前述楼房拍卖，以35万元的低价拍卖给案外人王某某，并于2008年5月30日作出（2007）青海法执字第212-2号裁定书将威海市高新技术开发区火炬路×××号房产（面积805.03平方米，含申请人的596平方米的办公楼）裁定给王某某。

申请人认为青岛海事法院的前述司法行为违法，因为青岛海事法院在收到申请人提出的书面异议后，没有对申请人的异议依法进行审查、作出裁定；青岛海事法院的查封属于轮候查封，在未通知原查封法院的情况下予以拍卖，反而在收到该院的书面异议后不予理睬；拍卖程序违法，价格严重偏低。综上，申请人认为青岛海事法院在对（2007）青海法执字第212号案件执行过程中，程序严重违法，根据《国家赔偿法》及《最高人民法院关于审理人民法院国家赔偿确认案件若干问题的规定（试行）》等相关规定，请求依法确认青岛海事法院对（2007）青海法执字第212号案件的执行违法。

青岛海事法院查明：因另案纠纷，威海市环翠区人民法院分别作出裁定查封上述房产一层和上述房产596平方米。在申请执行人威海某港水产有限公司综合包装厂、申请执行人威海某丰纺织有限公司、申请执行人刘某与被执行人金某公司买卖、租赁合同纠纷三案的执行案件中，因本案确认申请人某华公司对执行标的提出异议，威海市环翠区人民法院于2008年3月26日作出（2008）威环执证字第3–1号民事裁定，裁定某华公司对火炬路×××号的房产提出应归其所有的执行异议成立；同时解除对上述房产的查封。并载明“本裁定书送达后立即发生法律效力”。该民事裁定书只送达了某华公司，金某公司及裁定中涉及的相关人员均未送达。

2007年11月13日，在青岛海事法院（2007）青海法执字第212号案件中，应申请执行人的申请，查封了被执行人金某公司所属的上述涉案房产，后裁定拍卖该房产，并依法发出公告。公告期间，某华公司于2008年5月20日提出执行异议，认为该房产已由金某公司抵债给某华公司，并且该查封属于轮候查封，请求停止拍卖。2007年5月23日，青岛海事法院经向有关人员了解情况后，口头裁定驳回某华公司的执行异议。2007年5月30日，该房产拍卖成功。

## 【裁判说理】

争议焦点：载明“送达生效”的民事裁定书未送达全部应送达人时，该民事裁定的效力认定问题。

青岛海事法院认为，本案是一起申请人某华公司申请确认执行违法的国家赔偿确认案件。申请人是否对所涉房产拥有合法所有权是本案最根本的问题。确认申请人某华公司据以主张其对涉案房产拥有合法所有权并进而向青岛海事法院提出国家赔偿确认申请的所有权证明是威海市环翠区人民法院作出的（2008）威环执证字第3–1号民事裁定。在本案审理过程中，申请人没有提供足以证明该裁定生效的充分证据。申请人亦未提供其他足以证明其对涉案房产拥有合法所有权的证据。因申请人某华公司不能证明其对涉案房产拥有合法所有权，所以青岛海事法院的执行行为没有对其造成侵害，申请人某华公司不是受害人，其不符合《国家赔偿法》第18条关于国家赔偿请求人资格的规定。

根据《国家赔偿法》第18条、《最高人民法院关于审理人民法院国家赔偿确认案件若干问题的规定（试行）》第3条之规定，裁定如下：驳回确认申请人某华公司的确认申请。

确认申请人不服，提出申诉。山东省高级人民法院裁定：驳回某华公司的确认申请。

## 【法官后语】

本案是一起典型的确认申请人申请确认执行行为违法的国家赔偿确认案件，主要确立了载明“送达生效”的民事裁定书未送达全部应送达人时民事裁定不生效的问题。同时在国家赔偿确认这一新程序的相关规定不明确的情况下，对申请人主体不适格时的裁判方式进行探索，认为应制作裁定书，程序上裁定驳回申请。该探索经二审法院裁定予以认可。

本案有以下两个特点：第一，本案虽是申请确认执行行为违法的确认案件，但实体审理的焦点并没有集中在执行行为的具体细节上，而是集中在确认申请人是否拥有《国家赔偿法》所规定的提起国家赔偿确认申请的资格的问题上。而这一问题的认定又基于裁定申请人拥有涉案房产所有权的裁定书是否发生法律效力，即载明“送达生效”的民事裁定书没有送达全部当事人时，该裁定书是否生效。本案的两级法院认为，在裁定书送达最后一个当事人之前，该裁定不生效。首先，依照法律规定，裁定书不会一直处于未送达状态，也不会一直处于不生效状态。根据《民事诉讼法》的规定，公告送达是可以达到送达目的的最后办法。因此，裁定书最晚可以在公告载明的期间届满后发生法律效力。其次，从司法后果来讲，如果认为只送达一方裁定就生效，会导致司法人员消极送达，侵犯当事人的合法权利。第二，本案在程序处理上进行了新的探索和尝试，突破了《最高人民法院关于审理人民法院国家赔偿确认案件若干问题的规定（试行）》的规定，在实体审理过程中发现申请人不具有提起国家赔偿确认申请资格的情形，即属于不符合立案条件的情形时，不是简单地裁定确认违法或者确认不违法，而是参照了《民事诉讼法》中“裁定驳回起诉”的形式，裁定“驳回申请人的确认申请”，并给其30天的申诉期。本案中申请人充分行使了申诉权，虽其申请最终被驳回，但申请人对案件的程序处理和实体审理均无异议，最终使本案得到圆满解决。

本案对民事裁定书未送达全部应送达人时的效力判定和国家赔偿确认案件申请人不适格时的裁判方式等新型问题进行了有益探索，受到二审法院高度认可，并评为当年的国家赔偿确认案件典型案例。所编写案例发表于《山东法制报·审判周刊》。

## 【相关法条】

**1.《中华人民共和国国家赔偿法》**（1995 年 1 月 1 日施行）

**第十八条** 赔偿请求人的确定依照本法第六条的规定。

**对应新法：**

**《中华人民共和国国家赔偿法》**（2012 年 10 月 26 日修正）

**第二十条** 赔偿请求人的确定依照本法第六条的规定。

**2.《最高人民法院关于审理人民法院国家赔偿确认案件若干问题的规定（试行）》**（2013 年 4 月 8 日废止）

**第三条** 具备下列条件的，应予立案：

（一）确认申请人应当具有《中华人民共和国国家赔偿法》第十八条规定的国家赔偿请求人资格；

（二）有具体的确认请求和损害事实、理由；

（三）确认申请人申请确认应当在司法行为发生或者知道、应当知道司法行为发生之日起两年内提出；

（四）属于受理确认申请的人民法院管辖。

承办人：郭俊莉

编写人：郭俊莉

# 47. 天津市某海货运代理有限公司与荣成某泰汽车有限公司申请执行中国海事仲裁委员会争议仲裁裁决案

——被执行人应当履行涉外仲裁的裁决

## 【合规提示】

作为被执行人的市场主体，需要依法主动履行生效裁判文书确定的义务，否则人民法院将强制执行。作为有协助义务的公司或个人，依法必须协助执行，否则将被人民法院以妨碍民事诉讼行为，采取惩戒、罚款、拘留等强制措施。

## 【案件信息】

**1. 裁判文书字号**

（2005）青海法执字第 194 号、（2005）青海法执字第 194-1 号、（2005）青海法执字第 194-2 号、（2005）青海法执字第 194-3 号、（2005）青海法执字第 194-4 号

**2. 当事人**

申请执行人：天津市某海货运代理有限公司

被执行人：荣成某泰汽车有限公司

**3. 关键词**

执行　仲裁裁决

## 【裁判要旨】

1. 当事人提出不予执行涉外仲裁裁决的申请时，仅就仲裁程序进行审查，对证据和事实的认定不在审查范围内。

2. 当被执行人所有的动产设置质押后，虽然质押物的所有权仍然归被执行人所有，但当质押权人的债权不能受偿时，该质押物将优先用于实现质押权人的债权。因此，被执行人的财产设定质押后，在解除质押前，不能径行予以执行。

## 【基本案情】

2005 年 7 月 4 日，中国海事仲裁委员会作出《MA××××15 号海上运输合同滞箱费争议仲裁裁决书》，终局裁决荣成某泰汽车有限公司（以下简称某泰汽车公司）向天津市某海货运代理有限公司（以下简称某海货代公司）支付 1 276 195 美元。某泰汽车公司不服该裁决，于 2005 年 8 月 3 日向天津海事法院申请撤销该裁决；天津海事法院经审查于 2005 年 9 月 23 日作出（2005）津海法商初字第 375 号民事裁定书，驳回某泰汽车公司的申请。因某泰汽车公司在指定期限内未主动履行裁决义务，某海货代公司于 2005 年 10

月12日向青岛海事法院提交强制执行申请，青岛海事法院于当日立案执行。

2005年10月13日，青岛海事法院作出（2005）青海法执字第194-4号民事裁定书，扣划某泰汽车公司的银行存款人民币10 678 263.55元或查封、扣押其等值的财产。执行员通过中国人民银行山东省分行查询到某泰汽车公司在9家银行开立了9个账户。当年没有便利的“总对总查控系统”，为不打草惊蛇，执行员分三路对9个银行账户同时查询冻结。在对该9个账户查询冻结过程中，执行员发现账户内存款不超过5000美元，人民币不超过2000元，该现象与某泰汽车公司这个在荣成制造业中规模第一、拥有上千员工的大公司状况极其不符。执行员分析某泰汽车公司有借用其他账户走账的可能。

于是青岛海事法院开立搜查令，执行庭特派8人，于2006年1月12日对某泰汽车公司的办公场所及财务等处所进行搜查。在对该公司搜查过程中，了解到该公司的总经理长期不在公司，财务总监也避而不见，其他财务人员对相关财务情况均称不知情。在所有人不配合的情况下，执行员将在财务保险柜中搜查出的不同公司的财务专用章、一枚财务结算联章、票据、凭证等多宗材料予以扣留，并制作了查封、扣押财产清单。某泰汽车公司于当天向青岛海事法院递交《保证书》，保证其于当天支付执行款人民币100万元，并于一周内派员到法院商讨调解方案，同时再付100万元。

但某泰汽车公司并没有履行后面的保证事项。执行程序一度停滞。2006年3月，经申请人提供线索，扣押了一批某泰汽车公司由韩国釜山运输到威海港的进口配件。2006年3月30日，荣成海关向青岛海事法院出具《荣成海关关于协助执行扣押荣成某泰汽车有限公司报关进口货物有关情况的函》称，根据《海关总署关于人民法院是否有权查封海关监管货物问题的批复》，某泰汽车公司的汽车配件办理入关手续前为海关监管货，判决不直接涉及监管货的由海关准予在监管下恢复经营，而判决直接涉及监管货的则由法院责令监管货所有人解除海关监管手续后再办理扣押手续。根据该函，青岛海事法院对该批进口配件予以解封。面对某泰汽车公司的消极执行的态度，执行员再次采取执行措施，于2006年6月8日再次搜查该公司。

为换回财务资产，某泰汽车公司提供25台进口配件国内组装的汽车作为担保，每台车价值279 800元，共担保剩余的执行金额700万元。后经了解，进口车需要每台有匹配的机电许可证、组装车需要有匹配的合格证；而该批进口车都没有合格证。没有合格证的车辆价值严重贬值。执行人员又到公安、交管、税务等部门学习相关规章制度，以确保后续拍卖工作的顺利开展。同时协调25个集装箱装运25台汽车到青岛场站，取一台进行评估。

在执行过程中，某泰汽车公司以仲裁程序违法，未保障其权利；认定事实的主要证据不足；仲裁裁决书认定事实和责任承担等错误，存在《民事诉讼法》第217条第2款规定的情形为由，于2006年9月18日向青岛海事法院提出申请，要求对该裁决书不予执行。

青岛海事法院召开听证会，听取双方当事人的意见，调取仲裁案件材料，并咨询相关专家意见，综合审查认为：首先，本案为国际海上货物运输合同纠纷，该仲裁裁决书为涉外仲裁裁决，对该裁决书的审查应适用《民事诉讼法》第260条第1款规定而非某泰汽车公司所主张的《民事诉讼法》第217条第2款规定。其次，依据天津海事法院已经发生法律效力的（2005）津海法海商初字第375号民事裁定书认定的事实看，中国海事仲裁委员会于2005年3月25日开庭仲裁，双方进行了质证、辩论，并提交了书面意见。某泰汽车公司的程序权利得到保障。最后，人民法院审查不予执行涉外仲裁裁决书时，对认定的事实的证据不予审查，且天津海事法院依法驳回了某泰汽车公司的撤销该裁决书的申请。青岛海事法院于2006年10月12日作出（2005）青海法执字第194-4号民事裁定书，驳回某泰汽车公司的不予执行申请。

之后，双方当事人达成和解协议，用25台车以物抵债。为确保25台车能以车而不是没有相关证件的废铁的价值抵债，执行员决定分配抵债，先抵10台，顺利挂牌并办理正规手续后，才抵后面15辆车。本案最终圆满解决。

## 【法官后语】

本案是一起执行中国海事仲裁委员会争议仲裁裁决案的执行实施案件。执行是司法的最后一道防线。它的作用是在司法判决生效后，确保裁判文书得到有效落实，从而保障当事人的合法权益，并维护司法的权威性。这一环节对于实现“努力让人民群众在每一个司法案件中感受到公平正义”具有至关重要的作用。有时候，法院裁判文书或仲裁裁决书作出后，一些败诉方会因为逃避过高债务，而作出转移财产、消极履行裁判确定义务的违法行为。因此，执行员执行生效法律文书的全过程，就是发挥其聪明才智与被执行人们斗智斗勇的过程。本案中执行员在发现被执行人账户余额极低及进出账极少的不正常情况后，分析被执行人可能通过其他账户进出账，结果在财务部门搜查到其他单位的多枚印章，印证了执行员敏锐的洞察力和高超的判断力；两次搜查被执行人办公场所及财务部门，与办公人员特别是财务主管的周旋，都展示了执行员的机智、敏慧和勇敢；整个执行过程采取了多次搜查、扣押、冻结等措施，体现了执行员心为民所系、权为民所用的坚定的司法为民理念；双方当事人执行和解后，为保证和解财产达到预期价值，对抵债财产分批进行抵债，并跟踪办理情况，待财产价值实现后，才将剩余财产予以抵债，更是体现了执行员“如我在诉”的司法情怀。

在执行过程中，执行员要不断学习各种知识，要逐步具备日趋完整的知识结构。本案中，执行员在遇到财务问题时，专门向银行学习了大量财务知识，用尽量短的时间学会如何印鉴、账目、财务凭证；在遇到质押问题时，专门学习了提单、质押、信用证等金融海运业务知识，了解质押财产权属的判断；在遇到就未清关货物采取扣押手续时，专门学了海关的相关制度和规定；在遇到进口配件组装车的手续问题时，又到公安、交管、税务等部门学习相关规章制度；当被执行人提出不予执行仲裁裁决申请时，又要研究仲裁的实体和程序问题。执行过程是执行员广泛学习各种知识的过程，是执行员增长执行本领的过程。执行员只有不断学习，才能更有力地履行执行职责，更有力地保护当事人的合法权益，更有力地维护司法权威。

## 【相关法条】

**《中华人民共和国民事诉讼法》**（1991 年 4 月 9 日施行）

**第一百四十条第一款** 裁定适用于下列范围：

（一）不予受理；

（二）对管辖权有异议的；

（三）驳回起诉；

（四）财产保全和先予执行；

（五）准许或者不准许撤诉；

（六）中止或者终结诉讼；

（七）补正判决书中的笔误；

（八）中止或者终结执行；

（九）不予执行仲裁裁决；

（十）不予执行公证机关赋予强制执行效力的债权文书；

（十一）其他需要裁定解决的事项。

**第二百一十二条** 在执行中，被执行人向人民法院提供担保，并经申请执行人同意的，人民法院可以决定暂缓执行及暂缓执行的期限。被执行人逾期仍不履行的，人民法院有权执行被执行人的担保财产或者担保人的财产。

**第二百二十一条** 被执行人未按执行通知履行法律文书确定的义务，人民法院有权向银行、信用合作社和其他有储蓄业务的单位查询被执行人的存款情况，有权冻结、划拨被执行人的存款，但查询、冻结、划拨存款不得超出被执行人应当履行义务的范围。

人民法院决定冻结、划拨存款，应当作出裁定，并发出协助执行通知书，银行、信用合作社和其他有储蓄业务的单位必须办理。

**第二百二十三条** 被执行人未按执行通知履行法律文书确定的义务，人民法院有权查封、扣押、冻结、拍卖、变卖被执行人应当履行义务部分的财产。但应当保留被执行人及其所扶养家属的生活必需品。

采取前款措施，人民法院应当作出裁定。

**第二百六十条第一款** 对中华人民共和国涉外仲裁机构作出的裁决，被申请人提出证据证明仲裁裁决有下列情形之一的，经人民法院组成合议庭审查核实，裁定不予执行：

（一）当事人在合同中没有订有仲裁条款或者事后没有达成书面仲裁协议的；

（二）被申请人没有得到指定仲裁员或者进行仲裁程序的通知，或者由于其他不属于被申请人负责的原因未能陈述意见的；

（三）仲裁庭的组成或者仲裁的程序与仲裁规则不符的；

（四）裁决的事项不属于仲裁协议的范围或者仲裁机构无权仲裁的。

**对应新法：**

**《中华人民共和国民事诉讼法》**（2023年9月1日修正）

**第一百五十七条第一款** 裁定适用于下列范围：

（一）不予受理；

（二）对管辖权有异议的；

（三）驳回起诉；

（四）保全和先予执行；

（五）准许或者不准许撤诉；

（六）中止或者终结诉讼；

（七）补正判决书中的笔误；

（八）中止或者终结执行；

（九）撤销或者不予执行仲裁裁决；

（十）不予执行公证机关赋予强制执行效力的债权文书；

（十一）其他需要裁定解决的事项。

**第二百四十二条** 在执行中，被执行人向人民法院提供担保，并经申请执行人同意的，人民法院可以决定暂缓执行及暂缓执行的期限。被执行人逾期仍不履行的，人民法院有权执行被执行人的担保财产或者担保人的财产。

**第二百四十八条** 对依法设立的仲裁机构的裁决，一方当事人不履行的，对方当事人可以向有管辖权的人民法院申请执行。受申请的人民法院应当执行。

被申请人提出证据证明仲裁裁决有下列情形之一的，经人民法院组成合议庭审查核实，裁定不予执行：

（一）当事人在合同中没有订有仲裁条款或者事后没有达成书面仲裁协议的；

（二）裁决的事项不属于仲裁协议的范围或者仲裁机构无权仲裁的；

（三）仲裁庭的组成或者仲裁的程序违反法定程序的；

（四）裁决所根据的证据是伪造的；

（五）对方当事人向仲裁机构隐瞒了足以影响公正裁决的证据的；

（六）仲裁员在仲裁该案时有贪污受贿，徇私舞弊，枉法裁决行为的。

人民法院认定执行该裁决违背社会公共利益的，裁定不予执行。

裁定书应当送达双方当事人和仲裁机构。

仲裁裁决被人民法院裁定不予执行的，当事人可以根据双方达成的书面仲裁协议重新申请仲裁，也可以向人民法院起诉。

**第二百五十三条** 被执行人未按执行通知履行法律文书确定的义务，人民法院有权向有关单位查询被执行人的存款、债券、股票、基金份额等财产情况。人民法院有权根据不同情形扣押、冻结、划拨、变价被执行人的财产。人民法院查询、扣押、冻结、划拨、变价的财产不得超出被执行人应当履行义务的范围。

人民法院决定扣押、冻结、划拨、变价财产，应当作出裁定，并发出协助执行通知书，有关单位必须办理。

**第二百五十五条** 被执行人未按执行通知履行法律文书确定的义务，人民法院有权查封、扣押、冻结、拍卖、变卖被执行人应当履行义务部分的财产。但应当保留被执行人及其所扶养家属的生活必需品。

采取前款措施，人民法院应当作出裁定。

承办人：荆 凯

编写人：郭俊莉

# 后 记

从初秋到盛夏，300多个伏案的朝暮，近8万件案例的回顾，482个精品案例的研究审定，在敲下最后一个标点时，这项跨过40年光影的历程就画上了句号。时间仿佛从未走开，一次次置身于那紧张而严肃的法庭，法官们的思虑与见解犹在眼前。

透过书页，今天的我们见证了青岛海事法院40年的艰辛和坚守。1985年留置船载货物纠纷案发出“中国海事法院的首次判决”，1987年受理首例海事行政处罚强制执行案，1992年审理首例海事赔偿责任限制案，1994年判决首例海岸侵蚀损害赔偿案，2000年作出首个海事强制令；从我国自主研发的首座大型全潜式深远海智能养殖装备“深蓝一号”案，国内首艘无人驾驶自主航行系统实验船“智腾”轮案，到首起因船舶碰撞导致重大海洋污染刑事案；从“明昕”轮、“大安吉”轮成功解救被困船员，到“尼莉莎”轮带着新名字“尊重”驶向远方。一个个鲜活的案例，印刻了青岛海事法院走过的光辉历程，也见证了中国海事司法40年的发展脉络。

山东省高级人民法院和青岛市委、市政府高度重视涉外涉海企业营商环境建设。山东省高级人民法院党组书记、院长、二级大法官霍敏就文库编写工作提出明确要求并撰写序言。青岛市委常委、政法委书记程德智，青岛市委常委、副市长耿涛高度重视文库编撰及相关课题研究，给予了大力支持。山东大学政治学与公共管理学院充分发挥人才和技术资源优势，成功中标“海事审判典型案例应用导则建设项目”并积极开展研究。青岛海事法院深入挖掘典型案例资源，深度参与典型案例编写。青岛市商务局、财政局全力推动落实，项目成果得以问世。

本丛书的编辑出版是有关各方共同努力的结果。感谢山东省高级人民法院副院长吕涛，二级高级法官刘义生，研究室主任刘念虎、副主任冯艳楠，民事审判第四庭庭长张传毅、副庭长康靖、董兵法官、冯玉菡法官、刘福贵法官。感谢青岛市商务局党组书记、局长王志俊，党组成员、副局长于浩，对外贸易处处长吕坤、吕静博，山东大学政治学与公共管理学院程小花博士、边琦博士，青岛海事法院办公室副主任王建军、王洪飞，人民法院出版社副总编辑陈建德、教普编辑部副主任李安尼、责任编辑赵芳慧。感谢各位作者为撰写丛书付出的辛勤劳动和智慧！感谢山东法官培训学院对于本书给予的大力支持！感谢人民法院出版社教普编辑部对案例体例格式、目录编制、内容审校、版式设计等提出的宝贵意见！

浩渺行无极，扬帆但信风！诚望广大读者提出宝贵意见，使丛书得以不断完善。

海事司法文库“合规指引与风险防治”课题组

2024年6月